한국산업인력공단 시행
국가공인자격증

면 접 완 벽 대 비

청소년 상담사 2·3급

면접 한방에 끝내기

미디어정훈
www.정훈에듀.com

PREFACE
머리말

AI가 지식산업 시대를 넘어서 모든 분야에 파고드는 시대가 되었습니다. AI가 상담을 할 수 있느냐가 화두가 되기도 합니다. 갈수록 복잡해지고 어려워지는 시대 속에서 많은 사람들은 소외되고 외롭고 고독합니다. 홀로 있지만 배워야 할 것은 많고 감당해야 할 것은 점점 더 다양해지고 있습니다. 따라서 상담 분야는 날로 더 광범위해지고 폭넓게 발전하고 있습니다. 전통적인 심리상담뿐 아니라 복지 상담, 투자 상담, 경영 상담, 고객 상담, 부동산 상담 등 거의 모든 영역에서 상담이 일상이 되었습니다. 이는 사람들이 그만큼 상담을 더 필요로 하고 있다는 증거입니다.

특히 날로 거세지는 무한 경쟁과 입시 체제 속에서 살아가야 하는 청소년들은 가야 할 길이 분명함에도 방황하고 정체성을 찾지 못해 힘들어 합니다. OECD 국가 중에서 청소년 자살률이 계속 높아지는 우리나라의 현실이 매우 안타깝습니다. 학교 폭력, 각종 인권 문제 등에 노출된 세대로 보호받아야 하는 동시에 독립적인 능력도 키워줘야 하는 대상이 청소년입니다. 이들을 전문적으로 상담하고 조력해 주는 인력이 절실하게 필요한 시점입니다. 청소년 대상의 상담은 그 중요성에 대해 아무리 강조해도 지나칠 것이 없습니다.

청소년을 상담하고 도와주어야 하는 상담사는 바로 청소년상담사 자격시험을 통해 현장에 진입해야 합니다. 이는 청소년의 정서・인지・행동 발달을 이해하고 전문적으로 도울 수 있는 유일한 상담전문 국가자격시험입니다. 청소년상담사 자격시험을 준비하는 분들에게 도움을 드리고자 상담심리학과 임상심리학 분야의 전문가들이 모여 청소년상담사 2・3급 통합 면접 교재를 준비했습니다.

본 교재는 청소년상담사 2・3급 면접시험에 효과적으로 대비하고자 다음과 같이 구성하였습니다.

첫째, **다양한 사례문제**를 유형별로 분류하여 구성하였습니다.

둘째, 사례에 대한 **핵심이론**을 첨부하여 이론을 기반으로 답을 유추하도록 하였습니다.

셋째, 2021~2018년 총4개년도 **2・3급 면접 기출문제**를 최대한 실제에 가깝게 복원하여 수록하였습니다.

넷째, 부록으로 풍부한 **면접자료(청소년상담사 윤리강령, 상담이론, MMPI-A)**를 수록하였습니다.

다음 세대의 주역이 될 청소년을 상담하기 위한 여러분의 꿈은 소중합니다. 여러분은 그 꿈을 위해 그동안 개인적으로 많은 노력을 했을 것입니다. 본 교재를 통해 여러분의 꿈에 한 걸음 더 다가갈 수 있기를 바랍니다. 마지막까지 청소년상담사가 되기 위해 최선을 다하기를 기원하며, 좋은 결과가 있기를 응원합니다.

– 대표저자 일동

1. 청소년상담사 취득절차 흐름도

[주최 : 여성가족부 | 주관 : 한국산업인력공단, 한국청소년상담복지개발원]

원서접수 (한국산업인력공단) > 필기시험 (한국산업인력공단) > 면접시험 (한국산업인력공단) > 서류심사 (한국산업인력공단) > 자격연수 및 자격증 교부 (한국청소년상담복지개발원)

필기시험	원서 접수	• 청소년상담사 홈페이지(www.q-net.or.kr/site/sangdamsa) • 인터넷 접수만 가능 – 접수내용 변경은 원서접수 기간 내에 취소 후 다시 접수하여 변경 – 원서접수 마감 후에는 재접수 및 내용변경 불가
	합격(예정)자 발표	• 매 과목 100점 만점으로 하여 40점 이상, 전 과목 평균 60점 이상 득점한 사람 • 청소년상담사 홈페이지(www.q-net.or.kr/site/sangdamsa), ARS(1666-0100) 발표
면접시험		• 면접시험 합격에 따른 최종합격자 : 면접위원(3인)의 평정점수 합계가 모두 15점(25점 만점) 이상을 얻은 자(다만, 면접위원의 과반수가 어느 하나의 평가사항에 대하여 1점으로 평정한 때에는 평정점수 합계와 상관없이 불합격 처리함) • 청소년상담사 홈페이지(www.q-net.or.kr/site/sangdamsa), ARS(1666-0100) 발표
응시자격 서류 제출		• 졸업(학위)증명서 • 여성가족부령이 정하는 상담 관련 분야 증명서류(해당자에 한함) • 상담실무경력 인정 증빙서류(해당자에 한함) • 응시자격 서류심사 신청서
최종합격자 발표		청소년상담사 홈페이지(www.q-net.or.kr/site/sangdamsa), ARS(1666-0100) 발표
자격연수		• 신청 : 한국청소년상담사복지개발원 청소년상담사 홈페이지(www.youthcounselor.or.kr) • 대상 : 자격시험 최종합격자 및 자격시험 합격 후 연수 미수료자
자격증 발급 대상		청소년상담사 자격시험 최종 합격 후 자격연수 수료자 ※ 결격사유에 해당하는 수험자는 최종합격 이후 자격연수를 수료하였더라도 자격증을 교부하지 않음

2. 2022년 시험일정

청소년상담사 필기시험 접수는 일반 접수 기간과 시험 시행 바로 전에 특별 추가 접수 기간이 있습니다. 일정은 매년 비슷한 시기에 이루어집니다. 미리 일정표에 기록해 두어 잊어버리는 일이 없도록 유의하시기 바랍니다. 좋은 장소(자신의 집과 가까운 장소)를 선택하기 위해서는 첫날부터 접수하는 것이 필요하니 일정을 반드시 지켜 접수하시길 권유합니다.

필기시험				면접시험		
원서접수	특별추가접수	시행일	합격자 발표일	원서접수	시행일	합격자 발표일
8.22(월) ~8.26(금)	9.29(목) ~9.30(금)	10.8.(토)	11.9.(수)	11.21(월) ~11.25(금)	12.12(월) ~12.17(토)	12.28.(수)

※ 위 시행계획은 사전공고된 사항이며, 시험 전 반드시 최종공고를 확인하시기 바랍니다.

3. 시험과목 및 시험방법

구 분	교 시	시험과목	시험시간	시험방법	
				1차(필기시험)	2차(면접시험)
2급 청소년 상담사 (6과목)	1교시 (필수)	청소년 상담의 이론과 실제, 상담연구 방법론의 기초, 심리측정 평가의 활용, 이상심리	9:30~11:10 (100분)	과목당 25문항 5지선택형 * 법령 관련 출제 기준일은 시험 시행일 기준	구술면접 (1조당 10~20분 내외)
	2교시 (선택)	진로상담, 집단상담, 가족상담, 학업상담 중 2과목	11:40~12:30 (50분)		
3급 청소년 상담사 (6과목)	1교시 (필수)	발달심리, 집단상담의 기초, 심리측정 및 평가, 상담이론	9:30~11:10 (100분)		
	2교시 (필수 및 선택)	(필수)학습이론, (선택)청소년이해론, 청소년수련활동론 중 1과목	11:40~12:30 (50분)		

4. 응시자격

2급 청소년 상담사	1. 대학원에서 청소년(지도)학 · 교육학 · 심리학 · 사회사업(복지)학 · 정신의학 · 아동(복지)학 · 상담학 분야 또는 그 밖에 여성가족부령으로 정하는 상담 관련 분야의 석사학위를 취득한 사람 2. 대학 또는 다른 법령에 따라 이와 동등한 학력을 인정받는 기관에서 상담 관련분야 학사학위를 취득한 후 상담 실무경력이 3년 이상인 사람 3. 3급 청소년상담사로서 상담 실무경력이 2년 이상인 사람 4. 제1호부터 제3호까지에 규정된 사람과 같은 수준 이상의 자격이 있다고 여성가족부령으로 정하는 사람	1. 상담분야 석사 2. 상담분야 학사 + 3년 3. 3급 자격증 + 2년
3급 청소년 상담사	1. 대학 및 「평생교육법」에 따른 학력이 인정되는 평생교육시설의 청소년(지도)학 · 교육학 · 심리학 · 사회사업(복지)학 · 정신의학 · 아동(복지)학 · 상담학 분야 또는 그 밖에 여성가족부령으로 정하는 상담 관련 분야의 학사학위를 취득한 사람 2. 전문대학 또는 다른 법령에 따라 이와 동등한 학력을 인정받는 기관에서 상담관련 분야 전문학사를 취득한 사람으로서 상담 실무경력이 2년 이상인 사람 3. 대학 또는 다른 법령에 따라 이와 동등한 학력을 인정받는 기관에서 학사학위를 취득한 후 상담 실무경력이 2년 이상인 사람 4. 전문대학 또는 다른 법령에 따라 이와 동등한 학력을 인정받는 기관에서 전문학사학위를 취득한 후 상담 실무경력이 4년 이상인 사람 5. 고등학교를 졸업하고 상담 실무경력이 5년 이상인 사람 6. 제1호부터 제4호까지에 규정된 사람과 같은 수준 이상의 자격이 있다고 여성가족부령으로 정하는 사람	1. 상담분야 4년제 학사 2. 상담분야 2년제 + 2년 3. 타분야 4년제 + 2년 4. 타분야 2년제 + 4년 5. 고졸 + 5년

5. 최근 면접시험 합격률

구 분	2급			3급		
	응시자(명)	합격자(명)	합격률(%)	응시자(명)	합격자(명)	합격률(%)
2021년	3,052	2,582	84.60	1,710	1,522	89.01
2020년	2,191	1,725	78.7	3,061	2,666	87.1
2019년	2,024	1,721	85.03	1,626	1,396	85.85
2018년	2,039	1,706	83.66	1,946	1,701	87.41

6. 면접시험

(1) 면접시험의 준비물 및 절차

면접시험 당일 준비물	면접 절차	면접시험 평가 항목
1. 수험표 2. 신분증 : 주민등록증, 운전면허증, 공무원증, 유효기간 내 여권, 외국인등록증 및 재외동포 국내거소증, 복지카드(장애인등록증), 국가유공자증, 신분확인 증빙서 및 주민등록발급신청서, 중 · 고등학교학생증 및 청소년증, 국가자격증 등(단, 사진부착 및 주민등록번호 기재된 경우만 허용) 3. 필기도구	1. 대기(번호표 추첨 및 핸드폰 수거) 2. 수험표와 신분증 확인 및 범죄기록열람 동의서 서명 3. 사례지 배부와 검토시간(5분가량)을 갖고 2명씩 입실 4. 공통사례에 대한 공통질문 5. 개인질문(2~3명의 면접관으로부터 질문 받음)	1. 청소년상담자로서의 가치관 및 정신자세 2. 청소년상담을 위한 전문적 지식 및 수련의 정도 3. 예의, 품행 및 성실성 4. 의사표현의 정확성과 논리성 5. 창의력, 판단력 및 지도력

(2) 사례질문의 출제유형과 질문내용

사례1 진로선택의 어려움을 겪는 청소년

고등학교 1학년인 A여고생은 학교에서 성적도 우수하고 품행도 성실한 편이지만 마음속으로는 미술에 관심이 많아 미술을 전문적으로 가르치는 학교에 전학을 희망하고 있다. 하지만 담임선생님은 이러한 A여고생의 미술에 대한 꿈보다는 법대나 경영대에 진학하기를 바라면서 전학을 반대하고 있다. 이러한 고민 때문인지 최근 성적도 떨어지고 학교에 결석과 자퇴도 하는 등 평소 보이지 않았던 모습을 보이고 있어 A여고생의 부모가 상담을 의뢰한 경우이다.

• MMPI-2 : F, L, K, … 척도점수 제시 • 홀랜드 흥미검사 : 검사결과 제시

질문 내용

1. 위의 사례뿐만 아니라 일반적으로 부모가 자녀의 상담을 의뢰했을 때 상담진행 계획을 말하시오.
2. 위의 사례에서 의문이 드는 부분을 두 가지 이야기하고, 그 이유를 설명하시오.
3. 위의 사례에서 A여고생을 위하여 핵심적으로 다루어야 할 상담의 주제는 무엇인가?
4. 위의 사례를 보고 추가로 실시하고 싶은 검사방법은 무엇인가?
5. 상담프로세스 중에서 이 내담자의 경우 어느 부분에 초점을 맞추는 것이 좋을 것 같은가? 왜 그 부분에 초점을 맞춰야 하는지 말하시오.

사례2 청소년의 가출

17세 여학생 B는 중학교 3학년 때부터 잦은 가출과 가정으로의 복귀를 반복하고 있다. B는 어릴 때 부모님이 이혼한 이후로 아버지와 함께 살고 있다. 어머니는 재혼한 남편과의 사이에 2남매를 두었다. 그러나 현재 가정생활에 전념하는 가정주부로서 첫 남편과의 사이에 낳은 B와는 오랫동안 왕래가 없는 상태이다. 그리고 아버지는 아침 일찍 출근하여 밤늦게 퇴근하는 패턴을 가지고 있으며 주말에는 잠을 자기에 바쁘다. 더욱이 전통적인 사고방식을 가진 권위적인 아버지여서 이에 반발하여 또다시 가출한 B의 아버지가 상담을 의뢰한 경우이다.

• MMPI-2 : 기본척도의 수치 부여

질문 내용

1. 아버지를 상담과정에 포함시켜 진행해야 하는가? 그렇다면 상담을 어떤 방식으로 진행해야 하는가?
2. 가출하는 원인은 무엇이라고 생각하며, 이러한 상황을 개선하기 위하여 가장 필요한 상담은 무엇이라고 생각하는가?
3. B여학생의 행동개선을 위해 필요한 자료를 위한 심리평가기법은 무엇이라고 생각하는가?
4. 청소년상담사로서의 경험을 통한 상담가로서의 능력의 발전과 상담지식의 학습을 통한 능력의 발전 중 어떤 부분의 능력이 내담자에게 끼치는 영향이 크다고 생각하는가?

(3) 면접 대비 요령

① 매년 발간되는 청소년백서[여성가족부 사이트(www.mogef.go.kr)]와 한국청소년상담복지개발원 사이트(www.youthcounselor.or.kr)의 「청소년상담연구」 자료를 읽어 보는 것이 좋다.

② 면접 스터디를 조직하여 사례문제를 출제하고 이에 대한 답안들을 작성한다. 그 다음 그 답안을 가지고 의견을 상호교환하여 올바른 상담자의 상을 형성하는 것이 필요하다.

③ 청소년사이버 상담센터(www.cyber1388.kr)에 올라온 공개상담 게시판의 글들을 읽어 보고 필요한 경우 직접 상담자 역할로 답글을 올리는 것도 면접에 대비하는 좋은 방법이다.

④ 한국청소년상담복지개발원 사이트에 '이달의 청소년상담사' 코너가 있다. 이 코너에는 상담사로서의 자세와 역할, 그리고 최근 청소년들의 모습 등에 대해 청소년상담사들의 체험들이 올라와 있다. 이를 통해 청소년상담사의 역할을 구체적으로 이해할 수 있으며 청소년상담사의 바람직한 상에 대하여 알 수 있을 것이다.

⑤ 개별사례의 경우는 면접관이 자주 물어보는 질문을 취합하여 이에 대한 모범답안을 만들어 면접에 대비하는 것도 좋다.

시험시행(원서접수, 필기시험, 응시자격, 면접시험)에 대한 자세한 내용은 큐넷 홈페이지(www.q-net.or.kr)를 참조하시거나 고객센터(1644-8000)에 문의하시고, 자격연수 및 자격증 교부 관련 내용은 한국청소년상담복지개발원 홈페이지(www.youthcounselor.or.kr)를 참조하시거나 콜센터(051-662-3103)에 문의하시기 바랍니다.

차 례

PART 1

면접 전 알아야 할 Q&A

Section 01 면접의 의미 ········ 002
Section 02 면접 형식 ········ 003
Section 03 면접관과 평가 기준 ········ 004
Section 04 면접자의 질문 ········ 006
Section 05 면접 전 준비사항 ········ 007
Section 06 면접 시 주의사항 ········ 009
Section 07 면접 이후 과정 ········ 010

PART 2

청소년 상담 관련 질문

Section 01 면접자 개인 관련 질문 ········ 012
Section 02 청소년 상담윤리 관련 질문 ········ 022
Section 03 상담현장 관련 질문 ········ 033
Section 04 상담이론 및 기법 관련 질문 ········ 040
Section 05 상담 과정 관련 질문 ········ 052
Section 06 심리검사 관련 질문 ········ 064
Section 07 다양한 매체 상담 관련 질문 ········ 077
Section 08 청소년 부모 관련 질문 ········ 086

PART 3

청소년 문제 유형별 사례질문

Section 01 청소년발달과 상담 관련 이론 및 사례 ········ 100
Section 02 불안 관련 이론 및 사례 ········ 114
Section 03 우울 관련 이론 및 사례 ········ 127
Section 04 자살/자해 관련 이론 및 사례 ········ 135
Section 05 외상 후 스트레스 관련 이론 및 사례 ········ 143
Section 06 성 관련 이론 및 사례 ········ 153
Section 07 중독 관련(인터넷, 게임 등) 이론 및 사례 ········ 168
Section 08 학교폭력 이론 및 사례 ········ 184
Section 09 진로 관련 이론 및 사례 ········ 199

Section 10 학업 관련 이론 및 사례 ··· 210
Section 11 지적장애/경계선 지능 이론 및 사례 ··· 220
Section 12 청소년 가족 이론 및 사례 ··· 231
Section 13 집단상담 관련 이론 및 사례 ··· 244

PART 4
2급 면접 기출문제

Section 01 2급 기출문제 – 2021년 20회 ··· 258
Section 02 2급 기출문제 – 2020년 19회 ··· 283
Section 03 2급 기출문제 – 2019년 18회 ··· 295
Section 04 2급 기출문제 – 2018년 17회 ··· 307

PART 5
3급 면접 기출문제

Section 01 3급 기출문제 – 2021년 20회 ··· 326
Section 02 3급 기출문제 – 2020년 19회 ··· 345
Section 03 3급 기출문제 – 2019년 18회 ··· 356
Section 04 3급 기출문제 – 2018년 17회 ··· 365

부록
면접자료

Section 01 청소년상담사 윤리강령 ··· 380
Section 02 상담이론 정리 ··· 389
Section 03 MMPI–A ··· 393

PART 1

면접 전 알아야 할 Q&A

Section 01 면접의 의미
Section 02 면접 형식
Section 03 면접관과 평가기준
Section 04 면접자의 질문
Section 05 면접 전 준비사항
Section 06 면접 시 주의사항
Section 07 면접 이후 과정

Section 01 면접의 의미

Q 질문

청소년 상담사 시험에서 면접은 어떤 의미가 있습니까?

A 답변

매년 필기시험에서 더 많은 사람들이 합격하고 있습니다. 실제 합격률은 30~50% 정도이긴 하나 계속 전체 인원이 증가하고 있기 때문에 예전처럼 면접이 형식적인 절차가 아니라 점점 중요해지고 있습니다. 게다가 면접에서 실제 상담 현장에서 일어나는 사례에 관련한 질문들이 자세히 나오고 있어서 철저한 준비 없이는 합격하기 어렵습니다. 상담 현장에 있는 분들에게는 어떤 식으로든 문제를 해결하는 데 큰 어려움이 없을 수도 있지만 상담 현장에 아직 들어가지 않은 분들은 다양한 형식의 문제를 준비하는 것이 필요할 것입니다.

Q 질문

청소년 상담사 면접은 상담사의 실제와 얼마나 관련이 있습니까?

A 답변

면접내용은 크게 보면 청소년 상담사의 역할과 사례 연구로 분류할 수 있습니다. 여러분이 청소년 상담사가 되기 위한 어떤 준비 자세가 되어 있는지, 얼마나 준비되어 있는지를 보여주어야 합니다. 태도에 대한 내용은 모든 면접에서 당연히 준비해야 하고, 사례 연구는 전문적 분야이기 때문에 에너지를 들여야 합니다. 본 면접 교재를 통해 다양한 사례와 태도에 대한 준비를 통해 합격할 수 있습니다.

Q 질문

이전에 상담과 전혀 관련 없는 분야를 전공했어도 가능한지요?

A 답변

청소년 상담사 3급은 학부 수준의 학력, 청소년 상담사 2급은 석사 학위 수준의 학력을 요구합니다. 기본이 되는 과목을 이수해야 해당 자격증에 도전할 수 있습니다. 기초 과목과 학력을 맞추었다면 나머지 부분은 관련 상담센터 등에서 경험을 쌓는 것으로 준비할 수 있습니다. 너무 두려워하지 말고 도전해 보세요.

Section 02 면접 형식

Q 질문

청소년 상담사 면접은 어떤 형식으로 이루어집니까?

A 답변

2, 3급으로 나누어 실시되고 오전, 오후에 각각 진행됩니다. 같은 장소이긴 하나 들어가는 방식이 약간 다릅니다.

① 2급의 경우, 한 번에 2명, 3급의 경우, 3명이 함께 들어갑니다. 면접 시간이 되었을 때, 그 시간에 온 모든 면접자들이 한 대기실에 들어갑니다. 이 대기실에서는 준비해 온 책 등을 볼 수 있습니다. 이 시간에 볼 수 있는 미니북 등을 챙겨가는 것이 좋을 것입니다. 그 다음에는 두 번째 대기실로 들어가는데 이 대기실에서 사례를 받습니다. 2~3쪽의 케이스를 받게 되는데 빠른 속도로 MMPI-2 검사 결과와 배경 상황 등을 본 후 상담 사례 개념화를 해보는 것이 필요합니다. 주로 청소년과 관련된 사례이고, 윤리 관련 질문은 반드시 나오기 때문에 사례 개념화 및 윤리에 대한 부분을 정리하는 것이 필요합니다. 여기에서 사례 개념화를 머릿속에 진행하고 난 후 마지막으로 면접관들이 있는 최종 면접실로 들어가게 됩니다. 사례가 적힌 종이는 들고 들어갑니다.
면접관은 3명이고 첫 번째 순서가 왼쪽에서부터 오른쪽으로 진행되었다면 다음에는 오른쪽에서부터 왼쪽으로 가는 식으로 면접 질문을 하게 됩니다. 면접관은 상담자의 태도와 윤리 그리고 사례에 대해 자세하게 질문합니다. 질문에 대해 자신의 소신과 자신감을 가지고 머릿속에 그려본 사례 계획 하에 차분하게 설명합니다. 이론에 근거하면서도 자신의 경험을 잘 통합해서 설명한다면 충분히 합격할 수 있을 것입니다. 면접이 끝나면 면접관에게 인사를 한 후 출구로 나오면 됩니다. 사례 질문지는 출구 앞에 비치된 통에 제출합니다. 사례 질문지는 가지고 나올 수 없으므로 주의하기 바랍니다.

② 3급의 경우도 비슷합니다. 하지만 문제유형이 좀 더 개인에게 초점을 맞추고 있습니다. 질문은 자신이 상담사가 되려는 이유나 동기, 선호하는 이론 등에 대한 것이며 사례질문도 매우 포괄적으로 질문합니다. 3급 역시 상담자다운 태도와 소신을 가지고 자신감 있게 대답하시면 됩니다.

Section 03 면접관과 평가 기준

Q 질문

면접관은 어떤 분들입니까?

A 답변

① 보통 3분이 선정되고 면접관의 선정은 한국청소년상담복지개발원이 위촉하여 당일 면접을 진행하게 됩니다. 면접관들은 주로 심리학회 산하 한국상담심리학회에서 발급한 심리상담사 1급 소지자나 청소년 상담사 1급 소지자로 구성됩니다. 심리상담사 1급이나 청소년 상담사 1급 소지자는 대학교 교수거나 개인 상담 기관을 운영하기도 하며, 상담기관의 대표나 책임연구원 등으로 활동하는 분들입니다.

② 면접관들은 상담 실무/현장에서 활동하는 분들이기 때문에 확실하게 이해하지 못한 기법이나 이론을 말하거나, 실제 하지 않았던 경험을 거짓으로 말했다가는 질문 공세를 받을 수 있으니 주의하시기 바랍니다. 상담에서 진실성은 가장 중요한 태도이기 때문에 차라리 모르는 것은 잘 모른다고 말하는 태도가 더 중요합니다.

Q 질문

면접관이 보는 평가 기준은 무엇입니까?

A 답변

평가 기준은 다음과 같습니다.

평가 항목	점 수	합 격	불합격
청소년 상담사로서의 태도와 가치관	5점	면접관 3명의 점수 평균이 15점 이상일 때 (25점 만점)	• 면접관 3명의 점수 평균이 15점 미만일 때 • 면접관 과반수(3명 중 2명 이상)가 5개 항목 중 어느 항목이든 ‘하’(1점)로 평점했을 때에는 평균 점수와 상관없이 불합격 처리
청소년 상담 실행을 위한 기본 지식	5점		
성실성	5점		
의사표현의 명확성	5점		
판단력과 리더십	5점		
합 계	25점	평균 15점 이상	평균 15점 미만

Q 질문

면접에서 중요하게 평가하는 사항은 무엇입니까?

A 답변

① 면접관은 청소년상담사가 상식 수준의 이해력과 행동, 정서를 보여야 한다고 생각할 것입니다. 청소년상담사 면접이기 때문에 청소년 내담자를 기본적으로 수용하고, 이들의 언어와 세계를 이해할 뿐 아니라 호의적인 태도를 기본으로 가져야 할 것입니다. 예상 밖의 질문을 받더라도 당황하기보다는 자신이 대답할 수 있는 범위 내에서 최선을 다한다는 인상을 주어야 합니다. 그렇다고 해서 전혀 모르는 것인데 아는 척 해서는 안 되며, 모른다고 진솔하게 말하고, 겸손하게 더 배우고 노력하겠다는 말을 첨언하면 좋습니다.

② 답변을 할 때는 질문을 한 면접관과 시선을 맞추면서 차근차근 말을 하고 너무 느리거나, 혹은 지나치게 서둘러서 답하지 않도록 유의합니다. 여유로우면서도 자신이 준비한 답변을 다 할 수 있도록 최선을 다합니다. 질문과 답을 미리 준비할 때 질문에 대한 답을 단순 명료하게 답변하는 방법을 연습해서 어떤 질문이든지 답을 할 수 있도록 준비해야 합니다. 무성의한 모습, 쓸데없는 동작이나 말, 경청하지 못하는 산만한 태도는 감점요인이 되기 때문에 주의합니다. 그렇지만 대답이 잠깐 생각이 나지 않을 때는, 그럴 수도 있기 때문에 면접관에게 잠깐 양해를 구하고 천천히 답변을 하는 것도 방법입니다.

③ 지나치게 종교적 관점이 강하거나 태도나 신념이 고착되어 있는 경우 등 편향된 태도를 갖지 않도록 주의합니다. 마지막으로 자격증 취득을 지나치게 도구적으로 사용하려는 인상은 좋지 않게 비춰질 것입니다. 자신의 목표를 잘 점검하여 청소년들을 이해하고, 호의적이라는 인상과 태도를 준비하도록 합니다.

Section 04

면접자의 질문

Q 질문

무슨 질문을 하고 몇 가지나 질문합니까?

A 답변

질문의 내용은 기본적으로 면접관에 달려 있다고 봐야 합니다. 그러나 당일 면접관이 할 질문은 전형적으로 주어져 있습니다. 질문의 유형은 크게 아래 세 가지 형태로 나뉩니다.

① 상담자로서의 포부나 자질에 관한 질문을 하는 개인적 질문입니다. 가령 “어떤 상담자가 되고 싶은가요?”, “상담할 때 주로 사용하는 이론과 이유가 있습니까?” 등입니다.
② 상담을 할 때 현장에서 일어날 수 있는 다양한 상황에 대처하는 전략에 관련한 질문 유형입니다. 가령 “청소년과 부모 상담에서 어떤 부분을 가장 중요하게 생각합니까?”, “이 내담 청소년이 임신했다는 사실을 알았다면 부모와의 상담을 어떻게 하겠습니까?” 등입니다.
③ 제시된 사례에 대한 본인의 생각이나 상담 목표, 상담 전략, 주호소 문제, 가능한 개입방법 등 사례 개념화와 관련된 질문입니다. 가령 “이 청소년에게 예상되는 문제는 무엇입니까?”, “이 문제를 해결하기 위해 어떤 전략을 사용할 것입니까? 이유는 무엇입니까?” 등입니다.

면접관이 3명이고 면접 수행자는 2명이므로 적어도 6~7개 정도의 질문을 받는다고 생각하면 됩니다. 물론 면접관에 따라서는 집중적인 질문을 할 때도 있지만, 그런 경우는 드물고 돌아가면서 비슷한 유형으로 질문할 것입니다.

Section 05 면접 전 준비사항

Q 질문

면접 전에 특별히 준비해야 할 것은 무엇입니까?

A 답변

청소년 상담사가 되기 위해 2·3급 시험을 준비했다면 이미 많은 것을 준비해 온 것입니다. 필기시험 내용에서 상담자의 자세와 태도, 가치관, 윤리, 상담이론과 사례가 등장하기 때문입니다. 물론, 이론적으로 지식을 쌓는 것과 경험한 것을 말하는 것은 다르지만 자신감을 가지고 자신이 배운 것과 경험을 잘 녹여 면접에 임하는 것이 가장 중요합니다.

① 면접 대기실에 들어갔을 때 심호흡을 하면서 긴장감을 줄이는 것이 매우 중요합니다. 지나치게 긴장하면 평소에 알던 것도 잊어버리고 제대로 대답하기 어려워지기 때문입니다. 심호흡을 통해 마음을 가라앉히고 공부했던 것을 천천히 읽어보는 것이 도움이 될 것입니다.

② 면접 대기실에 들어갔을 때 사례를 보면서 이제까지 배웠던 모든 지식을 활용해 설명할 수 있는 최대한의 사례를 엮어 보도록 합니다. 두 명이 동시에 들어가므로 자신이 준비했던 답을 함께 들어갔던 사람이 먼저 말할 수도 있습니다. 한 가지만 준비한다면 이런 상황에서 당황하게 될 것이고 자신에게 답변 순서가 왔을 때는 제대로 답하지 못할 수도 있습니다. 적어도 2~3개 정도의 사례 개념화를 머릿속에 그려놓고 세부 내용을 개괄적으로 준비해 놓으면 비교적 여유롭게 답변할 수 있을 것입니다.

Q 질문

면접에서 준비해야 할 옷차림이 있습니까?

A 답변

특별한 옷차림이 중요하다기보다는 단정하고 깔끔한 인상을 보여주면 될 것입니다. 상담자는 내담자에게 편안한 분위기를 주는 것이 중요하므로 별다른 옷차림이 아니라 편안하면서도 단정한 분위기의 복장이 좋습니다.

Q 질문

면접 하루 전날 준비해야 할 사항은 어떤 것들이 있습니까?

A 답변

① 우선적으로 마음의 여유를 가지는 것이 필요합니다. 앞에서도 언급했지만 이번에 떨어지면 한 번 더 기회가 있습니다. 아예 '불합격하면 한 번 더 하면 된다.'는 생각으로 여유를 가집니다. 하루 전에는 긴장이 커지는데 심호흡을 하면서 잘 할 수 있음을 다짐하면서 안정을 취하도록 합니다.

② 다음 날 가지고 가야 할 서류를 미리 챙겨두는 것도 좋습니다. 수험표는 출력해 두고, 신분증(주민등록증, 운전 면허증, 여권 등) 한 가지는 반드시 준비합니다. 이 외에 대기 시간이나 대중교통을 이용해서 가면서 볼 수 있는 요약본 등을 준비합니다. 이렇게 미리 서류를 챙기면 마음도 정리되고 다음 날 오전에 갈 때도 준비가 빨라서 좋습니다.

③ 면접에서 사용할 사례에 대한 개입 전략 등을 정리해서 준비합니다. 면접은 실제 리허설을 해 보는 것이 제일 좋습니다. 가족이나 친구에게 부탁해서 정해진 질문을 하도록 하고 자신이 준비한 답변을 그대로 해보는 연습이 좋습니다. 간단하게라도 실제처럼 리허설을 해보는 것이 제일 좋지만 그것도 여의치 않다면 거울 앞에서라도 정해진 질문을 스스로 하고 답변해 보는 방식으로 연습하는 것도 도움이 될 것입니다. 리허설을 하고 나면 면접관 역할을 맡아 준 지인에게 자신의 모습이 어땠는지에 대한 피드백을 듣고 교정하도록 합니다. 마찬가지로 거울을 보고 연습하면서 자신의 표정이나 언어 스타일, 구사하는 단어 등 부적합한 부분들을 수정하도록 합니다.

Section 06

면접 시 주의사항

Q 질문

면접에서 답변할 때 주의해야 할 점은 무엇입니까?

A 답변

① 상담사가 답변할 때 지나치게 전문적인 용어, 일반적이지 않은 상담 용어, 영어 등을 자주 사용하는 것은 적합하지 않습니다. 특히 청소년을 내담자로 하는 청소년 상담사는 나이 어린 내담자들을 상대하기 때문에 자신의 지식을 뽐내기보다는 소통을 중시하는 태도가 훨씬 중요합니다. 그러므로 일반적이고 상식적인 수준에서 답변하는 것이 좋습니다. 앞에서도 언급했지만 너무 장황하게 답변하거나 아는 지식을 늘어놓는 것이 아니라 질문을 정확하게 듣고, 그에 부합하는 내용을 명확하고 구체적으로 답변해야 합니다.

② 또한 심리검사 결과나 해석 등에 대해 언급할 때 지나치게 단정적으로 답변하지 않도록 주의합니다. 심리검사 결과 같은 경우, 라벨링을 하지 않는 것이 가장 기본 태도이기 때문에 어떤 결과이든지 완벽한 답변이나 한 가지만 옳다고 하는 태도는 피하도록 합니다. “제 생각에는….”, “제 의견은….” 등의 말투로 접근하는 것이 좋습니다.

Section 07

면접 이후 과정

Q 질문

면접에 합격한 이후의 진행 사항은 어떻게 됩니까?

A 답변

면접에 합격하시면 해당 서류를 제출하셔야 최종합격이 됩니다. 이후 7일간 연수를 받아야 청소년 상담사 자격증을 발급받게 됩니다.

Q 질문

면접에 불합격한 이후의 진행 사항은 어떻게 됩니까?

A 답변

다음 해 면접시험을 한 번 더 응시할 수 있습니다. 2~3월이면 당해 시험 일정이 공지되기 때문에 일정표에 표시해 두어 접수 일정에 차질이 없도록 준비합니다.

PART 2
청소년 상담 관련 질문

Section 01 면접자 개인 관련 질문
Section 02 청소년 상담윤리 관련 질문
Section 03 상담현장 관련 질문
Section 04 상담이론 및 기법 관련 질문
Section 05 상담과정 관련 질문
Section 06 심리검사 관련 질문
Section 07 다양한 매체 상담 관련 질문
Section 08 청소년 부모 관련 질문

Section 01

면접자 개인 관련 질문

★Tip 모범답변은 예시로 작성한 것이다. 면접자 개인의 상황과 생각, 느낌에 맞게 변형 및 재구성하여 답변하는 것이 좋다.

질문 01

자신이 주로 사용하는 상담이론은 무엇인지 말하고 그 이유를 설명해 보시오.

모범답변

① **인간중심 상담이론** : 가장 기본적 태도로는 인간중심 상담을 바탕으로 한다. 왜냐하면 기본적으로 인간중심 상담은 타인의 가치조건으로 만들어진 '거짓된 자기'에서 벗어나 '진실한 자기'를 발견하도록 도우므로 상담 자체의 목표와 일치하기 때문이다. 특히 무조건적 긍정적 수용, 명확한 공감, 진실성이 가장 중요한 상담자의 태도라고 생각한다.

② **해결중심 상담이론** : 청소년 내담자들이 가족들과 관련된 어려움을 많이 호소하고 있기 때문에 해결중심 기법을 사용하려고 노력한다. 이는 병리적 측면보다는 건강한 것에 초점을 두고, 결국 내담자의 강점으로 문제를 해결하고자 하며, 작은 변화를 중시하는 등 상담사로서의 철학과 일치하기 때문에 선호하는 편이다.

③ **행동주의 상담이론** : 비행 행동이나 일탈적 행동을 수정할 때 처벌이나 칭찬, 격려를 통해 수정이 가능한 부분이 있으므로 행동을 단시간에 변화시키기 위해서는 행동주의 기법을 사용한다. 또한, 공포와 불안이 조성된 과호흡 증세나 공황증세를 체계적 둔감화라는 방법을 통해 치료할 수 있기 때문에 필요시에 사용하는 이론이다.

④ **인지행동 상담이론** : 내담자로 하여금 비합리적인 사고나 인지적 왜곡을 일으키는 핵심적인 사고방식을 인식하게 하고 이를 합리적인 사고로 바꾸도록 돕는 과정을 통해 내담자의 감정이 변화되기 때문에 매우 효과적으로 활용하는 상담이론이다.

질문 02

청소년 상담사 자격시험에 응시하게 된 동기와 앞으로 할 활동에 대해 간략하게 설명해 보시오.

모범답변

① 특히 청소년 시기에 고민도 많았고 친구들과의 관계로 힘들었던 기억이 있다. 이러한 개인사로 인해 상담에 대한 관심이 많았다. 좀 더 전문적으로 청소년들에게 다가갈 수 있는 방법이 무엇일까 고민을 하였다. '청소년 상담사'는 국가에서 발급해주는 자격증인 만큼 신뢰할 수 있었고, 상대적으로 저렴한 비용이지만 높은 질의 교육 연수를 받을 수 있어서 좋다는 생각이 들었다. 또한, 일정한 기간의 교육과 수련을 받는다면 수퍼바이저의 자격도 충분히 딸 수 있겠다는 생각이 들어 지원하게 되었다.

② 청소년 관련 상담사로 일을 하고 싶은 동기에서 응시하게 되었다. 민간 상담센터도 좋고 개인 상담센터도 좋다고 생각한다. 이 자격증으로 취업해서 실전에서의 경력을 쌓아가도록 하겠다. 실전에서의 경력이 어느 정도 쌓이면 1급에 도전해서 수퍼바이저가 되어 청소년 상담사가 되고 싶은 사람들을 수퍼비전함으로써 후학 양성에도 노력을 기울일 것이다.

질문 03

자신이 지금까지 상담을 해오면서 청소년을 대상으로 상담할 때의 지원자의 장단점을 설명해 보시오.

모범답변

★Tip

아래 사례를 보면서 자신의 장단점을 적절하게 들어 구성해 보도록 한다. 장점을 말할 때 너무 잘난 체를 하거나 무엇이든 할 수 있다는 식의 과대 포장을 하지 않도록 한다. 또한 단점을 말할 때 지나치게 보잘것없다는 식의 겸양의 표현보다는 중립적인 표현을 하는 것이 좋다.

① 장점

㉠ 어릴 때부터 내 말을 들어주는 사람이 없어서 '나는 다른 사람의 말을 잘 들어 주어야지.'라고 결심한 이후로 타인을 관찰하면서 말을 듣기 위해 노력해 왔다. 타인을 관찰하다 보니 그들이 표현하는 표정이나 목소리 등에 관심을 갖게 되었고 그런 부분이 그들의 말을 듣는 것에 상당히 도움이 된다는 것을 알았다. 나는 비교적 다른 사람의 말을 잘 경청하여 듣는 편이다.

㉡ 내 자신이 중학생 때 왕따를 경험한 적이 있었는데 그게 며칠이었다 하더라도 너무나 고통스러웠다. 그래서 내가 한 번이라도 저 사람의 말을 잘 들어주면 마음이 편해지지 않을까 고민하게 되었다. 그래서 친구들도 나를 편안해 하고 어떤 말이든 잘 털어놓았다.

㉢ 부모님이 맞벌이를 하셔서 혼자 있는 시간이 많았다. 초등학생 때는 친구들과 놀러 다니느라 바빴지만 중학생, 고등학생이 되면서 성격이 많이 바뀐 것 같다. 혼자 있는 시간을 편안해 하면서 말수도 자연스럽게 적어졌다. 그런데 학교에 가면 말을 많이 하고 시끄러운 친구들이 많았다. 옆에 있어 주기만 해도 친구들은 나를 고민 상담소로 생각해서 잘 털어놓는다.

㉣ 어릴 적엔 밝고 쾌활했다. 초등학생 때는 정말 친구도 많았던 것 같다. 그런데 고학년이 되면서 부모님이 이혼한 친구들, 어머니가 너무 때려서 할머니 댁에 피신해 온 친구들, 아버지가 어렵게 혼자 키우는 친구들을 만나게 되었다. 세상에는 많은 아이들이 불행한 것 같았다. 그렇지만 또 나름대로 열심히 사는 친구들을 보면서 나도 무엇인가 이바지하고 싶었고 그런 친구들이 마음 아파할 때 도와주고 싶었다. 그때는 그냥 용돈 털어서 먹을 것만 사줬던 것 같은데 좀 더 공부해서 친구들을 잘 도와주고 싶어서 도전하게 되었다.

② 단점

㉠ 형제가 많아서 청소년 시절에는 엄청나게 치고받고 싸웠다. 다툼이 너무 많았고 서로 엄청나게 미워했는데 지금은 잘 지내고 있다. 내 개인적 경험을 통해 나처럼 가정 내 갈등을 많이 경험했고 해결해 본 사람도 별로 없다는 생각이 들었다. 분쟁의 해결사라면 자신이 있었고 학부모와 자녀 사이의 문제라면 형제 간 문제로 골머리를 앓았던 지난 시간을 통해 잘 조언해 줄 수 있을 것 같았다.

㉡ 청소년 시기에는 부모님께 반항하느라 공부를 손에서 놨다. 그 무렵에는 친구들이랑 놀러 다니느라 바빴다. 고등학교 3학년이 되어서야 정신을 차렸는데 좋은 학교에 가기에는 너무 시간이 지났고 후회해봤지만 소용이 없었다. 지방에 있는 4년제 대학을 겨우 갔는데 학교 다니면서 후회를 많이 했고 좋아하는 일과 직업을 잘 선택하기 위해 이후 많은 노력을 기울였다. 이러한 다양한 경험과 공부를 싫어했던 학창시절의 경험을 바탕으로 청소년들에게 실제적인 도움을 줄 수 있을 것이라고 생각한다.

㉢ 사춘기에 부모님과 관계가 매우 좋지 않았다. 공부를 안 한 것도 있었지만 지금보다 엄청 예민하고 뾰족했던지라 무슨 말이든 쏘아붙였다. 부모님도 막 화를 내시거나 혼을 내시진 않았지만 기분이 좋을 수는 없으셨을 것 같다. 그래서 중, 고등학교 시절 부모님이나 학교 선생님들과 좋은 관계가 아니었다. 지금 돌아보면 뭐 대단한 이유가 있었던 것이 아니라 그냥 반항심이 컸던 것 같다. 이러한 개인적 경험을 토대로 청소년들을 더 잘 이해하고 더 좋은 방향으로 잘 이끌어 줄 수 있을 것 같다.

질문 04

청소년 대상 상담에서 어렵게 생각되는 주제를 선택하고 어떻게 보완할 것인지를 설명하시오.

모범답변

① **성 문제 관련** : 성에 대해 터부시하는 문화에서 자란데다 워낙 보수적인 집안 분위기여서 부모님과는 성에 대한 이야기를 나눠본 적이 거의 없는 것 같다. 그런데 친구들과 이야기하다 보면 이성 애인과 성관계에 대한 고민, 임신에 대한 고민, 대학에서는 낙태 등 시술에 대한 고민 등이 많았던 것 같다. 중학생의 경우, '임신이 되면 어떡하지?', 고등학생 때는 '어떻게 하면 임신이 안 될까?'를 고민하였다. 대학에 가서는 잘못된 성 정보로 인해 성관계에서도 일방적으로 여성이 피해를 보는 경우를 주변에서 들으면서 고민하고 책이나 정보를 많이 접하게 되었다. 여성 문제에 대해 논의를 많이 했던 동아리 활동을 통해 나 자신이 성 문제에 대해 무지했음을 알았고 불평등한 시선을 당연하게 생각했던 부분을 교정할 수 있었다. 청소년들에게 제대로 된 성을 알려주고 양성 평등적인 시선으로 남녀관계를 바라볼 수 있도록 돕고 싶다.

② **중독 문제 관련** : 청소년에게 인터넷 게임 중독이나 스포츠 게임 중독, 소셜 네트워크 중독은 이제 낯선 것이 아니다. 연구에서도 보여주듯이 내면의 허무함이나 지루함을 채우기 위해 시작했던 작은 습관이 어느새 인생 전체를 갉아먹게 만들었다는 것을 인지하고 작은 습관에서부터 바꾸어 나가도록 도와줄 것이다. 우선 전문 센터에서의 교육과 집단 상담, 자조 활동 등을 통해 일차적으로 중독에서 벗어날 뿐 아니라 심리상담을 통해 이 끊음(결단)이 지속될 수 있도록 도와줄 것이다. 추가적으로, 청소년 상담 자체적으로 부모와 상담이 필요하겠지만 중독 상담은 결국 가족 내 문제이므로 반드시 부모님과 상담을 통해 가족 전체가 치료에 참여하도록 도울 것이다.

③ **성 정체성 문제 관련** : 성 정체성에 관해서 어려움을 호소하는 경우가 많다. 종교적 이유로 인한 접근도 상당하기도 하고 사회적 거부감이 매우 큰 이슈라고 생각한다. 상담자가 되기 위해서는 이 부분에 대한 수용 능력이 있어야 한다고 느낀다. 왜냐하면 주변에서 성 정체성에 대해 고민하는 이들을 보았기 때문이며, 특히 고등학생 때부터 친구들 사이에서 커밍아웃한 친구들을 많이 봐 왔기 때문이다. 이들 중 대부분은 가족들에게는 비밀로 하고, 우울증이 너무 심해져서 병원에 갈 정도가 되어서야 자신의 고통에 대해 털어놓기 시작하는 경우가 많다. 이들을 잘 위로해 주고 '그래도 괜찮다.'는 수용을 통해 사회에 잘 편입되고 적절하게 살아갈 수 있는 사람이 되도록 도와주는 상담사가 필요하다고 생각한다.

질문 05

청소년 상담사로 지원한 지원자의 기본적인 인간관이 무엇인지 개략적으로 설명해 보시오.

모범답변

★Tip

다양한 상담이론의 인간관을 숙지하고 자신이 선호하고 쉽게 적용할 수 있는 이론을 중심으로 준비하는 것이 좋다.

정신분석	• 인간을 비합리적이고 결정론적인 존재라고 가정한다. – 비합리적이라는 의미는 충동과 본능을 만족시키기 위한 존재로서 진화론적인 시점에서 인간이 동물과 별다르지 않다는 가정이 있기 때문이다. – 결정론적이라는 의미는 유아 시절까지의 경험이 성인까지 영향을 주기 때문에 유아 시절의 경험이 절대적이라는 것이다. • 합리적이고 전문적인 상담자의 인도를 받아야 한다. 그래서 어느 상담보다도 상담자의 권위와 서열을 중시하는 상담이다.
인간중심	• 인간은 자신의 인생을 스스로 결정하고 자기실현 동기를 가지고 태어났다고 본다. • 상담자는 단지 상실된 경험과 애정의 부재를 채워주는 존재로서 최소한의 역할을 해야 하고, 이를 통해 누구나 적절하게 기능하는 수준으로 회복될 수 있다고 믿는다.
합리·정서 행동치료	사람은 누구나 역기능적 인지체계를 가지고 있는데 이 역기능적 사고를 합리적이고 기능적인 사고 체계로 바꾸면 제대로 살아갈 수 있다고 본다.
인지치료	개인의 인지적 왜곡이 무엇인지 살펴보고 이를 재구성하여 행동과 정서의 변화를 일으킬 수 있다고 보았다.
행동주의	• 인간의 행동은 일정한 규칙을 갖고 있고, 학습된 결과라고 본다. • 이 규칙의 방식에 변화를 주면 얼마든지 새로운 행동을 학습할 수 있다.
게슈탈트	• 언어와 비언어적 표현의 불일치에 주의를 기울이고 지금-여기(here & now)에 집중하는 것이 중요하다. • 채워지지 않은 게슈탈트는 언제나 전경으로 떠오르게 되어 있고, 이 욕구가 채워지지 않으면 잠깐 배경으로 밀려났다가도 다시 떠오르게 된다. 그러므로 이 게슈탈트를 해소하기 위해 노력해야 한다.

질문 06

자신의 성장 과정 중에서 특히 상담자가 되는 데 영향을 준 부분을 중심으로 설명해 보시오.

모범답변

① 성장과정을 통해 사람을 좋아하게 되었고, 긍정적인 대인관계 경험을 많이 쌓았다.
이전에는 대인관계가 좋은 편이 아니었으나 갈등 관계를 겪으면서 서로에 대한 이해가 많이 필요하다는 것을 알았다. 쓸데없는 부분에 에너지를 쓰지 않고 대처하는 경험이 많이 쌓였다. 이를 통해 현재는 대인관계가 상당히 좋아졌고 주변에 사람이 많다. 상담사라는 직업은 항상 대인관계가 원활해야 하는 직업이고 대처할 수 있는 자원이 많은 사람에게 적합한 직업이라고 생각한다.

② 나의 청소년기를 되돌아봤을 때, 나처럼 힘들었던 시기를 겪는 청소년들을 돌봐주고 싶다.
부모님과 관계가 좋지 않았던 개인적 경험으로 인해 청소년 시절에 유난히 삐딱했었다. 좋은 대학에 진학하고 싶었기에 공부는 열심히 했지만 왜 열심히 해야 하는지도 몰랐고 목표도 딱히 없었다. 대학에 가고 보니 나처럼 목표도 없이 공부했던 친구들이 너무 많았다. 좀 더 빨리 진학이나 진로에 대해 고민해 봤더라면 더 나은 삶을 살아갈 수 있었을 거라는 생각이 들었다. 청소년 시절에 대한 후회가 큰 만큼 그들을 도와주고 싶은 마음도 크다.

③ 날 기다려 준 가족의 고마움으로 인해 나도 청소년기 친구들에게 가족이 되어주고 싶다.
어릴 적 가족들과 유난히 관계가 좋았다. 나를 참아주고 기다려 주었던 어머니, 개방적이고 가정적이었던 아버지, 말이 잘 통하고 늘 친구 같았던 동생 등 가족은 인생의 어둠 속을 헤맸던 청소년 시절에 구원과도 같았다. 청소년 시기는 좋은 가족이 있어도, 힘든 가족이 있어도 힘들기는 매한가지인 부분도 있지만 지나고 보니 그래도 가족이 너무 고마웠다. 그 자리에 있어 주고, 함께 해 주고, 나를 응원해 주어 조금이라도 더 나은 사람이 되었다고 생각한다. 그래서 이제는 내 자신이 힘든 친구들에게 좋은 가족이 되어 주고 싶어서 청소년 상담사를 목표로 한다. 집이 없거나 가족이 힘든 친구들에게 가족이 되어주고, 격려하고 응원해 주고 싶다. 그래서 터널 같은 그 기간이 잘 지나갈 수 있도록 힘을 주는 사람이 되고 싶다.

질문 07

청소년 대상 집단 프로그램을 진행할 때 하고 싶은 프로그램이 있다면 무엇이고, 그 과정은 어떻게 진행할 것인가?

모범답변

★Tip

다양한 집단의 특성을 고려하여 설명한다.

① **외상후 스트레스 장애 치료집단, 금연/금주 집단, 자살 생존자 치료집단 등** : 트라우마가 심각한 내담자의 경우, 집단 구성원의 내면을 치료하여 행동을 바꾸고 처한 문제를 해결하여 대처하도록 한다.

② **가정 폭력 노출 집단, 이혼가정의 미취학아동 모임, 한부모자녀 집단, 암환자 가족 모임 등** : 자조집단으로 대처기술을 발전시켜 집단 구성원들이 현재 처한 어려움/위기에 대처하도록 돕는 집단으로 진행한다.

③ **청소년 자기계발 집단, 성교육 집단, 학업중단 청소년 집단 등** : 성장과 교육 집단으로 지식과 정보를 향상시켜 지금보다 더 나은 삶을 살도록 돕는 집단으로 구성한다.

④ **자기주장 훈련, 친구 관계 향상, 의사소통 향상 집단 등** : 사회화 집단으로 대인관계가 어려운 집단 구성원들이 대인관계 기술을 연습하고 시연할 수 있는 집단으로 구성한다.

질문 08

지원자는 청소년 상담사의 역할을 무엇이라고 생각하는가?

모범답변

★Tip

청소년 상담자의 역할을 제시하였으니 충분히 숙지하고, 이에 더하여 자신이 생각하는 청소년 상담사의 역할을 이야기하면 된다.

청소년 상담사란 청소년, 부모 또는 보호자를 대상으로 청소년의 심리정서 및 진로·학업 등 다양한 문제에 대한 상담과 해결을 도와주는 상담복지전문가로 청소년을 보호하고 건전한 생활을 지도하며, 지역사회에서 청소년에게 유익한 환경을 조성하고 유해환경을 정화하는 등의 직무를 수행하는 사람이라고 생각한다.

질문 09

좋은 청소년 상담사가 되기 위해 가장 중요하다고 생각하는 것은 무엇인가?

모범답변

★Tip

자신이 생각하기에 가장 중요하다고 생각하는 것을 이야기하면 된다.

① 자신을 먼저 이해하고 훈련이 충분히 되어 있어야 다른 사람들을 이해하고 도울 수 있다고 생각하므로 자신을 알아가는 것이 중요하다고 본다.
② 청소년 상담사는 기본적으로 청소년에 대한 애정과 열정이 있어야 한다고 생각하며, 이러한 마음의 준비와 자질이 가장 중요하다고 본다.
③ 청소년들과의 상담이 원활하게 이루어지기 위해서는 그들의 언어로 상담하는 것이 필요하기 때문에 의사소통능력이 중요하다고 생각한다.

질문 10

청소년 상담사는 최종적으로 누굴 돕는다고 생각하는가?

모범답변

청소년 상담사는 최종적으로 청소년 내담자를 돕는다고 생각한다. 청소년의 부모가 상담 장면에 오기도 하고, 지역사회 및 이들과의 네트워크 등이 등장하기도 한다. 그렇지만 제일 중요한 것은 청소년 내담자이다. 이들이 현재 어떤 문제에 직면해있건 간에 미래에 건강하고 건전하게 성장하고 발달할 수 있을 것인가에 초점을 맞추어서 도와야 한다.
또한, 청소년 내담자를 돕기 위한 다양한 환경으로서 부모, 지역사회, 이들과의 네트워크를 인식하는 것이 필요하다고 생각한다.

질문 11

청소년을 어떻게 도와주고 싶은가?

모범답변

① 청소년 상담 목표는 심리치료적인 측면보다는 청소년의 건전한 발달과 성장을 돕는 것과 같이 예방과 교육적 측면에 있다고 생각된다. 따라서 예방적인 측면으로 청소년들을 돕고 싶다.
② 위기에 처한 청소년들에 대해서는 보다 직접적인 개입 및 지원을 하고, 동시에 자립방식으로 돕고 싶다.
③ 좀 더 다양한 매체를 사용하여 도와주고 싶다. 청소년 상담의 방법은 일대일의 개인 면접뿐만 아니라 소규모 또는 대규모 형태의 집단교육 및 훈련, 컴퓨터나 전화 등을 이용한 매체상담 등 다양한 방법을 활용해야 효과성이 있기에 다양한 매체를 사용하여 돕고 싶다.

질문 12

가해 청소년과 피해 청소년 중에서 누굴 돕는다고 생각하는가?

모범답변

청소년의 경우 가해자가 피해자가 되고 또한 피해자가 다시 가해자가 되는 경우가 매우 흔하게 발생하고 있다. 가해자만, 피해자만 돕는다는 개념보다 이 두 분야의 청소년을 모두 돕는다는 생각에서 출발해야 한다고 생각한다.

✎ 한국 청소년 패널조사에 따르면 중학교 2학년 학생들의 피해와 가해의 중첩되는 경우를 살펴본 결과, 가해를 경험한 학생은 29.3%, 피해를 경험한 학생은 22.1%로 집계되어 많은 학생들이 폭력의 가해와 피해를 상당 수준 경험하고 있다고 보고했다. 피해 경험이 있는 학생의 경우 49.1%가 가해 행위를 한 반면, 피해 경험이 없는 학생의 경우 23.7%가 가해 행위를 한 경험이 있다고 하였다.

Section 02

청소년 상담윤리 관련 질문

질문 01

상담 진행 중 내담자인 고등학교 여학생이 자살을 시도한 사실을 알게 되었다. 부모님이 너무 힘드시므로 절대로 알리지 말아달라고 당부한다면 상담사로서 어떻게 대응하겠는가?

모범답변

① 솔직하게 이야기한 것에 대해서 수용하고 충분히 공감을 해 준다.
② 하지만 이는 '비밀보장의 예외' 사항이므로 부모님에게 알려야 한다는 것을 알린다.
③ 자살금지 계약서를 작성한다.
④ 내담자가 자해하는 원인과 이유를 탐색하고 적절한 상담전략 개입을 시도한다. 상황에 따라 자살예방 전문가에게 의뢰한다.
⑤ 부모의 개입이 일어나면 자녀의 행동이나 정서에 대해서 적절히 관찰하고 위험행동을 예방하도록 하며 이에 대해 함께 의논해 보도록 한다.

✎ 자살/자해 시도의 경우에는 반드시 알려야 할 의무가 있다. 생존을 위협하는 위험 관련 문제이기 때문이다. 이 사실을 첫 시간에 구조화시켜 놓으면 이후에 자해/자살 시도를 알게 되었을 때 청소년 내담자에게 비밀보장을 할 수 없음을 알리기 편하다.
부모에게 이 사실을 알릴 때도 조심스럽게 접근해야 한다. 자해 같은 경우, 그럴 수도 있다는 식으로 받아들일 수도 있다. 너무 호들갑을 떠는 것도 좋지 않지만 지나치게 무시하는 것도 적합하지 않다. 언급을 직접적으로 하기보다는 상담사가 다루고 있으니 안전을 위해 유의해달라는 정도로 말하여, 부모가 경각심을 가질 수 있도록 교육한다.

질문 02

내담자의 부모가 내담자와의 상담내용을 알려달라고 요청하면, 상담자로서 어떻게 대응하겠는가?

모범답변

① 부모로서 자녀에 대한 염려와 관심을 가지고 물어 오신 것에 대해서는 당연하다는 것에 대해 이야기한다.
② 하지만 상담내용이 '비밀보호 예외사항'이 아니므로 이에 대해 상담의 기본인 비밀유지원칙에 어긋나 공개할 수 없다는 점을 공손하게 전달한다.
③ 하지만 내담자가 동의한 사안에 대해서는 알려주고 상호작용할 수 있도록 한다.
④ 특히 청소년 상담의 경우, 부모 상담을 10분 정도 하게 되어 있다. 이 시간에는 되도록 참석해 줄 것을 요청하고, 이때는 상담 내용을 말해 주는 것이 아니라 내담자를 어떻게 도울 수 있는지 방법을 가르쳐 주는 시간임을 알린다.

청소년 상담에서 법적 관계, 생존을 위협하는 위험과 관련해서는 비밀보장을 지킬 수 없다는 사실을 반드시 알려야 한다. 성인 상담에서도 중요한 사실이지만 청소년 내담자는 아직 미성년이므로 보호자의 의견도 무시할 수 없기 때문이다. 특정 상황에서 비밀보장이 지켜지지 않을 수 있음을 분명히 하고 상담을 시작해야 한다.
또한 이러한 사실 외에는 부모에게 청소년 내담자의 비밀을 개방하지 않는다는 사실을 말해준다.

질문 03

상담을 하고 있는 고등학교 남학생이 상담자를 이성으로 좋아한다고 말하면서 개인적으로 연락하려고 한다면 상담자는 윤리적으로 어떻게 하겠는가?

모범답변

① 이러한 상황이 발생했을 때 첫 번째로 중요한 것은 분명하게 말하고 선을 긋는 것이다.
② 상담자는 상담 윤리강령을 지켜야 하며, 여기에서 이중관계 형성은 상담자의 법 윤리를 어기는 행위임을 알려준다.
③ 분명하고 단호하게 차단하여 선을 긋고, 다른 상담자에게 위임하여 내담자가 상담 및 도움을 받을 수 있도록 조치를 취한다.

질문 04

상담을 올 때마다 고맙다며, 혹은 같이 마시자며 커피며 음료수를 들고 오는 내담자에 대해서 상담자는 윤리적으로 어떻게 조치를 취하겠는가?

모범답변

① 고맙지만 상담자의 윤리강령에는 선물과 관련된 법 윤리가 있음을 알려주고 물론 작은 선물이기는 하나 자주 반복되면 부담이 될 수 있다는 사실을 알려준다.
② 또한, 방문할 때 들고 오게 되면 다른 사람들(내담자 등)도 이를 보게 되어 부담스러울 수 있음을 알려 주어 지속되지 않도록 조처한다.

✐ 하지만 날이 너무 더워서, 또는 감사해서 일회성 이벤트로 사 온 선물이라면 감사하다고 받고 부담스럽지 않게 대처한다.

질문 05

상담이 어느 정도 지난 시점에서 내담자가 언니(형, 누나 등)라고 부르며 지나치게 친하게 구는 경향이 있다면 상담자로서 어떻게 대처하겠는가?

모범답변

① 먼저 친근감을 표현해 주는 내담자에 대해서 긍정적인 반응을 보여주는 것이 필요하다. 그러나 이 친근감이 지나치면 이중관계 형성이 될 수 있고, 이중관계 형성은 성적인 부분이 아니라 하더라도 법 윤리에 어긋나는 것임을 인지시킨다.
② 상담자와 내담자 간 가장 안전한 관계는 충분히 라포가 형성되나 역할이 분명하고, 서로가 보호받을 수 있는 공식적 관계임을 알려준다.
③ 내담자의 친근감에 대한 욕구가 크다는 것을 알아주고 상담관계 안에서 이 욕구가 잘 풀리고 해소될 수 있는 방안을 탐색해 본다.
④ 이러한 다양한 방식의 전략에도 불구하고 개선되지 않을 때는 상담자는 사례를 위임(refer)하거나 상담전문가로부터 수퍼비전을 받도록 한다.

질문 06

내담자가 개인적으로도 연락하고 싶어 하고 실제로도 기관에 전화를 해서 개인 번호를 알려 달라고 요청한다. 이런 경우 상담자로서 어떻게 하겠는가?

모범답변

① 우선 내담자를 잘 수용하고 이해해 준다.
② 상담 관계는 친구와의 사이와는 분명히 다르기 때문에 상담과정에서 사적만남은 상담 효과를 오히려 감소시킨다는 사실을 알려준다. 따라서 상담 시간을 통해 충분히 친밀함을 유지하며 내담자가 더 만날 기회를 얻길 원한다면 횟수를 늘려 상담하도록 조정한다.
③ 내담자가 단순한 인간적인 관심을 표현한 것일 경우, 우선은 고마움을 표현해 준다. 타인에게 관심을 갖고 친밀하게 표현하는 것은 건강한 것이고 신뢰의 첫 발이기 때문이다.
㉠ 그러나 인간적 관심이 커져서 개인적으로 연락하는 것은 사생활을 침해하는 것이고, 상담 이외의 시간에 만나는 것은 상담 효과의 측면에서도 부적절하다고 설명해 준다.
㉡ 이러한 자세한 설명을 내담자는 이전에 들어본 적이 없을 수도 있다. 잘 이해했는지 확인하는 것이 좋다.
④ 내담자가 인간관계를 이런 식으로 형성하는 경우라면 이 주제를 상담으로 연결시켜 보는 것도 필요하다.
㉠ 이는 내담자의 여러 관계에서의 문제가 이 주제로 연결될 수도 있기 때문이다. 깊이 있는 질문을 통해 주변 상황을 확인하거나 필요하다면 심리검사를 실시해 볼 수도 있다. 심리검사는 객관적 검사보다는 투사 검사(그림검사나 TAT, 문장완성 검사 등)를 실시하는 것이 좋을 것이다.
㉡ 이 과정을 통해 친구들이나 지인에게 과도한 관심을 직접 표현하게 되면 상대가 불편해 할 수도 있고, 불안을 강하게 느끼는 대상이라면 신고를 할 수도 있는 상황임을 인식시켜 준다. 위협이 아니라 내담자가 적절하게 자신을 보호하고 타인도 보호할 수 있는 기회를 갖도록 한다.
⑤ 동시에 위기에 대처할 수 있는 여러 기관과 연계 가능하다는 것도 알려주어 비상시, 위험시 대처할 수 있도록 돕는다.

질문 07

어머니에게 끌려와 상담을 받으러 온 남학생이 상담자에게 자신은 상담이 필요 없다고 하였다. 그러나 상담을 첫 회기 진행해 보니 학교에서 여러 문제에 휘말려 있고 상담이 필요한 상황으로 판단되었다. 이때 상담자로서 어떻게 하겠는가?

모범답변

① 우선, 내담자가 상담의 주체임을 알려주고 스스로 선택해야 상담이 가능하다는 사실을 강조한다. 상담자는 강요하지 않을 것임을 약속하고 혹시 도와줄 것이 있는지 확인한다.

② 아래 두 가지를 확인한다.

㉠ 이전에 상담 경험이 있고, 별로 좋지 않았을 때 : "상담 따위 필요 없어."라는 생각 때문에 그렇다면 이를 다양한 방식으로 감소시켜 주거나 완화시켜 줄 필요가 있다. 이전 상담사를 무조건 비난하는 것이 아니라 문제가 해결되지 못한 것으로 인해 내담자가 불편을 겪었고 힘들었을 고통을 먼저 알아준다. 그리고 이번에도 어떻게 될지는 모르지만 함께 문제를 해결해 보려고 노력해보자는 취지로 설명해 준다.

㉡ 상담을 받는 것에 저항이 있을 때 : 이런 주제의 상담을 받고 좋아진 내담자의 사례를 소개해 주거나 부모에게는 비밀유지를 할 것임을 명확하게 해 준다. 어떤 식으로든 상담을 받으면 혼자 고민하고 생각하는 것보다 더 좋은 결과를 가져올 것임을 약속해 준다.

청소년 내담자의 경우, 이성 상담자이거나 비자발적으로 왔을 때 이에 대한 수고와 힘듦에 대해서 먼저 알아주어야 하며, 상담에 대한 부담이나 불편이 있을 수 있다는 것에 대해서 충분히 공감한다. 그러나 혼자 문제를 풀려고 하기보다 상담 시간에 잘 풀어낼 수 있도록 설득하고 기회를 주도록 한다.

질문 08

상담실에 와서는 상담자와 말도 잘 하는 편이고 상담을 좋아하는 것처럼 보이는 청소년이 상담은 항상 5, 10분 정도 늦게 오고 가끔은 배가 아파서, 머리가 아파서 못 온다고 연락을 한다. 이런 경우, 상담자로서 어떻게 대처할 것인가?

모범답변

① 청소년 시기는 심리적으로나 신체적으로 불안정하고 변화가 많은 시기이므로 상담실에 방문하는 것 자체가 대단한 것임을 인지하고 수용한다.

② 이러한 상황을 이해하고 상담 시 한번 다루어 준다.

㉠ 상담 시간에 늦거나 빠지는 것이 저항일 경우 불편감이나 불안이 신체적으로 나타날 수 있음을 안내해 주고, 신체적으로 표현하는 것보다는 스트레스 받는 것을 말로 표현하도록 격려한다.

㉡ 습관일 경우는 이에 대해서 행동적 기법으로 교정을 할 수 있도록 시도한다.

질문 09

상담 중 내담자가 주변 상담센터의 전문 상담사에게 성추행을 당한 상황을 포착하였다. 어떻게 하겠는가?

모범답변

① 반드시 신고해서 가해자가 처벌받도록 조처한다. 이러한 범죄자의 경우, 한 사람의 피해로 끝나는 일은 없기 때문에 이전에도 피해자가 많았을 것이고, 이후에도 지속될 가능성이 높다.
② 내담자에 대한 후속 조치도 필요하다. 죄책감이나 자신이 잘못해서 그런 일이 생기지는 않았는지에 대한 걱정 등을 함께 나누고 교육한다.

질문 10

상담자가 내담자의 반복되는 말을 듣다가 상담 시간에 존 것을 내담자가 알아차렸다면 상담자로서 어떻게 하겠는가?

모범답변

변명하기보다는 얼른 사과한다.
① 집중하지 못했고, 말을 듣지 못했음을 말하고, 정말 미안하다고 사과하고 다시 말해 줄 것을 요청한다.
② 이 과정을 통해 분위기가 환기될 수 있다. 내담자는 상담자가 진실한 사람임을 알 수 있고, 자신을 속이거나 뻔히 보이는 거짓말을 하지 않을 것임을 알게 될 것이다.
③ 모든 실수는 전화위복의 기회가 된다.

사례 01

고등학교 축구 선수인 내담자는 새아빠가 자신을 성적으로 학대했다고 상담자에게 말했고 상담자는 당국에 신고했다. 그런데 상담이 진행되면서 내담자의 이야기를 자세히 들어보니, 새아빠가 자신을 학대한 것은 거짓말이었다고 한다. 그 이유를 물어보니 새아빠가 어머니를 자주 폭행하였기 때문에 두 사람이 헤어지게 만들기 위해서 자신이 그런 일을 당했다고 꾸며냈다는 것이다.

질문 01

위 사례에서 상담자가 취할 수 있는 행동으로는 무엇이 있는가?

모범답변

① 실제 새아빠에게 성적 학대를 당한 사실이 있는 것은 아닌지 재차 확인한다.
상담자는 처음에 들었던 내용이 확실히 거짓인지, 아닌지를 깊이 있게 진단하여 판단해 낼 수 있어야 한다. 내담자가 진실을 말해 놓고도 위협을 받을 수 있는 상황도 있기 때문에 주의해서 살펴보는 것이 필요하다. 거짓말을 한 것이 확실할 경우에는 거짓을 말하게 되면 상황을 혼란스럽게 만들고 결국 진정한 도움을 받을 수 없음을 알려준다.

② 당국에 신고한 것을 취하하고 어머니에 대한 폭행 사고로 재접수할 수 있다.
㉠ 어머니의 폭행 사건은 간접적으로 들은 내용이라고 해도 신고 가능하다.
㉡ 어머니가 폭행당하는 상황 자체로 충분히 신고할 수 있음을 알려주고 어머니는 내담자를 상담하는 시간에 함께 참여하도록 독려한다.

③ 부모 상담을 통해 어머니가 상담에 참여하도록 권유한다. 상담 시간에 왔을 때 직접 이야기하기보다는 내담자를 도울 수 있는 간접적 부분을 먼저 이야기하면서 털어놓도록 유도한다.

질문 02

거짓말하는 내담자를 상담할 때 상담자로서 도움을 주어야 하는 부분에 대해서 이야기해 보시오.

모범답변

① 거짓말을 했다고 비난하는 것은 상담 장면에서 제일 부적절한 행동이므로 거짓말을 한 것에 대해서 비난하거나 훈계하기보다는 적절한 교육을 시도한다.
② 거짓을 말했다는 것은 내담자가 그렇게 할 수밖에 없는 이유가 있다는 뜻이므로 그 이유를 잘 탐색하여 내담자의 진심을 파악하도록 한다.
③ 부모님의 참여를 권유하여 함께 지도하도록 한다.

사례 02

학교 폭력으로 학교폭력 위원회에 회부된 내담자는 가해자로 지목되어 상담이 의뢰되었다. 상담자는 상담 도중 내담자가 가해를 행한 부분이 있는 것은 사실이나 내담자가 피해를 오랫동안 받아왔고 괴롭힘에 대한 복수로 이번 폭력이 불거졌다는 사실을 알게 되었다. 내담자는 피해를 당해온 학생들이 자기뿐 아니며 다수의 증인과 증언이 있다고 상담자에게 말했다. 그런데 내담자는 부모님에게 오랜 시간이 지났으니 이제 그만 덮어두자고 지속적으로 이야기했고 이 일이 알려질까 두려워한다.

질문

위의 사례에서 상담자가 취해야 할 행동에 대해서 이야기해 보시오.

모범답변

① 상황을 종합적으로 파악하기 위해 노력해야 한다. 양쪽의 의견을 분명하게 정리한 후 학교 담당 선생님과 학부모들의 의견도 종합한다.

② 학교와 부모님을 연계하여 내담자를 도울 수 있는 방법을 모색한다. 어느 한쪽의 이야기에 치우치지 않게 경청하고 나서 이전에 발생했던 일에 대해서도 언급하여 사과 등의 적절한 조치가 있도록 선생님과 학부모의 협의를 구한다. 그렇게 되면 자연스럽게 현재 사건도 적합한 절차로 처리될 수 있기 때문이다.

Section

03 상담현장 관련 질문

질문 01

상담을 구조화하기 위해서는 무슨 훈련을 해야 한다고 생각하는가?

모범답변

① 일차적으로는 내담자의 문제형성 배경과 원인에 대한 가설을 세우기 위해 상담의 이론을 잘 배워서 적용해 보는 훈련이 필요하며 또한 치료에 필요한 상담 개입계획과 목표를 세우는 훈련이 필요하다.

② 이를 위해 수퍼비전이 필요한데 수퍼비전을 받기 위해서는 사례개념화 작업을 지속적으로 해야 한다.

사례개념화는 상담자가 내담자로부터 얻은 정보들을 종합하여 내담자의 문제형성 배경과 원인에 대해서 가설을 세우고 치료에 필요한 개입계획과 목표를 설정하는 것으로 상담결과에 긍정적인 영향을 미친다.

질문 02

상담 사례에서 자살 관련 내담자를 잘 돕기 위해서 어떻게 해야 하는가?

모범답변

① 자살위기 청소년을 돕기 위해서는 자살위기 청소년의 심리장애 진단이 정확해야 한다. 주요우울장애, 물질관련장애, 품행장애 등 청소년 자살과 관련이 높은 심리장애의 유무를 진단하는 것이 필요하다.
② 청소년 자살 고위험군 진단방법, 선별에 따른 체계적 개입절차에 따라 효과적으로 개입할 수 있는 구조화된 상담 개입프로그램을 사용하는 것이 필요하다.
③ 부모 상담적 개입도 필요하다. 자살이나 자해의 경우, 지속적으로 사회적 자원이 필요하다. 또한 청소년 자살에 영향을 미치는 가장 큰 요인이 부모와의 관계임을 볼 때, 부모 상담이 필요하다.

질문 03

상담과 심리치료, 복지는 무엇이 다른가?

모범답변

① 상담은 내담자가 상황적 문제를 다룰 때 도움을 제공하는 데 초점을 맞춘다.
② 심리치료는 상담에 비해 더 장기적인 경향이 있고, 오랜 기간에 걸쳐 심각한 감정적, 행동적 어려움이나 장애를 핵심으로 다룬다.
③ 복지는 내담자가 인간다운 삶을 영위하며 행복한 인생을 살도록 하는 데 있다. 즉, 심리·정서적 문제를 치료하기 위해 상담 외에 사회·경제적 서비스를 동시에 제공하는 특징이 있다.

질문 04

상담에 자녀를 데리고 온 부모의 경우, 누구를 위해 상담할 것인가? 그리고 그것이 왜 중요한가?

모범답변

① 자녀를 데리고 왔다면 일차적으로 내담자는 청소년이 된다.
② 하지만 이 모든 상담 과정을 원활하게 진행하기 위해서 부모를 잘 설득해야 한다. 결국 내담자를 변화시켜 보냈을 때 환경이 되어주는 부모가 변하지 않으면 상담의 목표는 흐지부지된다. 그러한 의미에서 부모도 상담의 목표 안에 포함시켜서 작업을 하는 것이 필요하다.

✎ 청소년 상담은 청소년 내담자의 욕구를 해소하면서도 부모도 만족할 수 있는 상담을 진행할 수 있어야 한다. 양쪽의 균형을 맞추는 것은 매우 어려우며, 특히 통제적인 부모의 경우에는 더욱 어려우나 청소년 상담사는 반드시 이를 다룰 수 있는 기술과 의지가 필요하다.

질문 05

상담 현장에서 상담보다는 행정 업무를 더 많이 다루고 있다. 상담사로 취업했는데 행정 업무를 요구하는 상황에서 무엇을 해야 하는가?

모범답변

① 행정 업무라는 것은 당장은 상담 업무와 다른 분야의 업무라고 생각할 수도 있으나 상담 센터의 일들이 원활하게 돌아가도록 지원하는 업무이기 때문에 행정 업무에 대해서도 시간을 할애할 필요가 있음을 인식한다.

② 단, 상담과 행정 업무가 대치될 경우에는 우선순위를 두어 처리하도록 한다. 어떤 상황이 더 먼저인지를 판단하여 처리하며 상담 외의 행정업무가 넘친다면 적절한 거절을 하거나 동료들과의 논의를 통해 협력하는 방식으로 진행한다.

질문 06

상담을 잘 하기 위해서 보완해야 할 사항이 있다면 무엇인지 설명하시오.

모범답변

① 감정이나 정서에 대한 공감 능력은 평균 수준이나 감정에 묻혀 명료하게 요약하고 피드백을 하는 부분은 아직 부족하다. 사실 상담을 잘하기 위해서는 명료한 피드백과 정리가 훨씬 더 중요하다고 생각한다. 이 부분을 보완하기 위해 센터에서의 사례 회의와 수퍼비전을 통해 수련을 잘 받아 연습하고 적용하겠다.

② 상담 이론에 대한 지식이 아직은 많이 부족하여 이러한 이론을 보완하는 일도 지속적으로 해야 하는데, 이를 실천하고 적용하기 위한 노력이 특히 필요할 것으로 판단된다. 진실성이라는 로저스의 상담 이론을 배우기는 했으나 실제 상담 장면에서 이것이 얼마나 중요한지, 어떻게 사용되는지에 대해서는 모호하다. 상담을 실제로 하면서 이론으로 배웠던 학습을 어떻게 하면 잘 적용할 수 있는지를 수련하겠다.

③ 상담을 배우기 시작한 것은 과거 나와 부모님과의 문제를 해결하기 위해서였다. 석사 학위 공부도 하고 상담 센터에서 나름대로 수련도 하며 집단, 개인 상담도 경험했지만 이 문제가 모두 해결되었다고 생각하지는 않는다. 앞으로도 교육 분석을 받으면서 지속적으로 내 문제를 다루고 통찰을 통해 매일 이 문제가 나에게 어떤 영향을 미치고 있는지 돌아보면서 상담에 미칠 영향력을 최소화하기 위해 노력하겠다.

④ 상담의 사례 개념화가 가장 어려운 작업이라고 생각하고 아직은 많이 미숙하다고 생각한다. 수퍼비전을 5회 정도 받았지만 머릿속에 들어있는 사례가 아직은 턱없이 부족하다. 공개 사례 발표회에 참석함으로써 타인의 사례도 많이 공부하고, 상담을 하면서 다양한 사례를 수퍼비전 받도록 하겠다. 다섯 번 동안 진행하면서 상담을 전체적으로 구성하느라 골머리를 앓았지만 동시에 상담을 전체적이고 통합적으로 보는 시각을 가졌다고 생각한다. 앞으로도 이런 경험을 하기 위해 노력하겠다.

⑤ 내담자를 도와주고 싶은 마음이 지나쳐 내담자가 아니라 내 자신이 주도적일 때가 있다. 이런 경우에 상담 효과는 모두 좋지 않았다. 내담자가 그 자리에서는 내 말을 듣는 것 같았지만 결국 흘려들었고 더 나빴던 것은 자신을 지나치게 통제했던 부모와 동일시하게 되어 신뢰도 떨어졌다는 것이다. 내 의도가 중요한 것이 아니라 내담자가 어떤 태도를 갖고 있는지, 내담자가 얼마나 준비되었는지가 가장 중요함을 깨달았다. 내담자가 준비되기 위해서는 어떤 부분을 더 독려하고 동기를 강화시켜야 하는지를 고민하겠다.

⑥ 상담자에게 중요한 것 중 하나가 역전이를 잘 다루는 것이라고 생각한다. 나에게 심하게 호의를 가지는 내담자나 심하게 부정적으로 반응하는 내담자의 경우, 역전이에 휘말릴 가능성이 높아진다. 역전이를 경험하는지도 모르게 상담이 종결된 경우도 있다. 상담자로서 어떤 내담자에게 역전이가 발생하는지 탐색하고 수퍼비전과 자신을 객관화시키는 작업을 통해 역전이를 다룰 수 있는 기술을 확장해야 할 것이다.

질문 07

청소년들을 대상으로 집단 프로그램을 진행한다면 어떤 프로그램을 진행하고 싶으며 이유는 무엇인가?

모범답변

① 사회성 집단 프로그램을 진행한다.
[이유] 가정 내 형제자매도 하나, 둘이 전부인 청소년 내담자가 학교 외에는 경험하기 어려운 관계를 배우고 다룰 수 있는 스킬을 배우도록 돕고 싶다.
② 매체 사용 방법 및 매너 프로그램을 진행한다.
[이유] 청소년들은 sns에서 활발히 의사소통을 하는데, 이때 텍스트로 소통하는 경우가 대부분이다. 함께 있어도 단체방에 들어가서 텍스트로 말하는 경우가 다반사이다. 이들 사이에 문자로 소통하기 위한 매너 등을 알려줄 수 있는 전략을 소개하고 싶다.
③ 자기표현 프로그램을 진행한다.
[이유] 청소년들이 겪는 은근한 따돌림이나 정서적 문제에서 본인이 가해자가 되기도 하고 피해자가 되기도 한다. 이 둘 모두가 될 수 있는 청소년들을 대상으로 자신을 건강하게 표현하고, 자신을 보호할 수 있도록 돕는 프로그램을 진행하고 싶다.

질문 08

상담을 한 내담자가 상담이 효과가 없다며 환불을 요구할 경우, 어떻게 대응하겠는가?

모범답변

① 내담자가 진짜 도움을 받지 못해서 제기한 이의라면 충분히 이해해 주고, 수용해 주고 난 후 더 많은 도움을 받기 위해 다른 상담자에게 위임(refer)할 것인지, 상담자가 변화할 것인지를 논의해 본다.
② 내담자가 상담 쇼핑을 하는 사람이라면(여기 저기 상담센터마다 돌아다니면서 지식만 축적하는 경우) 그런 행동으로 인해 상담이 효과적이지 못할 것임을 인식시켜 주고 상담자의 시간을 사용하였으므로 환불이 어려움을 이야기한다.
③ 내담자가 자신의 불만에 극단적으로 조치를 취하는 것에 익숙한 경우에는 상담자에게는 어떤 점이 불만인지 말하게 하고, 상담자는 그것을 수용해 줄 수 있는 사람임을 보여준다. 이 자체로 큰 상호작용을 하게 되어 건강한 관계를 만들어 가는 기초가 되도록 한다.

질문 09

상담자가 상담 중에 자신도 모르게 울컥해 버렸다. 이런 경우, 이 사건은 상담에 어떤 영향을 미치게 될 것인가? 또한 재발 방지를 위해 어떻게 대처하면 좋겠는가?

모범답변

① 내담자가 자신의 상황에 공감해서 울어 주었다는 사실에 상담자와 동료의식을 가질 수도 있다. 하지만 내담자가 평정을 잃은 상담사의 전문성을 의심할 수도 있어서 문제 해결에 대한 기대나 상담자에 대한 신뢰가 낮아질 수 있다.
② 어쨌든 표면적으로 이는 역전이에 해당되는데 이 역전이는 내담자가 앞으로 자신의 감정을 자유롭게 표현하는 데 제약이 될 수도 있다.
③ 상담자는 자신의 실수를 인정하고 경우에 따라 내담자에게 사과하며 내담자의 감정을 충분히 공감했음을 알려준다. 하지만 자신의 미해결된 문제를 해결하기 위해 수퍼비전과 교육 분석을 받도록 한다.

Section 04

상담이론 및 기법 관련 질문

질문 01

동기 강화 상담에 대해서 알고 있는 대로 설명하고 그 단계에 대해서 말해보시오.

모범답변

① 동기 강화 상담은 내담자의 양가감정을 탐색하여 변화를 돕는 과정에서의 동기를 강화하고자 하는, 관계 중심적이며 내담자 중심적인 체계적 접근이다.

② 단계로는 1단계 관계 형성하기, 2단계 초점 맞추기, 3단계 유발하기, 4단계 계획하기가 있다.

㉠ 1단계 관계 형성하기는 상담사와 내담자가 서로에게 도움이 되는 협력적 관계로 연결되는 과정이라고 할 수 있다. 즉, 치료적 관계를 형성하는 것이다.

㉡ 2단계 초점 맞추기는 특정한 의제(내담자가 주로 다루고자 하는 내용)에 대해 목표와 방향을 분명하게 설정하고 유지해 나가는 과정으로 방향을 명료화하는 것이라 할 수 있다.

㉢ 3단계 유발하기는 동기강화의 핵심으로 변화에 대한 내담자 자신의 동기를 이끌어 내고 키워주는 것을 의미한다. 내담자 '스스로'가 변화에 대한 이유를 말할 수 있도록 하는 것이다.

㉣ 4단계 계획하기는 변화에 대한 결심공약을 발전시키고 구체적인 행동계획을 마련하는 것을 포함하며 실행에 대한 대화로서 내담자만의 해결방법을 이끌어 내고 스스로 의사결정을 할 수 있도록 자율성을 촉진하며 대화를 이끌어 내고 강화하는 것이다.

질문 02

상담사가 상담을 진행하는 청소년이 마치 자신의 자녀와 연령이 비슷하여 역전이가 생겼다면 상담사는 역전이를 어떻게 처리하겠는가?

모범답변

① 상담사는 자신의 약점을 인정하고 역전이가 일어난 것에 대해 극복하려는 노력과 상담방식을 점검하는 태도를 가진다.
② 상담 점검을 통해 상담사가 내담자에 대해 주관적으로 지각하는 부분에 대해서 분리하고, 상담사의 '미해결된 감정'에 대해서 살펴본다.
③ 자신의 역전이에 대해서 살펴보았어도 전문가 또는 수퍼바이저를 통해 교육분석을 받도록 한다.
④ 내담자와 상담 시 상담사는 내담자의 감정변화에 대한 자신의 반응을 살펴보고 적절한 거리를 두고 해석을 하려고 노력한다.
⑤ 하지만 지속해서 역전이 문제가 해결되지 못할 경우, 내담자에게 양해를 구하고 다른 상담사에게 의뢰할 수도 있다.

질문 03

상담 중 저항하는 내담자를 효과적으로 다루는 방법에 대해서 이야기해 보시오.

모범답변

① 저항이란 내담자의 '변하고 싶다'와 '하기 싫다'는 양가적 표현이므로 내담자의 저항을 당연한 것으로 받아들인다.
② 내담자가 다양한 방식으로 저항한다는 것을 이해하고 저항패턴을 관찰하고 파악한다.
③ 저항 행동에 대해 '지금-여기'의 자세로 접근하여 내담자가 스스로 자신의 저항에 대해서 통찰할 수 있도록 한다.
④ 저항은 변화하고자 하는 데 힘이 드는 내담자의 상태임을 알려주고 변화하고자 하는 의지에 지지한다.

질문 04

내담자가 상담 중 고개를 숙이고 침묵하고 있으면 상담사는 어떻게 처리하겠는가?

모범답변

① 상담 과정 중 내담자의 침묵은 다양한 의미를 내포하고 있으므로 침묵의 의미를 탐색해 보는 것이 필요하다.
   ㉠ 무슨 말을 해야 할지 모를 때 침묵한다.
   ㉡ 상담사에게 적대감이나 저항, 불안이 있을 때 침묵한다.
   ㉢ 말로 표현하기 힘들 때 침묵한다.
   ㉣ 상담사의 확인이 필요하거나 해석을 기대할 때 침묵한다.
   ㉤ 방금 이야기했던 것을 계속 생각하고 있을 때 침묵한다.
② 방금 이야기했던 것을 계속 생각하고 있을 때 침묵하면, 느긋하게 기다려 주어서 자신에 대한 탐색이 충분히 이루어지도록 한다.
③ 상담사에 대한 적대감이나 저항으로 인해 침묵하면, 내담자의 저항적 침묵에 수용적인 태도를 가지고 상담 시 충족되지 못한 부분이나 실수가 있는지 물어보고 내담자를 충분히 수용하며 상담 시 수정사항이 있으면 개선하도록 한다.
④ 무슨 말을 해야 할지 모를 때, 또는 말로 표현하기 힘들어 침묵할 때에는 상담사가 적절한 언어로 표현하여 내담자를 도와주도록 한다.
⑤ 상담사의 확인이나 해석을 기대하여 침묵한다면 내담자가 수용할 수 있는 수준에서 확인과 해석을 시도하여 내담자 자신을 통찰하도록 한다.

질문 05

상담에 대해서 함께 정한 목표를 달성하여 상담을 종결하려고 하는데 내담자가 상담을 받지 않으면 안 된다고 하며 계속해서 상담을 받기를 원한다면 어떻게 진행하겠는가?

모범답변

① 상담 종결 시 흔히 일어날 수 있는 감정임에 대해서 설명하고, 내담자가 호의를 가지고 있는 것에 대해 공감하여, 상담사도 상담을 종결한다는 것이 매우 아쉽다는 것에 대해서 피드백 한다.
② 그리고 내담자가 안심하고 종결을 할 수 있도록 종결 2~3회기 전부터 내담자의 이별감정, 불안감정, 현실 속에서의 적용에 대한 걱정 등의 정서에 대해서 다루고, 상담목표의 성취 평가와 내담자 혼자서 충분히 잘해 낼 수 있다는 것에 대해서 확신시킨다.
③ 이런 과정 속에서 자연스럽게 내담자가 자기결정의 존중과 자율성을 가지도록 한다.
④ 동시에 상담사는 자신도 모르게 내담자의 의존성을 키우지는 않았는지, 내담자의 자율성을 저해하지는 않았는지에 대해서 상담 전 회기에 걸쳐 회상하고 자기성찰을 하도록 한다.

✎ 유사문제 : 상담을 종결하는 것을 불안해하는 내담자를 어떻게 하겠는가?

질문 06

내담자와 관계를 잘 하는 것, 즉 라포형성을 잘 하기 위해 상담사가 갖추어야 할 자질은 무엇인가?

모범답변

상담사가 라포를 형성하기 위해서는 상담사의 자질이 필요한데 상담사의 자질로는 '인간적인 자질'과 '전문적인 자질'이 있다.

① 인간적인 자질
- ㉠ 인간에 대한 깊은 이해와 존중 및 타인에 대한 온정과 수용의 태도
- ㉡ 상담사의 욕구보다 내담자의 욕구를 우선하는 자기 부정의 능력
- ㉢ 적극적 경청능력 및 대화능력, 유머감각
- ㉣ 다양한 감정을 인식할 수 있는 정서적 통찰력
- ㉤ 성숙한 대인관계와 사회적 관심 등

② 전문적인 자질
- ㉠ 상담을 효율적으로 진행하는 방법과 절차에 대한 이해 및 다양한 기법을 통해 내담자 스스로 통찰하도록 도와주는 것
- ㉡ 효과적인 개입전략을 사용하여 내담자의 문제를 해결해 살 수 있도록 하는 것 등

사례 01

초등학교 6학년인 A양은 학교에 가기가 싫다고 하였다. 학교에 가면 친구들이 자신을 이상하게 쳐다보고 다가가면 말을 하지 않고 흩어지는 것을 느끼게 되니 친구들을 원망하게 되었다.

A양은 이러한 이유가 자신이 다문화 가정의 자녀여서 친구들이 자신을 이상하게 생각하고 있기 때문이라고 생각하였다. 그나마 자신과 함께 점심을 먹는 친구도 2학기가 되면서 다른 학교로 전학을 가버려 혼자 있는 시간이 많아지고 점심도 혼자 먹게 되었으며, 남은 시간에 책상에 앉아 그림을 그리거나 책을 읽게 되었다고 하였다. 점점 친구들이 핸드폰으로 자신의 외모에 대해서 뒷담을 할 것 같은 생각이 들고 밤에는 불안해서 잠도 잘 수가 없게 되었다.

또한, 아버지는 화가 많고 소리를 잘 지르시며 늦게까지 일을 하시느라 집에 들어와서도 A양과는 거의 대화를 하지 않으면서 자신의 말에 대답을 하지 않고 가만히 있는다고 화를 내거나 질책을 하였다. 어머니는 필리핀 여성으로 생활력이 강해서 평일이나 주말에 늘 돈을 벌기 위해 바쁘게 일을 하시느라 A양을 돌보기가 어렵고 이런 어머니에 대해서 아버지는 화를 내신다.

A양은 자신이 늘 혼자라는 생각이 들어 외롭고, 아무도 자신을 좋아하지 않을 것이라고 생각하게 되었으며, 조금만 뭐라해도 눈물을 흘리며 힘들어했다. 어머니는 이런 A양을 달래다가 친구들이 A양과 놀아주지 않고 피한다는 이야기를 듣고 화가 나서 학교를 찾아가 A양을 소외시키는 친구들에 대해 대책을 요구하였으나 친구들에 의해 따돌림을 당하고 있는 확실한 증거가 없고, 오히려 A양의 소극적이고 친구들을 기피하는 태도가 소외감의 원인이라는 이야기를 들었다. 그리하여, 어머니는 자신의 딸을 그냥 둘 수 없어서 딸의 손을 이끌고 상담소를 방문하였다.

질문 01

위 사례의 A양에 대한 주호소 문제가 무엇인가?

모범답변

① 다른 아이들과 외모가 다르게 생겼다는 것으로 인해 아이들이 자신과 친구하기를 꺼리게 되어 소외감을 느끼고 있다.
② 친한 친구도 전학을 가게 되면서 학교에 혼자 있게 되어 학교에 가는 것이 싫다.
③ 아버지가 자신에게 화를 내며 질책을 하고, 바쁘셔서 자신을 돌봐주지 않는 부모님이 싫다.

질문 02

A양을 상담하게 된다면 어떤 상담이론을 적용할 수 있겠으며 그 이유는 무엇인가?

모범답변

① **인간중심상담** : 내담자가 친구들로부터 소외되고 부모님에게 애정어린 돌봄을 받지 못함으로 인해 외로움과 소외감을 크게 느끼고 있을 것이므로 이에 대해 이해와 공감, 무조건적인 수용을 통해 마음을 위로한다. 또한 스스로가 얼마나 긍정적인 존재인지를 확인하도록 하며 자신감을 갖고 적극적으로 관계를 해 나갈 수 있도록 한다.

② **인지치료상담** : 아론벡의 인지치료를 통해 인지왜곡을 수정하도록 한다.

㉠ 친구들이 다문화 가정의 아이들은 이상하다고 생각한다는 과도한 일반화된 인지왜곡에 대해서 수정하도록 한다.

㉡ 점점 친구들이 핸드폰으로 자신의 외모에 대해서 뒷담을 할 것 같은 생각이 드는 개인화에 대한 왜곡을 수정하도록 한다.

③ **합리적 인지, 정서, 행동 상담** : 앨리스의 ABCDE기법을 통해 비합리적인 신념을 합리적인 신념으로 수정하도록 한다.

예
- A(선행사건) : 친구들이 자신을 이상하게 쳐다보고 자신이 다가가면 흩어진다.
- B(비합리적 신념) : 내가 다문화가정이고 내 외모가 달라서 나를 이상하다고 생각한다.
- C(결론) : 친구들이 원망스럽고 다 나를 싫어하는 것 같다.
- D(논박) : 내 외모가 다르고 내가 다문화가정이라는 것이 이상한 일은 아니다. 이런 생각을 가진 사람이 선입견과 편견을 가져 잘못된 생각을 하고 있는 것이다.
- E(효과) : 내 외모가 전혀 이상하지 않으니 위축되지 말고 더 당당해지고 친구들을 자신 있게 대하자.

④ **현실주의 상담**

㉠ 상황에 대해서 자신이 책임을 져야 한다는 것을 인지하도록 한다.

㉡ 현재 자신의 욕구가 무엇인지 파악한다. 예 친구들과 잘 지내고, 점심도 같이 먹고, 같이 놀고 싶다.

㉢ 욕구를 충족하기 위해 현재 어떻게 행동하고 있는지에 대해서 알아본다.

예 혼자서 밥을 먹고, 혼자서 무엇인가를 하고 있는 시간이 많다.

㉣ 현재 자신의 행동이 자신의 욕구를 충족하는 데 도움이 되는지 방해가 되는지에 대해서 평가하도록 한다. 예 현재 행동이 욕구를 충족하는 행동이라고 평가하기 어렵다.

㉤ 욕구를 충족시키기 위한 자신의 행동에 대해서 계획을 수립한다.

예 천천히 친구들에게 다가갈 수 있도록 간단한 질문을 하거나, 재미있는 활동을 제시하여 함께 하기를 요청하기

사례 02

저는 활발하고 아이들과 함께 잘 지내고 있습니다. 얼마 전에는 전학 온 친구가 있어서 함께 어울리며 6명 정도가 같이 다녔습니다. 그런데 전학 온 친구가 우리 무리 중 1명을 괴롭히고 무시하며 때로는 심부름도 시키고 돈도 달라고 하면서 저희의 간식 값을 사용하였습니다. 그러면서 나머지 4명에게도 그 친구와 같이 놀지 말라고 압박하였습니다.

전학 온 친구는 이전 학교에서도 다른 친구들을 괴롭히고 왕따시킨 사건으로 인해 전학을 온 것을 알게 되었습니다. 친구들과 함께 전학 온 친구를 왕따시킬까, 아니면 이런 행동을 하면 안 된다고 전학 온 친구에게 이야기할까 여러 생각을 했지만 그러다가 저도 전학 온 친구에게 왕따를 당할 것 같아서 무섭고 겁이 나서 함부로 말도 못하겠고 용기도 잘 나지 않았습니다. 하지만 왕따를 당하고 있는 친구를 생각하면 미안하고 마음이 괴롭고 죄책감까지 들면서 아무것도 할 수 없는 제가 무능하다는 생각까지 들었습니다.

지금은 너무나 힘들고 괴로워서 전학을 가고 싶습니다. 전학을 가면 이런 괴로움에서 벗어날 것 같고, 새로운 학교에서 새로운 친구들을 사귀면서 재미있게 지내고 싶은 마음입니다.

질문 01

내담자의 주호소문제는 무엇인가?

모범답변

① 왕따를 당할 것 같은 두려움과 공포가 있다.
② 왕따 당하는 친구에 대해 미안하고 죄책감이 든다.
③ 이러한 상황에서 벗어나고 싶어서 전학가고 싶다.

질문 02

내담자의 인지왜곡이 있다면 무엇이 있는가?

모범답변

① 자신이 옳은 일을 하겠다고 나서면 오히려 자신이 왕따가 되고 피해를 보게 된다고 생각하는 것
② 문제를 풀기가 힘들 때는 회피하는 편이 낫다고 생각하는 것

질문 03

이 사례를 현실치료 상담이론으로 개입한다면 어떻게 하겠는가?

모범답변

① 상황에 대해서 자신이 책임을 져야 한다는 것에 대해서 인지하도록 한다.
② 현재 자신의 욕구가 무엇인지 파악한다.
   ㉠ 내담자는 전학 온 친구에게 더 이상 친구를 괴롭히지 말라고 하고 싶다.
   ㉡ 왕따를 당하고 있는 친구를 보호해 주고 싶다.
③ 욕구를 충족하기 위해 현재 어떻게 행동하고 있는지에 대해서 알아본다.
   ㉠ 현재는 아무 행동도 하고 있지 않으며 회피하기 위해 전학을 가려고 하고 있다.
   ㉡ 현재 자신의 행동이 자신의 욕구를 충족하는 데 도움이 되는지 방해가 되는지에 대해서 평가하도록 한다(욕구를 충족하는 데 도움이 되지는 못한다.).
④ 욕구를 충족시키기 위한 자신의 행동에 대해서 계획을 수립한다.
   ㉠ 나머지 친구들에게 전학 온 친구에게 더 이상 동조하는 것을 멈추도록 설득한다.
   ㉡ 왕따를 당하고 있는 친구에게 동조한 것에 대해서 사과한다.
   ㉢ 전학 온 친구에게 행동을 멈추라고 제지하며, 멈추지 않을 시 교사나 주변인들에게 사실을 알리도록 한다.

사례 03

고 2학년 P 양은 매사에 조심성이 많고 소심하여 중학교 때에는 왕따를 당했으나 고등학교에서는 비교적 좋은 선생님을 만나서 친구들과의 관계도 많이 좋아졌다고 생각하였다. 그런데 최근 들어 짜증을 자주 내고 친구들이 자신 앞에서 위선적으로 행동하고 착한 척 한다는 생각이 들어 믿을 수가 없어서 멀리하게 되었다. 그러다 보니 친구관계가 나빠져 집에 와서 식구들에게 짜증을 내고 이유 없이 화를 낸다.

P 양의 아버지는 평범한 회사원으로 과묵하고 불평이 거의 없고 딸의 행동에도 별 주의를 기울이지 않으며 자신의 할 일만 묵묵히 한다. 어머니는 딸에 대해 관심이 많고 열성적으로 나서는 분으로 중학교 때 딸이 왕따를 당했을 때도 학폭위를 열어 가해자를 처벌하도록 하여 유별난 분으로 인식되어 있다. P 양은 어머니에게 자신의 일에 너무 많은 참견을 한다며 비난하고 화를 내면서 자신이 이렇게 된 것은 관심 없는 아버지, 너무 참견이 많은 어머니, 위선적인 친구들 탓이라며 원망을 하고 있다.

이러한 변화 행동에 어머니는 딸을 설득하여 상담센터를 찾아서 MMPI-A검사를 실시하고 상담을 의뢰하였다. P 양의 MMPI-A 검사 결과는 다음과 같다.

Hs	D	Hy	Pd	Mf	Pa	Pt	Sc	Ma	Si
45	72	54	50	38	68	53	45	40	69

질문 01

P 양이 가지고 있는 인지왜곡이 있다면 어떤 것이 있는가?

모범답변

① 자신이 힘들어진 것이 모두 다른 사람 때문이라고 생각하는 것
② 친구들이 자신에게 위선적으로 굴고 있으며 믿지 못할 존재라고 생각하는 것

질문 02

이 내담자를 상담한다면 어떻게 할 것인가?

모범답변

① 일단 내담자가 호소하는 상황과 감정에 대해서 충분히 경청하고 그에 대해서 공감하면서 내담자가 부정적으로 갖고 있는 자신의 감정을 충분히 표현하도록 한다.
② 내담자의 심리적인 어려움이나 심리적인 구조에 대해서 탐색해 본다.
㉠ 심리검사 결과 내담자의 우울이 높은 것으로 보아 전반적인 삶의 의욕이 저하되어 있을 수 있으며 문제를 풀어가기가 심리적으로 어렵지는 않은지
㉡ 왕따의 상처로 인해 다른 사람에 대한 상처가 심해져 사람을 믿지 못하는 것은 아닌지
㉢ 문제를 해결하는 방식이 화를 내고 불만을 이야기해서 주변 사람이 대신 해결하도록 만드는 것은 아닌지
㉣ 인지적 왜곡으로 인해 상황에 대해 오해를 하고 있지는 않은지 등
③ 탐색된 내담자에 따라 현실치료, 인지행동치료 등 적절한 개입전략을 시도한다.

질문 03

이 내담자에게 어떤 상담이론을 적용하고 싶은가?

모범답변

★Tip

자신에게 가장 익숙한 상담이론을 적용하는 것이 바람직하다. 예를 들어 인지행동치료 상담이론과 현실치료 상담이론을 제시할 수 있다.

① **인지행동치료 적용 시**(우울수치가 높은 내담자이므로 인지행동치료를 적용할 수 있다.)
- ㉠ 내담자가 가지고 있는 문제를 정의한다.
  - ⓐ 타인들과 관계 형성을 못하고 잘못된 표현(짜증, 화)을 사용함
- ㉡ 문제와 연관된 잘못된 인지도식이나 오류에 대해서 탐색한다.
  - ⓐ 인지왜곡 : 다른 사람이 자신에게 잘해주는 것을 위선으로 생각함
  - ⓑ 사고 : 이러한 생각으로 인해 의심이 생기고 믿을 수 없음
  - ⓒ 정서 : 짜증과 화가 남
- ㉢ 인지 재구성이나 합리적인 정서치료, 문제해결치료의 개입을 시도한다.

② **현실치료 상담이론 적용 시**
- ㉠ 욕구 파악 : 친구관계를 잘 맺고 싶으며 부모님과의 관계도 원만하길 바라고 있다.
- ㉡ 행동 : 친구가 위선적으로 대한다고 생각하며 믿지 못하여 멀리하고 있다. 부모님과의 관계도 잘하고 싶은데 짜증과 화를 내고 있다.
- ㉢ 평가 : 욕구와 반대되는 행동을 하고 있으며 이로 인해 욕구를 달성하기가 어렵다.
- ㉣ 계획하기 : 상황에 대해 책임지려고 하는 것에 대해서 인지하도록 한다.
  - ⓐ 자신에게 잘 대하는 친구에 대해서 호의를 표현하고, 자신의 생각을 수정하도록 하기
  - ⓑ 아버지에게 먼저 다가가서 대화를 시도해 보기
  - ⓒ 어머니에게 자신의 일을 스스로 결정한 것에 대해서 이야기하고 심리적으로 독립하기

Section 05

상담과정 관련 질문

질문 01

내담자가 상담시간을 자주 어기고 나타나지 않는다면 어떻게 대처하겠는가?

모범답변

① 내담자가 이런 행동을 하는 원인이 무엇인지 알아본다.
② 수동적인 저항이 원인일 때는 내담자가 상담으로 인한 변화로 힘들어 하는지, 상담에 대한 불편한 점이 있는지, 상담자에 대한 불만이 있는지 탐색하고 이유를 파악한다.
③ 종결을 원한다면 상담을 받고 싶지 않은 이유를 듣고 내담자와 합의하여 종결을 준비하며 추후 원하면 언제든 다시 상담을 받을 수 있음에 대해서 안내한다.
④ 이유가 뚜렷하지 않고 자주 잊어버리는 습관이 원인이라면 상담 전에 예약문자를 보내 상담시간을 환기시키고 내담자에 대해서 관심을 갖고 상담을 진행하고 있음을 확인한다.

질문 02

내담자가 상담을 거부한다면 어떻게 하겠는가?

모범답변

① 상담에 대해 불편한 감정이 일어날 수 있다는 것을 수용하여, 내담자가 이해받고 있다는 느낌을 갖도록 한다. 필요하다면 충분하게 부정적인 감정을 표현하도록 한다.

② 상담을 거부하는 이유에 대해서 탐색한다.

㉠ 부모의 강요에 의해 와서 감정이 상해서 상담을 거부할 때 : 상담을 받으러 오게 되는 과정에서 부모님의 강요에 의해 억지로 왔다면, 화가 나고 불편하지만 그럼에도 불구하고 부모님을 배려하고 상담에 온 사실에 대해 지지하며 마음이 풀어지도록 한다.

㉡ 상담에 대한 불신이나 회의에 의해 상담을 거부할 때 : 상담자가 전문성과 경험을 가지고 있음에 대해 이야기하여 신뢰감을 형성하고 긍정적인 사례에 대해 이야기하여 상담에 대해 희망을 가질 수 있도록 한다.

㉢ 상담하는 것에 대해 불안을 느껴서 상담을 거부할 때 : 내담자가 문제가 있어서 상담을 받는 것이 아니라는 것에 대해서 이야기하고 부모에게 알리지 않을 것에 대해 비밀보장을 약속한다.

질문 03

내담자가 상담자의 전문성을 의심하며 상담을 받아도 별 효과가 없다며 불신한다면 어떻게 하여야 하는가?

모범답변

① 용기를 내서 자신의 생각을 솔직하게 말해 준 것에 대해서 수용적인 태도를 보인다.
② 상담자를 비전문적이라고 생각하게 된 이유가 무엇인지에 대해서 탐색한다.
   ㉠ 상담자의 원인 : 내담자의 말에 대해 수용이 적었거나, 상담자 주도로 상담을 진행하는 등의 이유로 더 이상 상담이 효과가 없다고 생각할 수 있다.
   ㉡ 내담자의 원인 : 상담자에 대해서 저항과 반항을 하거나, 이전에 받았던 상담에서 실망하여 상담에 대해 과소평가하는 마음이 있거나, 자신 혼자서 해결할 수 있다는 자만심으로 상담이 효과가 없다고 생각할 수 있다.
③ 원인에 따른 대처방안을 제시하여 상담자의 전문성을 확인하고 상담의 불신을 제거한다.
   ㉠ 상담자의 원인 : 상담자의 전문적인 자격과 훈련과정에 대해서 설명하고, 유사문제에 대해서 성공적인 결과를 예로 들어 소개한다. 또한 상담과정에서 상담자의 실수가 있었으면 인정하고 사과한다.
   ㉡ 내담자의 원인 : 내담자의 저항과 반항에 대한 심리적 문제를 진단하고 해결점을 제시할 수 있으며, 상담의 전문성을 강조하여 전문가의 도움을 받아야 할 필요를 강조하고 설명한다.
④ 이 모든 과정을 진행했음에도 불구하고 내담자가 거부감을 표한다면 종결을 시도하거나 또는 다른 상담자에게 의뢰하도록 한다.

질문 04

상담 중 태도가 불손하고 예의가 없으며 상담시간에도 계속 늦는 등 불성실한 내담자로 인해 화가 나면 어떻게 하겠는가?

모범답변

① 상담자는 내담자의 불손한 태도와 불성실로 인해 화가 나는 것에 대해서 억압하거나 무시하지 않도록 한다.
② 내담자의 구체적인 행동과 태도를 언급하고 이로 인해 자신이 화가 난다는 것을 솔직하게 표현하며 상담자의 연약함에 대해서도 함께 이야기한다.
③ 내담자의 태도가 대인관계에서 계속될 때 문제가 될 수 있음에 대해서 피드백하며, 계속 이러한 태도일 때 상담을 지속하는 것에 부정적인 영향을 줄 수 있음에 대하여 설명한다.
④ 그럼에도 불구하고 내담자의 태도가 변하지 않아 계속 화가 난다면 자신의 감정처리 능력이 부족한지, 역전이가 일어나는지 등에 대해서 수퍼비전을 받는다.
⑤ 상담을 지속하기 어려울 경우 내담자에게 분명한 이유를 설명하고 다른 상담자에게 의뢰한다.

질문 05

상담 내내 남의 탓을 하면서 자신은 전혀 잘못이 없으며 억울하고 화가 난다고 호소한다면 어떻게 상담을 진행할 것인가?

모범답변

① 우선 내담자가 호소하는 상황과 감정에 대해서 충분히 경청하고 그에 대해서 공감하면서 내담자가 부정적으로 갖고 있는 자신의 감정을 충분히 표현하도록 한다.

② 내담자의 심리적인 어려움이나 심리적인 구조에 대해서 탐색한다.

예
- 내담자가 심한 열등감으로 인해 자신의 잘못을 인정하는 것이 어려운지
- 상처로 인해 감정을 해소하지 못한 것인지
- 인지적 왜곡으로 상황에 대해 오해를 하고 있는지 등

③ 탐색된 내담자에게 적절한 개입전략을 시도한다.

㉠ 타인과의 비교로 생긴 열등감을 해소할 수 있도록 하며, 성취감을 경험하면서 소중한 자신을 깨닫도록 한다.

㉡ 미해결된 감정을 해소하도록 하여 공격성, 억울함에 대한 감정을 완화한다.

㉢ 상황에 대한 인지적 왜곡이 있으면 이를 확인하고 수정하도록 한다.

㉣ 역할연기를 통해서 타인의 입장에 대한 피드백을 통해 자기통찰이 이루어지도록 한다.

질문 06

상담을 진행하고 난 후 상담사에게 배가 고프다고 밥을 사달라고 한다면 어떻게 하겠는가?

모범답변

① 내담자가 배가 고픈 상황에 대해서 반응하며, 어떤 상황으로 밥을 사 달라고 하는지에 대해서 내담자를 탐색하고 그 여부를 확인한다.
② 정말 배가 고파서 밥을 사 달라고 했다면 매번 사줄 수는 없지만 1~2회 정도는 식사를 제공한다. 이후 내담자의 식습관에 대해서 탐색하여 적절한 조치를 취하도록 한다.
③ 밥을 핑계로 상담자와 더 많은 시간을 갖고 친근감을 느끼기 위해 해 본 말이라면 상담 중에 좀 더 친근감을 가질 수 있는 방법을 고민하도록 하며, 내담자에게 간단하게 간식 등을 제공하며 5~10여 분 정도 담소를 나누도록 한다.

질문 07

상담을 진행하는 내담자가 급하게 돈이 필요하니 빌려달라고 하면서 부모님에게는 알리지 말라고 당부하였다. 상담자로서 어떻게 하겠는가?

모범답변

① 어떠한 이유에서 돈이 필요한 것인지에 대해서 확인한다. 정말 돈이 필요한 상황인지, 자신이 필요한 곳에 사용하기 위해서인지 또는 심각한 문제로 인해 돈이 필요한 경우인지 알아보고 상황에 따라 적절하게 대처한다.
② **다양한 상황에 따른 대처 방안**
㉠ 정말 돈이 필요하다고 생각되면 1회에 한해 빌려주되 꼭 갚도록 하며, 갚지 못할 경우 어떻게 할지에 대해서 의논한다.
㉡ 자신이 원하는 것을 하기 위해 돈이 필요하다고 한다면 욕구를 자제시키고 부적절한 행동에 대해서 교정하며 이런 일로 인해 신뢰성을 잃을 수 있는 부정적인 결과에 대해서 설명해 준다.
㉢ 내담자가 해결할 수 없는 문제로 인해 돈이 필요한 경우는 내담자를 설득하여 부모님께 말씀드려 도움을 받도록 한다.

사례 01

부모의 권유로 초등학교 때부터 캐나다로 유학을 가서 살다가 너무나 힘들어서 중학교 2학년 때 유학을 포기하고 한국으로 귀국한 이 양이 친구문제로 스스로 상담실을 찾았다.

이 양은 캐나다 유학 초기에는 말도 잘 통하지 않아서 또래관계가 형성되지 않았고, 중학교에 들어가서는 차별로 인해 고통을 당해 여러 번 학교에 항의를 했지만 잘 해결되지 않았다고 한다. 그러면서 친구와의 관계를 형성하지 못해 거의 혼자 있는 시간이 많았고 그럴 때면 열심히 공부를 해서 학교 성적은 높은 편이었다고 한다. 하지만 외지에서 너무나 외롭고 쓸쓸해서 부모님을 졸라 귀국하게 되었다.

하지만 한국에 와서도 말도 서툴고 정서도 다소 달라 친구를 사귀는 것에 어려움이 있어서 학교를 다니면서도 늘 혼자서 책을 보거나 공부를 했다고 하였다. 그런 자신의 모습을 보고 부모님이 고등학교는 대안학교로 보내주셨는데 여기에서도 친구들을 사귀는 것이 어려웠지만 다행히 학교에서 남자친구를 사귀게 되었다고 한다. 이 양은 남자친구를 사귀면서 자신이 잘해주지 않으면 자신을 떠날 것이라는 불안감이 심해서 지금은 두통과 소화불량에 자주 시달리고 있다.

아버지는 중간에 유학을 포기한 것에 대해 자주 언급하며 짜증을 내셔서 어머니가 이 양을 보호하면서 위로해 주시기는 하지만 어머니 말이 잘 들리지 않는다고 한다.

질문 01

내담자의 주호소 문제는 무엇인가?

모범답변

자신이 잘해주지 않으면 남자친구가 떠날 것 같아서 불안하다. 내담자는 친구들과 관계를 맺지 못함으로 인해서 오는 외로움과 쓸쓸한 감정이 내재되어 있으며, 유일하게 친구관계를 맺은 남자친구와의 관계에서 언제 헤어질지 모르는 불안감을 크게 가지고 있다.

질문 02

위 사례에서 내담자의 자원은 무엇인가?

모범답변

① 학업에 집중할 능력이 있으며 성적이 상위권이다.
② 외국어(영어)능력이 좋으며 외국문화에 대해 이해도가 높다.
③ 자신이 부당하다고 여기는 것에 대해 자기주장을 할 수 있다.
④ 독서량이 많으므로 이해력과 해석력이 높을 것으로 보인다.
⑤ 자신에 대한 인지력이 높아 스스로 센터를 찾아왔다.
⑥ 내담자를 이해해 주는 어머니가 계시다.

질문 03

위 사례자에게 어떻게 상담을 진행하겠는가?

모범답변

① 남자친구와 헤어질까봐 불안해하는 내담자의 정서에 공감하고 위로한다.
② 내담자가 가지고 있는 인간관계(친구관계)에 대해 탐색한다.
③ 인간관계(친구관계)에 대해 잘못 생각하고 있는 부분에 대해서 수정한다.
④ 새롭게 인간관계(친구관계)를 맺는 법에 대해서 알려주고 시도해 보도록 격려한다.

사례 02

고등학생인 정 군은 성격이 내성적이어서 다른 친구들과의 사이에서 여러 가지 어려움을 경험하고 있다. 친구들이 정 군이 이야기를 할 때 잘 듣지 않고 때로는 무시하고 지나가는 것에 대해서 고민이 많고 이런 행동이 마치 자신에게 문제가 있어서 그런 것은 아닌가 하는 염려가 된다. 또한 다른 친구들은 아무렇지도 않게 생각하고 넘어가는 것에 대해서 자신은 심각하게 고민하고 그에 대한 생각에서 쉽게 빠져나오지 못해 여러 날 동안 힘들어 할 때도 많았다. 정 군은 이러한 자신의 소극적이고 내성적인 성격으로 인해 고민이 많고 앞으로 많은 사람들을 만날 때 자신의 성격이 걸림돌이 될까 걱정이 된다. 그래서 성격을 고치고 싶은데 어떻게 해야 할지 몰라 상담을 하게 되었다고 한다.

질문 01

내담자에게 공감적인 반응을 해 보시오.

모범답변

① 자신의 성격이 소극적이고 내성적이어서 걱정이 되고 마음이 힘들군요.
② 앞으로 다른 사람들을 만날 때 자신의 성격이 걸림돌이 될까 걱정이 되어 성격을 변화시키고 싶군요.
③ 자신의 성격을 변화시키고 싶어서 용기를 내서 상담을 하게 되었군요.
④ 성격을 변화시키고 싶은데 어떻게 해야 할지 몰라 답답하시군요.

질문 02

상담 초기에 내담자와 해야 할 것이 무엇인지 설명해 보시오.

모범답변

① 가장 먼저 내담자와 신뢰관계를 형성한다. 내담자가 호소하는 어려움에 대해서 충분히 공감하고 수용하면서 우호적인 관계를 통해 라포를 형성한다.
② 내담자에 대한 문제파악을 한다.
  ㉠ 내담자의 주호소문제가 무엇인지 파악한다.
  ㉡ 내담자 탐색을 통해 내성적인 성격으로 인한 인간관계 형성 패턴, 내담자의 장점자원, 내담자 가족관계, 주변 환경 등 내담자에 대한 탐색을 통해 내담자를 이해한다.
③ 상담을 구조화한다. 내담자와 공감적 탐색과정을 통해 상담시간, 상담관계 및 비밀보장에 대한 구조화를 시도한다.
④ 상담목표를 설정한다. 내담자와 합의하에 성취 지향적이고 행동적으로 관찰 가능한 구체적인 목표를 설정한다. 목표는 상담이 진행되면서 수정이 가능할 수 있다는 것을 이야기한다.

사례 03

이 양은 대학교 2학년으로 부모님과 항상 갈등을 빚고 있다. 이 양은 학교생활을 잘 하고 있으며 성적도 꽤 상위권에 속하고 같은 과 남자친구를 사귀고 있다. 밑으로는 남동생 2명이 있는데 아버지는 늘 이 양에게 '이래야 한다. 저래야 한다.'고 말씀하시고 남동생들의 식사도 챙겨주라고 요구하신다.

- 아버지(55세) : 작은 사업체를 운영하시며 생활력이 강하다. 자신의 여동생들도 다 결혼시키고 홀어머니를 책임지고 생활비를 보내고 있으며 효도를 다해야 한다며 주말마다 부인까지 데리고 홀어머니를 찾아간다. 책임감이 강하고 장남으로서의 역할에 최선을 다하신다.
- 어머니(52세) : 남편에게 순종하며, 시어머니에게도 불만이 있지만 입 밖에 내지 않고 묵묵히 따르고 남편을 열심히 돕는다. 내담자에게 동생들을 돌보라는 요구를 하는 남편과 마찬가지로 내담자가 가사일에 소홀한 것에 대해 야단을 친다. 이는 내담자가 장녀이기 때문에 당연하다고 생각한다.
- 남동생(15세) : 공부에는 관심이 별로 없고 핸드폰 게임을 하는 데 대부분의 시간을 보낸다. 누나가 자신을 챙기는 것은 당연하다고 생각하며 누나에게 당당하게 자신의 식사, 청소 등을 요구한다.
- 남동생(13세) : 조용하고 비교적 부모님의 말을 잘 들으며 내성적이나 공부를 잘해서 부모님의 사랑을 독차지하고 있다. 누나에 대해서 크게 신경 쓰지 않고 비교적 자신이 해야 할 일에 대해서 잘 하고 있는 편이다.

이 양은 대학생활을 하며 점점 친구들이 많아지고 방과 후 활동을 하다보니 귀가 시간이 늦어지면서 부모님과 지속적으로 트러블을 겪고 있다. 부모님은 이 양이 돈도 너무 헤프게 쓰고 가정일에 소홀하며 동생들도 챙기지 않는다면서 자주 짜증과 화를 내신다. 이 양은 자신이 왜 동생들을 챙겨야 하는지 모르겠고 동생들과 차별하는 부모님에게 화를 내고 싶지만 그러지 못하고 혼이 날 때마다 눈물을 흘리고 슬퍼하고만 있는 것도 짜증이 난다.

또한 이 양은 남자친구하고도 종종 갈등을 겪는다. 데이트하자는 문자를 미처 못 봐서 데이트 시간에 늦으면 화를 내는데 이럴 때마다 바쁜 자신을 이해하지 못하는 남자친구가 원망스럽지만 표현을 못하고 눈물만 흘린다.

질문 01

위 사례의 내담자가 부모님과 자주 갈등을 겪는 이유는 무엇이라고 생각하는가?

모범답변

① 내담자의 부모님은 내담자가 장녀로서 당연하게 동생들을 챙겨야 한다고 생각하고 계시는데 이러한 요구에 대해 내담자는 부당하다고 생각한다.
② 내담자는 남동생들과 비교해 자신이 차별당하고 있다고 생각한다.
③ 내담자의 부모님은 내담자 학교생활과 방과 후 활동에 대해 인정하지 않고 귀가가 늦어지는 것에 대해서 비난한다.
④ 내담자의 부모님은 내담자의 경제생활에 대해서도 비난한다.

질문 02

내담자와 상담을 한다면 어떻게 개입을 할 것인가?

모범답변

① 내담자의 억울하고 답답한 마음에 대해서 공감과 이해를 한다.
② 내담자가 자신의 상황에 대해서 이해하고 갈등의 원인을 파악한다.
  ㉠ 부모님의 성장환경에 대해 이해하고 특징을 파악한다.
  ㉡ 자신을 이해하고 현재 자신의 가족환경에 대해 파악한다.
  ㉢ 갈등의 원인을 파악한다.
③ 구체적으로 대처방법에 대해서 살펴본다.
  ㉠ 부모님에게 자신의 감정과 생각을 분명한 말로 표현해 보도록 시도한다.
  ㉡ 가사일을 식구별로 분담하도록 한다.
  ㉢ 자신의 일정을 부모님께 먼저 알리고 양해를 구한다.
  ㉣ 가계부를 통해 자신의 재정관리를 실시해 본다.
  ㉤ 부모님이 차별하는 것에 대해서 이야기하고 자신을 존중해 주시길 요청드린다.
④ 가족과의 관계 회복을 시도한다.
  ㉠ 부모님의 수고에 대해서 이해하고 표현하며, 사랑의 메시지를 보내고 가벼운 스킨십을 한다.
  ㉡ 동생들과 가사일을 분담해 본다.
⑤ 남자친구와의 관계를 유지한다.
  ㉠ 문자를 빨리 확인한다.
  ㉡ 서운한 마음을 건강하게 표현해 본다.

Section 06 심리검사 관련 질문

질문 01

심리검사를 풀 배터리로 진행하는 이유에 대해 설명해 보시오.

모범답변

① 풀 배터리라는 말은 종합심리검사라는 의미이다. 종합적으로 검사한다는 것은 성격, 정서, 지적 요소를 종합해서 한 사람을 이해하고자 하는 부분으로 지능 검사(웩슬러), 정서검사(MMPI), 다양한 투사검사(그림검사, 문장완성, 로샤, BGT, TAT 등) 등을 대표적으로 실시한다.

② 종합심리검사를 진행하는 가장 큰 장점은 수검자의 정신세계를 객관적이고 풍부하게 들여다 볼 수 있고, 상담이나 치료적 개입을 다면적으로 할 수 있다는 것이다. 특히 짧은 시간 안에 문제해결을 할 수 있는 장점이 있다.

✎ 종합심리검사의 단점은 많은 시간과 비용이 발생한다는 점, 숙련된 임상심리사에 의해 실시되어야 한다는 점이다.

질문 02

MBTI 검사에 대해서 설명하시오.

모범답변

① 인간의 행동은 일정한 질서에 따라 분류할 수 있다는 철학을 바탕으로 하며, 성격이 4가지 심리적 선호양식으로서 서로 대극에 따라 기본 8가지 유형으로 구분된다고 보아 총 16가지 성격으로 분류할 수 있다고 하였다.
② 전체적으로 에너지 방향(외향형 vs. 내향형), 정보 수집 방법(감각형 vs. 직관형), 의사결정 기준(사고형 vs. 감정형), 생활양식(판단형 vs. 인식형)으로 분류할 수 있다.

질문 03

문장완성검사에 대해 설명하시오.

모범답변

문장완성검사는 다수의 미완성 문장을 피검자가 자기 생각대로 완성하도록 하는 검사로, 단어 연상검사의 변형으로 발전된 것이다. 문장완성검사는 본질적으로 자유연상을 이용한 투사적 검사로, 피검자는 자기 대답이 갖는 의미를 예상할 수 없으므로 의식하지 않고 진짜 자기 모습을 드러내게 된다고 알려져 있다. 현재 임상 현장에는 Sacks의 문장완성검사가 가장 널리 사용되고 있다. 문장완성검사는 문장에 나타난 감정적 색채나 문장의 맥락을 통해 피검자의 태도, 피검자가 주의를 쏟고 있는 특정 대상이나 영역이 보다 잘 제시되고 반응이 자유롭다.

질문 04

심리검사를 실시할 때 주의할 점에 대해 설명하시오.

모범답변

① 측정하고자 하는 개념에 적합한 검사를 잘 선정해서 사용해야 한다.
② 신뢰도와 타당도가 높은 것을 사용한다.
③ 고정된 특성이 아니라 경험과 학습, 성숙에 의해 변화된다는 점을 유의하고 대상에 적절하게 맞는 검사를 사용해야 한다.
④ 충분히 숙련되어야 한다.

질문 05

신경심리검사의 종류와 신경심리검사 실시 목적에 대해 설명하시오.

모범답변

① 신경심리검사의 종류
㉠ 어휘 검사 : 보스톤 이름대기(BNT) 검사, 보스톤 실어증 검사, 웨스턴 실어증 검사
㉡ 실행 기능 검사 : 스트룹 검사, 위스콘신 카드 분류 검사(WCST)
㉢ 시공간 능력 검사 : Rey 복합 도형 검사, 도형 그리기 검사
② 신경심리검사의 목적
㉠ 손상을 입은 뇌 반구 위치를 파악하거나 외부 손상이 있는지 파악하는 목적
㉡ 미세한 신경질환의 여부를 판단하기 위한 목적
㉢ 병의 진행과정과 속도를 진단하기 위한 목적
㉣ 호전 혹은 악화 여부 등을 평가하고 치료계획을 세우기 위한 목적
㉤ 재활과 치료를 평가하기 위한 목적

질문 06

아동용 지능검사인 K-WISC와 K-ABC를 비교하여 설명하시오.

모범답변

① 연령에 있어서 K-WISC는 만 6세에서 16세 11개월까지, K-ABC는 만 3세에서 18세까지를 대상으로 진행된다.
② 이론적 배경에서 K-WISC는 C-H-C 심리측정이론을 기반으로 하지만 K-ABC는 C-H-C 심리측정모델과 Luria 신경심리학적 인지처리모델의 2가지 이론적 배경을 가지고 있다.
③ K-WISC는 지능을 확인하여 영재, 정신지체 등 인지적인 강점과 약점을 확인할 수 있는 데 비해, K-ABC는 내용 중심 검사와 달리 아동이 왜 그러한 정도의 수행을 했는지에 관한 처리과정 중심의 검사로 이를 통해 교육적 처치가 가능하며, 정보처리 패턴이 좌뇌 지향적인지 우뇌 지향적인지 비교할 수 있다.

사례 01

고등학교 1학년인 가영은 이혼 가정에서 성장했으며, 초등학교 저학년 때 이혼한 어머니와 살고 있다. 가영의 비행 행동은 중학생 때 편의점에서 과자를 훔치는 것에서 시작되었다. 처음 몇 번은 편의점 주인한테 용서도 받고 하더니 나중에는 교묘해져 잘 들키지도 않아서 어머니는 이 사실을 몰랐다. 중학교 3학년 때 길에서 다른 사람의 자전거를 절도하다가 신고를 받고 학교 선생님이 어머니에게 연락을 했다. 어머니는 그럴 수 있다고 생각했는지 별로 크게 혼내지도 않았고 사건을 처리해 주었다. 어머니는 바쁘다며 회사로 다시 돌아갔고 가영이는 그런 어머니의 행동에 더 상처를 받았다.

그 후 절도의 규모는 점점 더 커졌다. 고등학생이 됐을 때 가영은 반 친구가 부모님 카드를 가져온 것을 알고 그 카드를 훔쳤고 백화점에 가서 50만 원 상당의 옷을 구매했다. 이 친구의 어머니가 그 사실을 알고 바로 경찰에게 신고했고 학교에까지 알려지면서 선도위원회가 소집되었다. 담임선생님은 위 센터나 상담센터에서 상담을 받아보도록 요청했고 법원 교육과 상담을 동시에 진행하도록 하였다. 어머니는 가영을 위센터에 데려갔고 센터에서는 심리검사를 진행해 다음과 같은 결과가 나왔다.

- 가영의 MMPI-A 임상척도 점수

Hs	D	Hy	Pd	Mf	Pa	Pt	Sc	Ma	Si
60	63	55	70	51	59	61	66	62	44

- SCT의 유의미한 항목
  - 나를 괴롭히는 것은 <u>나에게는 영원한 친구나 보호자가 없다는 점이다</u>.
  - 언젠가 나는 <u>외톨이가 될 것이다</u>.
  - 내가 어렸을 때는 <u>아버지가 있어서 행복했다</u>.
  - 나의 어머니는 <u>늘 바쁘고 나에게는 관심이 없다</u>.

- MBTI : ISFP

질문 01

ISFP에 대해 아는 대로 설명해 보시오.

모범답변

① **내향형** : 에너지를 내부 아이디어에 집중하는 편이고, 신중하고 조용한 편이다.
② **감각형** : 오감을 통해 직접 인식하는 정보에 주의를 기울이고 숫자가 나오는 정보에 주의를 기울인다.
③ **감정형** : 따뜻함과 온정을 지닌다. 옳고 그름보다는 온정과 배려에 따라 결정을 하는 편이다.
④ **인식형** : 정보 자체에 관심이 많고 새로운 변화에 적응적이어서 대상에 잘 맞추어 준다.

ISFP의 특징 : 주기능은 내향감정이며 부기능은 외향감각이다. 주변 사람, 정서와 자연의 아름다움을 사랑하고 존중하는 내적 가치를 지닌다. 자신과 관련된 사람들의 현실적이고 즉각적 요구에 중점을 두고 재빨리 반응하려고 한다. 사람들의 행동에서 패턴을 발견하는 편이고 사람들을 평가하는 데 객관적이고 편견이 없는 편이다.

질문 02

위 사례에서 상담 목표를 어떻게 세울 것인가?

모범답변

① **부모 상담을 통해 내담자가 행한 불법 문제를 다루기**
  ㉠ 선도위원회에서 피해자 학생과 부모에게 사과하고 배상하기
  ㉡ 원한다면 전학가기
  ㉢ 배상하는 과정에서 용돈이나 현재 자신이 가진 돈을 배상 액수에서 제할 수 있게 하기(모든 과정에서 자신이 손해를 입힌 부분에 대한 책임을 지게 하기)
② **어머니와의 관계 회복하기**
  ㉠ 어머니가 상담 시간마다 함께 참여하기
  ㉡ 과거에 제대로 대처해 주지 못한 부분 사과하기
  ㉢ 내담자가 어머니에 대해 불만을 이야기하고 화를 풀어내기
  ㉣ 서로의 욕구를 알게 하고 대화할 수 있도록 의사소통 훈련하기

질문 03

가영 학생과 상담을 할 때 상담자로서 초기 단계 접근 방법은 무엇인가?

모범답변

① 선도위원회 참석과 법적 문제를 다룰 수 있도록 돕기
  ㉠ 선도위원회에 어머니와 학생 모두 참여해서 배상을 하고 충분히 책임질 것을 약속하기
  ㉡ 처벌을 받은 후에 학교 내에서 피해를 받을 일이 없도록 조처하기
  ㉢ 2차 피해가 발생하지 않도록 학교 선생님들과 친구들의 네트워크를 동원하기
  ㉣ 2차 피해가 예상했던 것보다 크다면 전학도 고려해 보도록 하기
② 외로움과 고독을 이해하고, 어머니와의 관계를 회복하게 하기
  ㉠ 이혼 후 상처받은 어머니와 내담자의 상처를 모두 보듬기
  ㉡ 그동안 서로 외롭고 상처 주었던 경험 드러내기
  ㉢ 의사소통 방식 점검하고 개선하기
  ㉣ 어머니가 내담자에게 상처 주었던 부분에 대해 사과하고 대처 전략을 찾아 실천하기

사례 02

우진은 학기 중에는 호주에서 유학하는 중학교 3학년 학생이다. 어머니는 IT 기업 개발자이자 부장으로 높은 연봉과 인정을 받고 있다. 바쁘고 시간이 없는 어머니이지만 교육에 관심이 높고 특히 나 아버지와 관계가 좋지 못한 어머니는 아들의 일거수일투족에 집착하는 편이다. 머리가 좋은 우진에게 기대가 컸던 어머니는 막상 중학교 2학년 중간고사를 본 후 예상했던 성적이 나오지 않자 바로 유학을 결정했다. 그래서 우진은 현재 호주에서 홈스테이를 하면서 공부하고 있다. 그런데 말 잘 듣고 순종적이었던 아들이 호주에 가서 공부는 괜찮게 하는 편이나, 여자친구를 사귀게 되면서 어머니의 불안은 높아졌다. 어머니는 겨울 방학 때 한국에 들어온 아들을 데리고 상담 센터를 찾아 여자친구와 헤어지게 해달라고 요청하였다.

• 우진의 MMPI-A 임상척도 점수

Hs	D	Hy	Pd	Mf	Pa	Pt	Sc	Ma	Si
65	60	69	58	51	61	65	60	60	59

• SCT의 유의미한 항목
- 나의 아버지는 나에게 무관심하다.
- 내가 없을 때 친구들은 그냥 재미있게 지낼 것 같다.
- 내가 어렸을 때는 공부하지 않아 행복했다.
- 나의 어머니는 내가 공부하는 것에만 관심이 있다.
- 원하던 일이 잘 되지 않았을 때 슬프다. 어머니가 해결해 줄 것이다.

• MBTI : ISTJ

질문 01

위 사례에서 우진의 강점과 취약점은 무엇인가?

모범답변

① 강점
  ㉠ 순응적이고 주어진 환경에서 최선을 다하는 경향이 있다.
  ㉡ 새로운 환경에서 적응을 잘 하는 편이다.
  ㉢ 지적인 능력도 있고 여자친구도 사귈 만큼 대인관계 기능도 평균 이상이다.
  ㉣ 아버지와 어머니가 능력 있는 분들이라 본인도 자신의 능력에 대해 자신감을 가지고 있을 것이다.
② 취약점
  ㉠ 어머니에게 지나치게 의존적이다.
  ㉡ 어머니와 아버지의 관계가 좋지 않아 우진이도 아버지에 대한 오해가 클 것으로 예상된다.

질문 02

어머니가 억지로 상담에 온다면 어떻게 상담하겠는가?

모범답변

① 억지로 오셔서 상담을 받는 사실이 불편하고, 바쁜 가운데 힘든 일임을 공감해 준다.
② 내담자가 더 공부를 잘하고 여자친구와도 건강하게 헤어질 수 있게 하려면 가족 관계가 튼튼해야 함을 알려준다.
③ 외국에서 유학하는 우진이 정서적으로 안정이 되려면 어머니와의 관계가 바탕이 되어야 함을 알려준다.
④ 부모가 변하지 않으면 자녀가 변하는 것은 어렵다는 사실을 부각시킨다.
⑤ 이제까지는 우진이 어머니에게 순응적이었으나 유학 생활을 하면서 점점 독립적으로 변화해나갈 것이므로 이를 대비하고 준비하는 것이 필요하다는 것을 알려준다.
⑥ 아버지도 가족 상담에 참여해야 가족 전체의 분위기가 변화할 수 있음도 알려준다.
⑦ 청소년기인 아들이 아버지와도 좋은 관계가 되어야 건강하게 성장할 수 있음을 확인해 준다.

질문 03

MBTI와 MMPI-A를 들어 현재 우진의 상태와 환경을 설명하시오.

모범답변

① MMPI-A

㉠ 1-3이 높은 전환 V 프로파일로 우진이 심리적 문제를 신체화 증상으로 전환시킴으로써 문제를 외재화(extermalization)할 가능성이 높다. 우울감이나 불안감은 외현상 나타나지 않으나 신체적 기능이 원활하지 못한 것에 대해 관심은 많고 과도한 불편감을 호소할 수 있다. 자신의 행동에 대해 통찰력이 결여될 수 있다.

㉡ 3-1의 경우 스트레스에 직면하여 신체적 증상이 현저해지고 3번이 높을수록 억압과 부인 기제를 사용하여 방어적이고 자신이 괜찮은 척 한다. 성격적으로 미성숙, 자기중심적, 이기적이고 애정이나 주위 관심욕구가 강하며 의존적이다. 겉으로는 외향적, 사교적 행동을 보이나 대인관계는 피상적이고 감정의 깊이가 결여되어 있다.

㉢ 이 증상의 사람들은 증상의 기저에 있는 심리적 요인들을 인정하지 않으려 하기 때문에 상담효과가 낮을 수 있어서 애정욕구를 공감함으로써 상담에 관심을 갖도록 권유한다.

② MBTI

㉠ 내향형 : 에너지를 내부 아이디어에 집중하고, 신중하며 조용한 편이다.

㉡ 감각형 : 오감을 통해 직접 인식하는 정보와 숫자가 나오는 정보에 주의를 기울인다.

㉢ 사고형 : 논리와 원칙, 옳고 그름에 주안점을 둔다.

㉣ 판단형 : 철저한 계획과 목적을 가지고 있고 자기의사가 명확한 편이다.

✎ ISTJ의 특징 : 주기능은 내향적 감각이고 부기능은 외향적 사고로, 자신이 경험했던 현실에 초점을 두고 과거를 중시한다. 자신이 경험한 사실에 기초해서 외부상황을 판단한다. 성실하고 신뢰가 가는 부분이 있다.

사례 03

원하지 않는 대학에 진학한 진수(19세, 남)는 5학년 때 왕따를 당한 적이 있어서 중학교, 고등학교 때 학교 출석률이 매우 저조했다. 사립 중학교와 사립 고등학교를 졸업한 진수는 자신이 학교에 다닌 적이 거의 없는데 생활기록부에는 최대 결석일수만 기재되어 있고 나머지 기록은 모두 멀쩡하여 자신도 놀랐다고 한다. 대학에 진학해서 한 학기 다녔는데 축제가 있던 5월에 공황증세가 오면서 대학도 자퇴하고 싶었으나 어머니와 아버지가 말려서 우선 휴학을 한 상태이다. 진수는 은둔형 외톨이로 고등학교 이후에 집 밖을 거의 나서질 않는다. 상담에 올 때도 사람이 많은 곳은 피해서 오느라 늘 늦는다.

한편, 휴학을 하자 영장이 나와서 신체검사를 받았다. 1급 판정을 받고 현역으로 입대하는 것으로 결정되었으나 정서-행동 검사 결과가 너무 좋지 않게 나와서 입대가 보류된 상황에 어머니가 진수를 상담 센터에 데려왔다.

• 진수의 MMPI-A 임상척도 점수

Hs	D	Hy	Pd	Mf	Pa	Pt	Sc	Ma	Si
62	90	59	57	55	70	61	85	40	77

• SCT의 유의미한 항목
- 나의 아버지는 무섭고 나에게 관심이 없다.
- 내가 없을 때 친구들은 나를 욕할 것이다.
- 내가 어렸을 때는 너무 끔찍했다.
- 원하던 일이 잘 안되었을 때 죽고 싶다.
- 다른 가정과 비교하면 우리 집안은 불행 그 자체이다.

• MBTI : INFJ

질문 01

이 사례에서 진수에 대해 이해한 바를 심리검사에 근거해서 설명해 보시오.

모범답변

① MMPI-A
  ㉠ 우울, 편집, 조현, 내향 점수가 모두 높아 상당한 우울감과 무기력감이 있을 것으로 보인다.
  ㉡ 과거 왕따 경험과 학교생활의 부적응이 있고 자살 사고도 보이며, 대학도 그만 두었고 군대도 회피하고 싶어 하는 것으로 봐서는 현실 적응 문제가 가장 크다.

② INFJ
  ㉠ 내향형 : 에너지를 내부 아이디어에 집중하고, 신중하며 조용한 편이다.
  ㉡ 직관형 : 나무보다 숲을 보는 경향이 있고, 미래와 가능성에 초점을 두는 영감형이다.
  ㉢ 감정형 : 따뜻함과 온정을 지닌다. 옳고 그름보다는 온정과 배려에 따라 결정을 하는 편이다.
  ㉣ 판단형 : 철저한 계획과 목적을 가지고 있고 자기의사가 명확한 편이다.

  망상이나 잡생각이 많고 현실감각이 없는 편으로 남에게 자신이 능력이 없다는 것을 들키고 싶어 하지 않고 두려워한다. 우울한 것은 기본이고 자신이 하는 일에 간섭하거나 평가할 때 속에서는 열불이 나면서 부글부글 끓는다.

질문 02

라포형성을 잘 하기 위해 상담사는 무엇을 해야 할까?

모범답변

① 의심이 많고 대인관계 문제가 많으며, 가정에서의 정서 상태가 안정적이지 않아 첫 회기에 라포형성이 힘들 수 있다.
② 현재 처한 문제인 군대를 가기 힘들어하는 마음을 공감해 주고 지금까지 얼마나 힘든 시간을 견뎌왔는지 고통을 만나주는 것으로 위로와 격려를 해 준다.
③ 학교에서나 가정에서나 안정적인 곳이 없었던 내담자의 경험을 고려하여 상담 센터, 상담 선생님만은 안정적인 장소, 안정된 대상으로 인식될 수 있도록 노력한다.

질문 03

비자발적 내담자로 군대를 회피하기 위한 목적으로 상담에 의뢰되었다. 내담자를 더욱 잘 이해하기 위해 진행하고 싶은 심리검사가 있다면 무엇인지 설명하시오.

모범답변

① 내담자의 욕구, 불안, 대인관계(부모님, 친구들)에 대한 대응양식을 탐색하기 위한 로샤 검사
② 대인관계, 타인에 대한 감정, 신체상, 가족에 대한 정서를 탐색하기 위한 HTP 검사
③ 자신과 환경과의 관계, 대인관계에서의 역동적 측면과 무의식을 탐색하기 위한 TAT 검사
④ 강박성, 불안 등의 정신적 증세를 확인하고, 욕구 좌절이나 인내심, 우유부단함 등을 탐색하기 위한 BGT 검사

Section 07

다양한 매체 상담 관련 질문

질문 01

죽겠다고 자살을 시도하기 전 한번 전화해 봤다고 하는 중2 남학생의 전화상담을 어떻게 진행하면 되는가?(자살과 겹치는는지 확인)

모범답변

① 당황하지 않고 침착하게 전화 걸어 온 내담자의 신상에 대해서 정보를 파악한다. 지금 어디이며, 누구와 함께 있는지, 이름과 전화번호, 나이, 부모님 전화번호 등에 대한 정보를 파악한다.

② 계속해서 말을 시키며 자살에 대해 생각을 바꾸도록 돕는다.

㉠ 자살을 하고 싶은 심정에 대해서 공감하고 자살을 하고 싶은 이유를 듣는다.

㉡ 자살이 해결책이 아님에 대해서 설득한다.

㉢ 문제를 해결할 수 있다는 희망과 그렇게 살아가고 있는 대상에 대한 사례를 통해 마음을 바꾸도록 한다.

㉣ 내담자의 장점과 잠재력에 대해서 이야기하며 청소년이 자신이 괜찮은 사람임을 부각한다.

㉤ 자살의도가 누그러지면 자살하지 않겠다는 약속을 받는다.

㉥ 지속적인 상담을 받을 수 있도록 조처한다.

㉦ 주변의 청소년을 돌봐줄 부모, 교사와 연락을 취하여 후속 조치를 취할 수 있도록 한다.

③ **긴급한 위기 시 :** 내담자의 상태가 절박하다고 보이면 119 출동 또는 지역연계 위기지원팀에 의뢰하여 신속하게 대처하도록 한다.

질문 02

내담자가 여러 번 전화를 걸어서 이야기를 나누려 하면 어떻게 하겠는가?

모범답변

① 내담자의 전화에 친절하게 응대하되 전화한 상황에 대해서 파악한다.
② 위급하게 개입해야 하는 상황이 아니고 내담자가 자신의 이야기를 하려고 한다면 좀 더 시간을 갖고 생각을 한 후에 상담시간에 나누도록 이야기한다.
③ 내담자에게 상담과 친교는 구별해야 한다는 점을 설명해 주고 하고 싶은 이야기가 있으면 충분히 생각한 후 상담시간에 하도록 이야기한다.
④ 하지만 매우 위급한 상황(자해, 자살, 폭행 등)에는 전화를 해도 괜찮다고 이야기해 준다.

질문 03

상담을 받아오던 내담자가 한밤중에 전화를 해서 지금 자신이 너무나 힘들고 '멘붕'이라고 하면서 상담자의 도움을 요청한다면 어떻게 하겠는가?

모범답변

① 내담자의 전화에 친절하게 응대하되 전화한 상황에 대해서 파악한다.
② 위급하게 개입해야 하는 위험한 상황(자해, 자살, 폭행 등)이라고 판단되면 도와줄 것을 약속하고 내담자의 장소를 확인한다. 이동 시 부모님 또는 기관에 연락을 취하여 위기에 개입하도록 하며, 상담자는 내담자를 만나러 간다.
③ 위급상황이 아니고 내담자의 심리적 답답함을 이야기하려고 한다면, 답답하고 힘든 마음을 공감하며 상담시간에 만나서 차분하게 이야기할 것을 설득하고 상담약속을 정한다.

질문 04

청소년전화 1388에 대해서 아는 대로 이야기해 보시오.

모범답변

1388는 일상적인 고민상담부터 정서적인 어려움, 학업중단, 인터넷 중독, 위기상담에 이르기까지 청소년이 겪을 수 있는 다양한 분야에서 청소년에게 상담을 제공하는 서비스이다. 청소년상담사, 청소년지도사, 사회복지사 등 자격을 갖춘 전문 상담사가 365일 24시간 근무하며 전화상담을 실시하고 있다. 전화뿐만 아니라 1388 청소년사이버상담센터에서는 채팅상담, 솔로봇상담, 게시판상담 등 인터넷 상담도 가능하다.

질문 05

청소년들이 자신들의 고민을 상담할 때 인터넷 게시판을 사용하는 이유는 무엇인가?

모범답변

① 자신을 노출하지 않아도 되기 때문에 마음이 편하고 솔직하게 상담내용을 게시할 수 있다.
② 장소나 시간의 제약을 받지 않기 때문에 접근하기가 편리하다.
③ 원하는 답을 빠르게 얻을 수 있다.
④ 하고 싶지 않을 때 언제든지 그만 둘 수 있기 때문에 부담감이 적다.

질문 06

사이버 상담의 장점과 한계점은 무엇이라고 생각하는가?

모범답변

① **사이버 상담의 장점**

㉠ 시간적, 공간적 제약이 적으며 접근하기가 매우 용이하다.
㉡ 풍부하고 용이하게 정보를 획득할 수 있다.
㉢ 내담자가 자발적으로 참여하여 상담의 동기가 높고, 신속하게 상담관계가 형성된다.
㉣ 감정의 정화기능이 있다.

② **사이버 상담의 한계점**

㉠ 면대면 상담과는 달리 얼굴을 보지 않고 대화하기 때문에 내담자의 표정, 행동, 태도를 전혀 관찰할 수 없다. 즉, 비언어적 요소를 알 수 없다.
㉡ 제시되는 문제만 취급하기 때문에 내담자의 정보를 충분히 알 수가 없다.
㉢ 응급 시 적극적 대처를 하기가 곤란하다.
㉣ 상담의 연속성이 거의 이루어지지 않고 단회성으로 진행되는 경우가 많다.
㉤ 대화예절의 파괴가 있을 수 있다.

질문 07

청소년 상담에 있어서 면대면 상담과 비대면(전화, 문자, 채팅, 이메일 등) 상담의 차이는 무엇인가?

모범답변

① 상담 시작 시 면대면 상담은 대부분 부모나 교사에 의해 신청되므로 비자발성이 높고 상담 접근이 다소 어려운 데 반해, 비대면 상담은 심리적 부담 없이 상담에 임할 수 있어서 자발성이 높고 상담 접근이 용이하다.
② 내담자 탐색 시 면대면 상담은 상담자가 표정이나 인상 등을 통해 좀 더 정확한 내담자 탐색이 가능하나, 비대면 상담은 내담자 탐색에 있어서 표면적인 것에 그칠 가능성이 높다.
③ 상담 기간에 있어서 면대면 상담은 상담 구조화를 통해 일정 시간 상담 지속이 가능할 수 있으나, 비대면 상담은 일회성으로 끝날 가능성이 있다.
④ 상담자의 역할에 있어서 면대면 상담에서는 내담자를 탐색하고 정보, 호소문제를 분석하여 좀 더 여유 있고 적절한 대응을 할 수 있으나, 비대면 상담은 일회성 상담이므로 빠른 판단력으로 민감성을 갖추어 즉각적인 반응과 빠른 결론을 이끌어야 한다.

사례 01

다음은 중2 여학생이 이메일(e-mail)로 보내온 사연이다.

안녕하세요? 저는 중학교 2학년입니다. 요즘 저는 진짜 학교에 가기 싫어요. 학교에 가면 친구들이 저를 멀리하는 것 같고 말을 걸어도 대꾸도 하지 않아요. 심지어 자기네들끼리 모여서 이야기하고 저를 비웃는 것 같아서 죽을 것 같아요. 같이 밥 먹을 친구도 없고, 같이 놀 친구도 없어서 늘 혼자서 지내니 너무 힘들어요.

초등학교 때도 비슷한 경험이 있었어요. 한 친구와 싸워서 말을 하지 않았는데 그 후에 그 싸운 친구가 제 친구들을 빼앗아 가서 기분이 좋지 않았어요. 그래도 곧 졸업이라 참고 지냈어요. 그런데 그 때 친구들이 지금 중학교에서 같은 반이 되었어요.

하루는 친구들이 이야기하는 걸 얼핏 들었는데 제가 친구들 사이를 이간질한다고 이야기를 하는 거예요. 저는 순간 '그 애구나.'하는 생각이 들어서 담임선생님께 친구가 저에 대해 이상하게 이야기하고 모함을 한다고 이야기 드렸어요. 그런데 선생님께서는 친구들 사이의 오해는 자신이 먼저 풀어야 한다며, "너에게도 문제가 있는 것이 아니니?"라고 물어보셔서 너무나 속상하고 원망스러웠어요.

아무도 저의 억울한 마음을 이해해 주지 않고 계속 외톨이가 될 것 같아서 무섭고 외롭고 힘들고 죽고 싶어요. 학교에 가고 싶지 않지만 가지 않는다고 하면 부모님한테 혼이 날 것 같아서 고민이에요. 이러지도 저러지도 못해서 메일을 보냅니다. 어떻게 해야 할지 가르쳐주세요.

질문 01

이 메일사례에서 '공감'하는 메시지를 보낸다면 어떻게 보내겠는가?

모범답변

학교에 가면 친구들이 말에 대꾸도 안 하고 비웃는 것 같고, 선생님에게 말해도 널 이해하지 못하고, 학교에 가기 싫다고 하면 부모님에게 혼날 것 같고, 너의 억울한 마음을 아무도 이해하지 못하고 외톨이가 된 것 같은 이 상황이 너무 외롭고 무섭고 심지어 죽고 싶은 마음까지 드는구나.

질문 02

내담자의 사례에서 성인들의 도움을 받지 못한 이유가 무엇이라고 생각하는가?

모범답변

① **선생님의 도움을 받지 못한 이유**

㉠ 내담자는 정확한 상황에 대해 말하기보다 얼핏 들은 이야기로 자신을 모함한다고 판단하여 이야기하였기 때문에 선생님이 조치를 취하기는 어려운 상황으로 보인다.

㉡ 감정적으로 자신만이 억울하다고 느끼는 부분에 대한 호소로 보이기 때문에 내담자만의 이야기로 개입을 하기에는 어려운 것으로 보인다.

② **부모님의 도움을 받지 못한 이유** : 내담자가 부모님의 태도에 대해 일방적으로 추측하여 자신의 상황과 감정에 대해서 이야기하지 않고 그냥 '학교가기 싫다.'라고만 한다면 부모님도 이에 대해서 수용하기 어려우실 수 있을 것으로 보인다.

사례 02

다음은 중1 여학생이 상담게시판에 올린 글이다.

저는 중학교 1학년 여학생입니다. 저는 좀 뚱뚱한 편이고 간식을 먹는 것도 너무 좋아합니다. 수업시간에 과자를 먹다 걸리기도 하고 공부를 할 때도 과자가 없으면 허전해서 계속 먹게 됩니다. 이런 저에 대해 부모님은 야단을 치시면서 화를 내시고, 저는 그런 부모님께 화가 나는데 뭔가를 먹지 않으면 화가 풀리지 않습니다.

초등학교 때부터 갑자기 체중이 늘었고 지금은 친구들이 **'뚱녀'**, **'미스뚱'**, **'돼녀'**라고 놀리며 자기네들끼리 재미있어 합니다. 그래서 점점 위축되고 친구도 싫고 학교도 가기 싫습니다. 너무 속상하고 제 자신이 너무 싫어져서 어떻게 해야 할지 모르겠어서 조금씩 자해를 합니다. (정말 죽고 싶어서는 아니고요.) 지금은 될 대로 되라는 생각이 들고 아무것도 하기 싫어서인지 체중은 점점 더…. 저도 간식도 안 먹고 살을 빼고 싶지만 지금은 어떻게 해야 할지 모르겠습니다.

질문 01

이 매체상담에서 사용된 기법에는 무엇이 있는가?

모범답변

① **굵은 글씨체** : 자신의 표현 중에서 더 강조하고 싶을 때 사용한다.
② **괄호치기** : 숨겨진 자신의 솔직한 마음을 표현하고자 할 때 사용한다.
③ **말줄임표** : 말을 하고 싶지 않거나 추측하도록 할 때 사용한다.

질문 02

상담자로서 내담자에게 답변을 어떻게 하겠는가?

모범답변

① 내담자가 친구로부터 놀림을 당하고 부모님에게 혼이 나는 괴로운 마음에 대해서 충분히 공감한다.
② 살을 빼고 싶은 긍정적인 마음에 초점을 두고 지지하며 동기부여를 한다.
③ 실제적인 개입방법을 제시한다.
  ㉠ 친구들이 놀릴 때 자신의 기분과 감정에 대해서 이야기해서 놀리는 행동 멈추게 하기
  ㉡ 운동 및 식습관 개선을 통해 건강한 몸을 만들기 위해 주변인들에게 도움 요청하기
  ㉢ 화가 나거나 속상할 때 자해 이외의 다른 해소방법을 찾고 실행해 보기 등

Section 08 청소년 부모 관련 질문

질문 01

청소년 내담자의 부모와 상담할 때 내담자는 누구라고 생각하는가?

모범답변

① 일차적으로 내담자는 청소년 자녀이다.
② 그렇지만 내담자인 청소년을 잘 돕기 위해서는 부모의 지원도 무시할 순 없으므로 부모와 상호작용을 잘 해 두어야 어렵고 힘든 청소년 내담자를 더 적극적으로 도울 수 있음을 알아야 한다.

질문 02

상담을 받고 있는 청소년 내담자의 부모가 상담에 자주 개입하려고 한다면 어떻게 하겠는가?

모범답변

① 부모로서 자녀에 대해 궁금해 하고 더 잘 이해하고 싶은 마음으로 관심을 기울이는 것에 대해서 당연하다고 생각하고 감사함을 전한다.
② 부모가 상담에 개입하려는 이유가 무엇인지에 대해서 탐색한다.
㉠ 상담자가 본인이 원하는 대로 자녀를 지도하고 훈육하고 있는지에 대해 알고 싶은 것인지
㉡ 상담 이후 변화된 자녀에 대해 통제가 어려울 것 같은 두려움이 있는 것인지
㉢ 부모가 자녀를 제일 잘 알고 있다는 마음으로 상담자를 조종하고 싶은 것인지
㉣ 지시, 통제하는 습관이 여전히 상담자에게도 유지되는 것인지 등
③ 상담에 개입하려는 이유에 대한 탐색을 통해 부모님이 스스로 자각과 통찰을 하고 기다릴 수 있 마음과 여유를 가지도록 한다.
④ 청소년 부모로서 가져야 할 태도에 대해 설명한다.
㉠ 청소년기의 성공적인 적응을 위해서 자율성을 키울 수 있도록 상담을 하는 것이므로 청소년이 스스로 선택하고 결정할 수 있도록 기다려 주어야 한다.
㉡ 상담은 비밀보장을 기본전제로 하고 있으므로 자녀와 한 상담에서 비밀보장의 예외사항일 경우를 제외하고 상담내용은 비밀보장이 되어야 한다.
㉢ 민주적인 양육방식에 대해서 설명한다.

질문 03

자신의 자녀가 학교폭력을 당했다고 하면서 찾아온 청소년 부모에게 어떻게 첫 면담을 진행하겠는가?

모범답변

① 부모님의 감정을 공감하고 수용해 드려서 마음이 진정되고 침착해지도록 한다. 자녀의 왕따 사실을 알고 얼마나 당황스러우며 받아들이기 힘들지, 가해 학생들에 대해 얼마나 분노가 일어나시는지, 자녀에 대한 걱정으로 마음이 얼마나 아픈지에 대해 공감하며 부모님의 마음이 진정되도록 한다.

② 자녀의 상태와 주변 상황에 대해 알고 계시는 것을 탐색한다. 자녀의 상태, 학교나 가해 학생들의 상태 등 현재 어떤 상황인지에 대해서 정보를 수집하고 정리하여 파악한다.

③ 상담사, 부모님, 교사가 충분히 사실을 인지하고 인정하게 되면, 충분히 해결할 수 있는 일임을 확인시킨다.

④ 학교폭력에 대한 증거를 수집한다. 자녀의 안전을 확보하면서 동시에 학교폭력에 대한 정보를 수집하게 한다.

⑤ 사안에 따른 해결점을 의논한다.

㉠ 학교폭력의 사항이 비교적 경미한 경우는 가해 부모, 학교 측 간의 만남을 통해 조정과 합의를 권유하고 재발되지 않도록 가해 학생, 부모, 학교 측에 조치를 요구하도록 한다.

㉡ 학교폭력의 사항이 중대할 경우에는 경찰, 또는 학교폭력 신고(117)를 하고, 학교에 요청하여 학교폭력위원회를 소집하도록 한다.

질문 04

내담자의 어머니가 상담자가 젊고 미혼이며, 아이를 키운 경험이 없어 자신의 자녀를 상담하는 것이 불편하다고 상담자를 교체해 달라고 한다면 어떻게 할 것인가?

모범답변

① 아이를 키우지 않아서 걱정이 되실 수 있다는 부모님의 걱정에 대해서 이해하고 공감하는 태도를 가진다.

② 상담자가 청소년 상담의 전문가임에 대해서 부모님에게 설명한다.

㉠ 상담자의 자격 및 경력, 능력, 성공했던 경험 등에 대해서 부모님에게 설명해 드리고 상담사를 신뢰할 수 있도록 한다.

㉡ 상담사로서 청소년에게 가지는 열정과 사랑, 청소년에 대한 이해에 대해서 설명한다.

③ 새로운 시각으로 자녀를 바라볼 수 있는 장점에 대해서 설명한다.

㉠ 결혼하지 않아서 더 객관적으로 자녀를 이해하고 공감할 수 있으며, 편견 없이 대할 수 있는 요인이 될 수 있음을 전달한다.

㉡ 젊은 사람이 젊은 사람의 눈높이에 맞게 이해할 수 있다는 점에 대해서 강조한다.

질문 05

자녀와 함께 상담을 온 부모님이 상담으로 자녀의 행동이 변화될지 계속 의심하고 걱정하면 어떻게 하겠는가?

모범답변

① 부모님에게 자녀가 충분히 변화될 수 있다는 것에 대해서 안심을 시키도록 한다. 청소년들의 행동, 정서, 인지의 특성에 대해 설명해 드리고 자녀가 상담을 통해 스스로 좋아질 수 있는 능력이 있다는 것을 이야기해 드려서 심적인 안정을 취할 수 있도록 한다.
② 상담자의 전문성에 대해서 설명한다. 상담자의 자격 및 경력, 능력, 성공했던 경험 등에 대해서 부모님에게 설명하고 상담사를 신뢰할 수 있도록 한다.
③ 가족들도 함께 자녀의 변화를 도와주어야 하는 협력자임에 대해서 이야기한다. 가족 안에서의 의사소통 및 수용과 이해가 중요하다는 것을 이야기해 함께 협력해야 한다는 것에 대해서 이해할 수 있도록 설명한다.

질문 06

내담자의 부모님이 와서 여자 상담사가 아닌 남자 상담자로 교체해 달라고 이야기한다면 어떻게 할 것인가?

모범답변

① 상담자의 교체를 요구하는 부모님의 말을 경청하고 그에 대해 공감하는 태도를 보인다.
② 부모님이 교체를 원하시는 이유에 대해서 물어본다.
   ㉠ '우리아이와 같은 성의 상담자를 원해요.'
   ㉡ '우리아이와 다른 성의 상담자를 원해요.'
   ㉢ '남자 상담자가 더 전문성을 가지고 있을 것 같아요.' 등
③ 상담자의 성차가 청소년상담에 전혀 영향을 미치지 않는다는 것에 대해서 부모님을 설득한다. 내담자는 상담자가 자신을 얼마나 잘 수용하고 이해하고 있는지, 열정을 가지고 함께 호소문제를 해결하려고 하는지에 영향을 받지 상담자의 성별에 대해서는 전혀 차이가 발생하지 않는다.
④ 상담사는 자신이 상담한 내담자의 다양한 성비에 대해서 설명하고, 상담결과에 거의 영향이 없이 성공적인 결과가 있었음을 말하여 부모님을 안심시키도록 한다.

질문 07

청소년상담을 진행하는 중에 부모가 찾아와서 갑자기 상담을 그만 두겠다고 한다면 어떻게 할 것인가?

모범답변

① 부모님이 상담을 그만두려 하는 이유는 매우 다양할 수 있기 때문에 이유를 정확하게 탐색한다.
  ㉠ 부모님이 보시기에 자녀에게 변화가 없어서 상담의 효과가 없다고 생각되는 것인지
  ㉡ 청소년자녀가 상담을 그만하고 싶은데 대신 부모님이 이야기하시는 것인지
  ㉢ 재정적인 어려움으로 인해 더 이상 상담을 진행하는 것이 어려운지
  ㉣ 자녀가 매우 좋아져서 더 이상 상담을 진행하지 않아도 되겠다는 생각이 드시는 것인지 등

② 부모님의 이유를 확인한 뒤 청소년내담자를 만나서 상담 지속 여부를 협의한다.
  ㉠ 내담자도 그만두기를 원하는 경우는 상담을 정리하고 종결하도록 한다.
  ㉡ 내담자가 그만두기를 원하지 않을 경우는 부모님을 만나서 다시 한 번 설득하여 내담자의 입장을 전달하도록 한다.

③ 내담자가 상담을 지속하길 원한다면 부모님을 만나서 내담자의 의사를 전달하고 최종 상담지속 여부를 결정한다.
  ㉠ 내담자의 상황에 대해서 설명하고 상담을 지속하도록 설득하며, 이에 수긍하시면 상담을 지속한다.
  ㉡ 하지만 부모님이 강력하게 종결을 원하시면 내담자에게 상담종결을 알리고 마무리를 하도록 한다. 내담자에게 종결을 예고하고, 상담을 종결할 수 있도록 1~2회기 시간을 가지게 한 후 종결한다.

질문 08

청소년 부모상담을 진행하려고 할 때 보편적으로 어떻게 접근해야 하는가?

모범답변

① 자녀를 잘 키우고 싶은 귀한 마음에 대해서 공감하며 존중한다.
② 청소년 자녀들의 이해할 수 없는 현재 행동 등에 대해 힘들겠다는 점을 공감한다.
③ 그러한 자녀를 이해하기 위해 청소년들의 발달적 특징(정서, 인지, 행동 등)에 대해서 설명한다.
④ 청소년 시기는 독립을 추구하는 시기이므로 자녀를 존중해야 하며, 간섭이나 조종, 통제가 일어나면 관계가 더 힘들어 진다는 점을 상기시키고 자녀를 인격체로서 존중하도록 한다.
⑤ 의사소통에 있어서도 지시나 명령이 아니라 나-메시지로 전하며, 자녀의 이야기를 존중해야 함을 이야기한다.
⑥ 학업만을 강요하여 저항과 관계의 파괴가 이루어지지 않고 전인적인 발달이 이루어지도록 살피고 관심과 수용의 태도를 가져야 함을 이야기한다.

사례 01

중학생인 박 양은 무척이나 극성스러운 어머니에 대해서 불만이 크다. 좋다고 하는 학원은 인터넷으로 조사해서 동의 없이 등록을 결정하시고 박 양에게 강요하셔서 어쩔 수 없이 다니게 되었는데 학원도 선생님도 맘에 들지 않아서 불편함을 많이 느끼고 있다. 또한 박 양이 집에서 해야 하는 일까지 정해놓고 다 했는지 체크하면서 하지 않으면 해야 한다고 계속 잔소리를 해서 어쩔 수 없이 하게 만든다.

박 양은 어머니가 자신을 늘 어린애 취급하고 어머니 마음대로 결정해서 이래라 저래라 하면서 지시하고 나무라는 것이 너무 싫다. 억지로 따라가기는 하지만 자기 멋대로 하는 어머니를 생각하면 화가 나고 짜증이 난다.

질문 01

박 양에 대해 공감적인 반응을 해 보시오.

모범답변

① 중학생인데 어린아이 취급하면서 모든 것을 어머니 마음대로 하니 화가 나고 짜증이 나는구나.
② 자율성을 인정하지 않고 어머니가 일을 정해놓고 시키니 속상하겠구나.
③ 어머니가 하라고 하는 걸 하기 싫은데 억지로 따라하니 많이 힘들겠구나.

질문 02

박 양의 어머니를 상담한다면 어떻게 하겠는가?

모범답변

① 어머니가 자녀를 잘 키우고 싶은 마음에 대해서 수용하고 인정한다.
② 청소년 자녀의 특성에 대해서 설명하고 통제의 해로움와 독립성의 중요함에 대해 알려준다.
③ 어머니가 자녀에게 하고 있는 행동으로 인해 박 양이 느끼는 마음에 대해서 알려준다.
  ㉠ 일반적인 어머니의 태도에 대한 화와 짜증
  ㉡ 통제에 대한 저항감 등
④ 어머니가 하고 있는 행동을 자각하여 스스로 통제를 알아차리고 양육태도를 바꿀 수 있게 한다.
⑤ 바람직한 양육태도를 알려준다.
  ㉠ 자녀에 대한 관심과 인정, 칭찬, 존중
  ㉡ 자율성과 인격적 대우 등

사례 02

중학생인 권 양은 불안할 때마다 자신도 모르게 머리카락을 뽑기 시작하였다. 학교에 갈 때는 빠진 부분들을 친구들이 볼까봐 고무줄로 앞머리를 뒤로해서 묶어 감추고 집에 오면 불편해서 고무줄을 풀고 모자를 쓴다.

권 양은 학원에 가기 싫지만 학원에 가지 않으면 아버지로부터 심하게 혼이 나고 어머니도 잔소리를 심하게 하시니 감히 싫다고 이야기할 수도 없다. 세 군데의 학원에 다니면서 방과 후에 친구를 사귈 겨를도 없고 놀 시간도 없어서 혼자 다니게 되었다. 그러면서 성격이 침울하고 우울해지며 성적도 떨어지기 시작하였다.

장사를 하시는 아버지는 새벽부터 저녁까지 일을 하시고 성격이 급하고 화가 많아서 권 양이 머리카락을 뽑는다고 어머니가 이야기하면 권 양을 때리고 폭언을 하였다. 어머니도 권 양에 대해 공감을 해주기보다는 공부시간을 체크하고 조금만 못해도 나무라거나 벌세우셨다. 어머니도 우울증을 2년이나 겪었으며, 권 양의 일에 매사 간섭을 한다. 권 양은 부모님께 혼이 날까봐 성적표가 나오지 않았다고 거짓말도 하고 때로는 수업시간에 갑자기 고함을 지르기도 한다. 권 양은 점점 친구들과 멀어지고 학원에 가서도 혼자 멍하니 있거나 공상에 빠질 때가 많아졌다.

질문 01

권 양이 모발을 뽑는 원인은 어디에 있다고 생각하는가?

모범답변

① 모발 뽑기는 강박장애의 하위유형으로 무서운 부모에 대한 저항반응으로 일어날 수 있다.
② 권 양의 부모님은 권 양을 이해하거나 수용하기보다 잘못한 일에 대해 화를 내고 심지어 폭력까지 사용하고 있으며, 심하게 학습에 대해 강요를 하고 있다. 이에 대해 권 양은 부모님의 강압에 대한 저항으로 모발을 뽑고 있다고 볼 수 있다.

질문 02

권 양의 부모님의 양육방식에 대해서 이야기해 보시오.

모범답변

① 아버지는 강압적이고 폭력적이며 대화나 공감으로 대화를 하는 대신 힘으로 가족을 통제하는 양육방식을 가지고 있다.
② 어머니는 자신의 스트레스를 권 양에게 잔소리와 간섭, 벌을 통해 통제하는 양육형태를 취하고 있다.

질문 03

상담자로서 어떤 개입을 하겠는가?

모범답변

① 얼마나 많이 힘들고 괴로울지에 대해서 충분히 공감과 수용을 한다.
② 자신의 의사표현을 부모님께 솔직하게 표현할 수 있도록 주장훈련을 한다.
③ 부모님에 의한 학습계획이 아니라 스스로 자율성을 가지고 학습계획을 세울 수 있도록 자율성을 키워준다.
④ 부모상담을 통해 권 양이 모발을 뽑는 이유를 설명하고 자녀에 대해 수용과 공감, 자율성을 가지도록 한다.

사례 03

지방에 살다가 서울로 이사 온 이 군은 중학교 2학년으로 전보다 침울해지고 말수도 줄어들면서 기운이 없다. 전학을 온 이후로 준비물도 잘 안 챙기고 과제도 까먹어서 어머니는 걱정이 되어 학교에서 무슨 일이 생겼는지 물어보았지만 이 군은 아무런 대답도 하지 않고 방문을 닫고 자신의 방에 들어가 버리곤 하였다.

아버지는 사업을 하느라 바빠 대화를 할 시간은 없지만, 비교적 자상하고 아이들이 갖고 싶다는 것에 대해서는 아낌없이 사 주는 분이며, 어머니는 아들 두 명을 뒷바라지하기 위해 다니던 직장도 그만두고 오직 자녀들 양육에 매달리고 있다. 어머니는 유치원과 초등학교에 다닐 때도 동네 친구들을 사귀게 하기 위해 애를 썼고 날마다 아이들을 차로 등하교를 시키고 있다. 또한 남동생은 공부도 잘하고 활동적이며 욕심이 많은 편으로, 조용하고 말이 없는 이 군하고는 늘 비교가 되는 대상이다.

전학을 온 이 군은 점점 성적도 떨어지고 다른 사람들과 눈도 잘 맞추지 않으며 모든 일을 귀찮아 하고 있다.

내담자의 MMPI-A

• 타당도 척도

VRIN	TRIN	F1	F2	F	L	K
60	53	50	43	70	41	46

• 임상척도

Hs	D	Hy	Pd	Mf	Pa	Pt	Sc	Ma	Si
55	70	53	47	67	54	58	56	37	68

질문 01

만약 가족상담을 받아야 해서 부모님을 오시라고 하였는데 부모님이 가족상담을 받는 것을 거부하시면 어떻게 하겠는가?

모범답변

① 전화 또는 메시지를 통해 상담 받는 것이 불편하실 수 있다는 것에 대해 공감한다.
② 하지만 자녀의 문제가 가족관계에서 비롯되었기에 가족 공동의 문제로 다루어야 할 필요가 있음을 설명드린다.
③ 또한 부모님의 변화와 수고에 따라 자녀가 변화한다는 것에 대해서 어필한다.
④ 자녀 변화를 위해 가족상담이 꼭 필요하므로 가족상담에 올 것을 설득한다.

질문 02

MMPI-A검사를 보고 내담자에 대한 특성을 설명해 보시오.

모범답변

① 내담자는 타당도 척도에서 삿갓형으로 자신의 문제에 대해서 인정하고 도움을 요청하고 있다.
② 임상척도에서 척도2(우울증척도)가 높고, 척도0(내향성척도)이 높은 것으로 보아 우울을 경험하고 부정적인 정서가 강할 것으로 보이며, 에너지가 자신의 내부로 향해 대인관계가 불편할 것으로 보인다. 또한 척도5(남성성-여성성)가 높은 것으로 보아 예민하고 탐미적일 수 있다.

PART 3

청소년 문제 유형별 사례질문

Section 01 청소년발달과 상담 관련 이론 및 사례
Section 02 불안관련 이론 및 사례
Section 03 우울관련 이론 및 사례
Section 04 자살/자해 관련 이론 및 사례
Section 05 외상 후 스트레스 관련 이론 및 사례
Section 06 성관련 이론 및 사례
Section 07 중독관련(인터넷, 게임 등) 이론 및 사례
Section 08 학교폭력 이론 및 사례
Section 09 진로관련 이론 및 사례
Section 10 학업관련 이론 및 사례
Section 11 지적장애/경계선 지능 이론 및 사례
Section 12 청소년 가족 이론 및 사례
Section 13 집단상담 관련 이론 및 사례

Section 01 청소년발달과 상담 관련 이론 및 사례

1 청소년기 발달 특징

(1) 신체발달 특징

① **호르몬 분비** : 남성호르몬인 안드로겐과 여성호르몬인 에스트로겐 분비가 증가한다.

② **성장 폭발** : 신장과 체중이 급성장하고 성적인 성숙이 급격히 이루어진다.

③ 청소년기는 신체적 변화에 따른 '질풍노도의 시기'라는 견해가 지배적이다.

(2) 인지발달 특징

① **형식적 조작기** : 가설적, 과학적, 연역적 추론이 가능하다.

② 가설-연역적 사고의 발달로 추상적이며 융통성 있는 사고, 메타인지적 사고가 가능하다.

③ 가설 설정 능력이 시작되면 구체적이고 실재론적인 사고의 한계에서 벗어나 가능성에 대해서 생각할 수 있으며 전 영역에 걸친 이상주의로 확장된다.

④ 여러 명제 간의 논리적 추론을 다루는 명제적 사고가 가능하다.

⑤ 체계적, 조합적 사고가 가능해져 사전에 계획을 세우고 해결책을 체계적으로 사고할 수 있다.

⑥ 언어와 시각정보와 같은 상징적 표현체계를 가지고 지식체계를 구성할 수 있다.

(3) 자기개념

① 자기개념은 자신에 대한 지각과 평가를 의미한다.

② 청소년기에는 많은 변인들을 체계적으로 탐색할 수 있는 형식적 조작사고의 발달로 인해 자아지각이 다양화되고 세분화된다.

③ 청소년기 자기평가는 중요하다고 판단된 타인들이 자기에 대해서 어떤 평가를 하느냐에 따라 크게 영향을 받는다.

④ 청소년기에 가장 큰 영향을 주는 타인은 부모, 또래집단이며, 자기개념 형성에 부모의 사회경제적 지위, 외모나 신체적 매력이 결정적인 역할을 한다.

(4) 정서적 특징

① 청소년기의 성적, 공격적 에너지의 불안정성에 의해 불안감, 죄책감, 수치감을 경험한다.

② 외적(신체, 사회), 내적(정신, 인지)으로 많은 변화들이 일어나는데 이를 적절하게 대처할 이론이나 지식, 경험, 대안이 부족하여 현명하게 대응하지 못함으로 인해 불안과 긴장, 혼돈, 갈등을 극심하게 경험한다.

③ 작은 일에도 화를 잘 내고 반항적이며 쉽게 우울해지는 경향을 보인다.

(5) 사회적 특징

① 청소년기는 부모에 대한 의존과 동일시에서 벗어나 자율성과 책임감을 획득하는 시기이다.

② 부모로부터 독립과 의존의 갈등을 겪는다.

③ 또래집단에 몰두한다.

2 청소년내담자의 특징

(1) 청소년내담자는 상담의 동기가 부족하다.

(2) 청소년내담자는 상담자에 대해 부정적으로 인식하는 경향이 많다.

(3) 청소년내담자는 오랜 시간 집중할 수 있는 지구력이 부족하다.

(4) 청소년내담자는 인지능력이 부족하다.

(5) 청소년내담자는 감각적 흥미와 재미를 추구하는 경향이 높다.

(6) 청소년내담자는 언어의 표현정도가 부족하다.

(7) 청소년내담자는 주변 환경의 영향을 많이 받는다.

(8) 청소년내담자는 동시다발적인 관심을 갖는다.

(9) 청소년내담자는 여러모로 급성장하는 불균형의 시기이다.

질문 01

청소년 상담이 왜 중요한지 이야기해 보시오.

모범답변

① 청소년기는 신체적으로 큰 변화의 시기를 겪고 있으며, 정서적으로 갈등이 표출되어 불안정한 질풍노도의 시기라 할 수 있다. 또한, 아동기에 부모에게 향했던 애착과 몰두가 서서히 또래 친구로 옮겨지면서 자신의 정체성에 대해 갈등을 겪게 되며 공격적 충동, 심리적 변화로 혼란을 경험하는 시기이다.

② 이러한 혼란에 처한 청소년들이 상담을 통해 자신의 상태를 이해하고 수용 받으며 변화를 발달과정으로 이해하여 당면문제를 해결함으로써 건강한 발달을 할 수 있다. 나아가 문제를 예방적으로 다루어 큰 도움을 받을 수 있다는 점에서 청소년 상담은 매우 중요하다.

질문 02

청소년 상담이 청소년들에게 구체적으로 어떤 도움이 된다고 생각하는가?

모범답변

① 청소년 상담을 통해 청소년들은 자신에 대한 긍정적인 자아개념을 형성할 수 있으며 건전한 가치관을 확립하는 데 도움을 받는다.

② 대인관계에 있어서 또래, 부모관계 등 적응기술을 증진시키는 데 도움을 받을 수 있다.

③ 청소년이 가진 자신의 잠재력을 개발하고 삶의 방향성을 확립하는 데 도움을 받을 수 있다.

④ 청소년기의 진로, 학업 등에 있어서 새로운 태도나 동기를 가질 수 있도록 하는 데에 도움을 받을 수 있다.

질문 03

청소년의 발달특징과 청소년내담자의 특징에 대해서 이야기해 보시오.

모범답변

① 청소년의 발달 특징

㉠ 신체적 발달 특징 : 호르몬 분비, 성장이 폭발하면서 신체적으로 급변한다.

㉡ 인지적 발달 특징 : 인지적으로 형식적 조작기에 들어서며 가설적, 과학적 연역적 추론이 가능하다.

㉢ 정서적 발달 특징 : 성년기보다 더 강도 높은 정서적 경험을 하며, 불안, 짜증, 반항, 우울 등을 보이는 경향이 있다.

㉣ 사회적 발달 특징 : 부모에 대한 의존과 동일시에서 벗어나 자율성과 책임감을 획득하며 부모로부터 독립과 의존의 갈등을 겪을 뿐만 아니라 또래집단에 몰두한다.

② 청소년내담자의 특징

㉠ 청소년내담자는 상담의 동기가 부족하다.

㉡ 청소년내담자는 상담자에 대해 부정적으로 인식하는 경향이 많다.

㉢ 청소년내담자는 오랜 시간 집중할 수 있는 지구력이 부족하다.

㉣ 청소년내담자는 인지능력이 부족하다.

㉤ 청소년내담자는 감각적 흥미와 재미를 추구하는 경향이 높다.

㉥ 청소년내담자는 언어의 표현정도가 부족하다.

㉦ 청소년내담자는 주변 환경의 영향을 많이 받는다.

㉧ 청소년내담자는 동시다발적인 관심을 갖는다.

㉨ 청소년내담자는 여러모로 급성장하는 불균형의 시기이다.

질문 04

청소년 상담과 성인상담의 차이에 대해서 말해보시오.

모범답변

① **상담 동기** : 성인상담은 자발적인 데 비해 청소년상담은 비자발적인 경향이 많다.
② **상담 기간** : 성인상담은 장기상담이 보통인 데 비해 청소년상담은 단기상담이 많다.
③ **내담자의 특징** : 성인상담의 내담자는 비교적 상담시간을 잘 지키고, 자기노출이 솔직한 편이나 청소년상담의 내담자는 상담시간을 잘 지키지 않으며, 상담에 집중하지 못하고 정서변화가 심한 편이다.
④ **상담 대상** : 성인상담의 대상은 본인 자신인 데 비해 청소년 상담에서는 청소년 본인 외에 부모, 기관까지 포함하고 있다.

질문 05

청소년을 대상으로 하는 상담이 다른 상담에 비해 어렵다고 하는 이유는 무엇이라고 생각하는가?

모범답변

① 청소년내담자들이 대부분 비자발적인 내담자이기 때문에 상담관계를 맺기도 어려우며 상담에 비협조적일 수 있다.
② 청소년의 특성상 정서적으로 기복이 심하여 약속을 어기는 경우가 많으며 상담자에 대해 저항을 가지는 경우가 많으므로 상담 중단이 빈번히 일어나는 경우가 많다.
③ 청소년은 언어만으로 상담을 진행하는 것이 어렵기 때문에 문제에 대해 다양한 접근법이 필요하다.
④ 인지적으로 형식적 조작기에 접어들기는 했지만 조망능력이 떨어지고 통찰력이 부족하여 문제에 대한 심각성이나 영향력에 대해서 잘 깨닫지 못하는 경우가 많다.

질문 06

다문화 청소년을 상담할 때 상담사의 유의점과 자세에 대해서 이야기해 보시오. 초기 접근을 어떻게 하는 것이 좋겠는가?

모범답변

① 상담사의 유의점
  ㉠ 다른 사람들 특히 부모님과의 소통의 어려움뿐 아니라 부모님에게 양가감정이 있을 것이라는 점에 유의한다.
  ㉡ 정체성에 혼란을 겪고 있을 가능성이 높다는 점에 유의한다.
  ㉢ 학습정보의 취약으로 인해 학업에 대한 성취도가 낮을 수 있음에 유의한다.
  ㉣ 대인관계에 어려움을 겪고 있을 가능성이 높다는 점에 유의한다.
② 상담사의 자세
  ㉠ 다문화 청소년을 상담할 때 문화에 대해 열려 있는 마음과 생각뿐 아니라 다양한 정보를 가지고 있어야 한다.
  ㉡ 편견이나 선입견을 가지지 않도록 한다.
  ㉢ 다양한 문화의 특징과 경험의 장점에 대해서 충분히 인지하도록 한다.

질문 07

청소년 상담을 할 때 지역의 자원들에 대해서 아는 대로 이야기해 보시오.

모범답변

① **청소년상담 복지센터(전화 1388)** : 청소년들에게 일어날 수 있는 다양한 문제인 친구관계, 학업중단, 가족갈등, 인터넷 중독, 성관련 문제 등에 대해서 상담서비스를 제공한다.
② **청소년문화의 집** : 청소년들의 문화·예술적 지원을 위해 동아리 활동, 스포츠 활동, 창의적 체험활동 등을 지원한다.
③ **해바라기센터** : 성폭력, 가정폭력 피해 청소년의 의료지원, 심리지원, 수사지원, 법률지원을 제공하는 기관이다.
④ **위센터** : 교육청에서 운영하는 센터로 위기학생들을 대상으로 진단, 상담, 치료서비스를 제공한다.
⑤ **꿈드림센터** : 학교 밖 청소년들의 학업, 상담, 취업 등의 서비스를 제공한다.
⑥ **청소년쉼터** : 가출청소년들에게 의식주를 한시적으로 제공하고, 의료 및 법률자문, 진로탐색 및 취업지도, 가정 및 학교복귀 등을 돕는다.
⑦ **지역아동센터** : 지역의 저소득층 아동, 청소년들을 대상으로 보호, 교육, 놀이 및 식사 등 아동의 종합적인 서비스를 제공한다.

질문 08

청소년 상담의 한계는 무엇이라고 생각하는가?

모범답변

① 청소년이라는 특징에서 오는 상담의 한계로 인해 상담의 효과성에 한계가 있을 수 있다.
- ㉠ 청소년들은 대부분이 비자발적인 내담자이고 상담에 대해서 저항을 가지고 있을 가능성이 높다.
- ㉡ 인지적으로 자아중심성이 높아서 자신의 문제를 객관적으로 보기 어렵다.
- ㉢ 정서적으로 불안정해서 문제에 대해 과도한 비난 혹은 흥분을 할 수 있으며, 상담을 재미없어 하고 흥미를 쉽게 잃어버린다.
- ㉣ 행동적으로 잦은 결석과 지각, 중도 포기와 같은 문제가 발생할 수 있다.

② 청소년상담은 성인상담과 달라서 청소년전문상담자가 실행해야 하는데, 성인상담의 축소판으로 여기고 비전문상담사가 병행할 때 청소년상담의 효과가 감소할 수 있다.

③ 청소년상담은 청소년뿐만 아니라 부모, 교사, 기관의 빈번한 관여 또는 간섭 및 통제로 인해 상담에 한계가 생길 수 있다.

질문 09

탈북자(새터민) 가족의 청소년상담은 어떻게 해야 하는가?

모범답변

① 새로운 환경에 적응하는 것이 어렵고 적응하는 데 있어서 시간이 필요하다는 것에 대해서 이야기한다. 실제적으로 적응에 성공한 사례에 대해서 소개한다.

② 새로운 곳에 적응하면서 오는 문화적, 학업적, 관계적 스트레스에 대해서 공감한다.

㉠ 문화적 차이 : 문화가 다름에서 오는 당황스러움과 의아한 점이 많은 것에 공감하고 이로 인한 차이점에 대해 가능한 부분에서 설명해 준다.

㉡ 학업적 차이 : 차이가 나는 학교시스템과 다른 학과목, 다른 용어로 인해 진도를 따라가는 데 어려움이 있음을 공감하고, 이에 대한 적절한 대처방법이 있는지 찾아보고 의논한다. 필요에 따라 기관을 소개한다.

㉢ 관계적 어려움 : 말이나 행동이 달라서 친구나 선생님으로부터 이해받지 못해 소외감을 느끼거나 새터민이라는 선입견 및 지나친 관심 등이 불편할 수 있음을 공감하고 이에 대한 적절한 대처 및 수용에 대해서 이야기한다.

③ 적응을 향상시킬 수 있는 조치를 취한다. 한국에서 친구를 사귀는 방법, 공부를 배울 수 있는 기관, 필요한 정보 등을 제공하여 적응을 향상시킬 수 있도록 한다.

사례 01

이 양은 어릴 적부터 연예인을 좋아하고 흉내 내는 것을 매우 좋아했다. 자신도 연예인이 되겠다고 하면서 외모를 가꾸고 춤과 노래를 따라하면서 공부에는 거의 흥미를 잃었다. 어머니는 아이가 좋아하는 것을 하게 하는 것도 나쁘지 않겠다고 생각하여 연예인에 대해서 관심을 보이고 좋아하는 것에 대해서 비교적 호의적인 태도를 취하였다.

이렇듯 초등학교 때에는 그저 좀 관심이 과하다고 생각할 정도였지만 중학교에 가서는 완전히 아이돌에 심취해서 아이돌 멤버에 대해 모든 것을 알고 싶어 하고 그들의 스케줄 및 활동내용을 다 꿰고 있을 정도의 사생 팬이 되었다.

그뿐 아니라 아이돌에 관련된 물건을 구매하는 데 너무나 많은 돈을 쓰고 있다. 자신의 용돈으로 사는 데 그치지 않고, 부모님을 심하게 졸라대어 계속 돈을 받아내서 거의 대부분의 돈을 굿즈를 사는 데 사용하고 있다.

질문

위 사례처럼 자신이 좋아하는 아이돌에 너무 많은 시간과 돈을 쓰는 청소년 딸이 걱정되어 어머니가 상담을 의뢰해 왔다. 이 청소년을 어떻게 상담하겠는가?

모범답변

① 내담자의 관심사에 반응을 보이며 라포를 형성하고 신뢰를 구축한다.
   ㉠ 좋아하는 아이돌에 대한 칭찬과 호의를 표시한다.
   ㉡ 내담자가 아이돌을 좋아하면서 했던 행동들에 대해서 듣고 수용한다.
   ㉢ 내담자가 아이돌을 좋아하는 열정과 이에 대해 이해하지 못하는 부모님에 대한 감정을 공감한다.
   ㉣ 아이돌에 대한 정보를 수집하여 내담자와의 공감대 형성을 통해 대화를 원활하게 한다.
② 아이돌의 '사생팬'이 되고자 하는 이유나 원함이 무엇인지 탐색하고, 아이돌에 많은 시간과 돈을 투자하면서 '얻는 것'과 '잃은 것'에 대한 평가를 해 본다.
③ 행동수정을 도모한다. 자신이 원하는 것을 파악했으면, 이에 따라 구체적이고 실현가능하고 측정 가능한 목표와 계획을 세우고 행동을 정하도록 한다.
④ 세운 계획을 하나씩 실천해보도록 하여 관심을 전환시키도록 한다.

사례 02

김 양은 중학교 2학년 여학생으로 상담을 올 때마다 자신의 감정에 대해서 과하게 표현을 한다. 상담에 오는 것이 너무나 기쁘고 선생님이 최고라는 표현을 하지만 정말 그렇게 느끼고 이야기를 하는지 의심스럽고, 이야기를 하는 도중에는 현실과 다르게 갑자기 자신이 고아처럼 너무나 외롭고 우울해서 자신을 이해하는 사람은 아무도 없을 것이라며 펑펑 우는 모습을 보인다. 김 양은 말하는 것이 거짓말인지 정말인지 구분을 하기가 어려울 정도로 자신의 감정을 너무 과하게 표현하여 이야기한다.

김 양의 부모님은 이혼을 하셨고 어머니와 함께 살고 있다. 아버지는 화가로 자신만의 세상에 빠져 있으셨기 때문에 어머니는 아버지더러 딴 세계사람 같다는 표현을 하셨다. 어머니는 매우 합리적인 성격이어서 이러한 남편과 딸에 대해 이해하기 어려워 하신다. 특히나 지금은 딸에 대해 매우 못마땅해 하시며 딸이 표현하는 대부분의 감정이 거짓이라고 생각하신다. 그러나 딸이 어머니에 대해 너무나 좋다며 과하게 표현하는 것이 싫지만은 않아서 그럴 때는 그런가보다 하시며 이해하신다.

질문 01

위 사례의 내담자의 경우 상담자로서 어떻게 대응하겠는가?

모범답변

① 내담자의 감정이 과장되게 표현되더라도 일단은 내담자의 말과 감정에 대해서 공감한다.
② 과한 표현을 하는 내담자의 심리에 대해 탐색한다.
   ㉠ 부모님의 이혼으로 인한 불안의 요소
   ㉡ 이성적인 어머니와 감정적인 교류가 부족하여 발생한 불안정 애착으로 인한 불안요소
   ㉢ 어머니가 자신의 행동에 대해서 못마땅하게 생각하고 있다는 것을 알지만 그나마 자신이 과하게 표현을 했을 때 자신을 인정하는 어머니의 태도로 인해 과장된 표현 강화
   ㉣ 아버지로부터 잘못된 감정표현 학습
③ 탐색된 요인들에 대해 파악하고 이에 대해 대처전략을 세운다.
   ㉠ 불안으로 인한 과한 감정일 경우 불안을 해소한다.
   ㉡ 불안정 애착일 경우 어머니와의 정서적이고 안정된 관계 형성을 꾀하며, 과한 감정표현이 강화되지 않도록 건강하게 자녀를 인정하도록 한다.
   ㉢ 과한 감정표현이 다른 사람들에게 어떻게 보일지 피드백을 통해 교정한다.
④ 상담과정에서 적절한 감정표현을 연습하고 실생활에서 적용하도록 한다.

질문 02

위 사례에서 김 양의 어머니와 상담을 진행한다면 어떻게 하겠는가?

모범답변

① 혼자서 자녀를 키우는 것이 얼마나 어려운지, 잘 키우고 싶은 마음이 얼마나 큰지에 대해 지지와 공감을 표현한다.
② 자녀의 과한 감정표현의 의미를 설명하고, 어머니에게 인정을 받고 안정을 원하는 딸의 마음에 대해서 설명한다.
③ 딸과의 관계에서 합리적인 관계가 아니라 정서적인 유대감을 가져야 함을 이야기한다.
④ 딸의 감정표현이 과하다고 느끼더라도 공감하고 수용하고 믿어주는 태도를 가져야 하며, 어머니도 딸에 대해 감정적인 표현을 하도록 돕는다.
⑤ 관계가 돈독해지면 적절한 피드백을 통해 건강하게 관계하도록 한다.

사례 03

채 군(중2, 남)은 최근 여자친구와 신발가게를 가다 여자친구가 맘에 드는 신발을 보고 너무나 갖고 싶다고 해서 같이 매장에 들어가서 신발을 훔쳤다. 신발은 여자친구가 훔치고 자신은 점원의 시선을 돌리기 위해 계속 말을 걸고 여기저기 신발을 고르는 척만 하였다.

하지만 가게에 있는 CCTV에는 서로 눈짓을 하며 신호를 보내고 신발을 훔치는 장면이 있었고 이로 인해 여자친구와 함께 공범으로 재판을 받게 되었다. 채 군은 자신은 점원의 시선을 돌린 죄밖에 없고 실제로 물건을 훔친 건 여자친구라고 판사에게 진술하였다. 이에 재판을 통해 12시간 수강명령을 받고 관할 청소년상담 복지센터에서 상담을 받게 되었다.

채 군의 외형은 또래보다 키가 크고 비교적 위생 상태는 좋은 편이였으며 말도 잘하였다. 자신은 친구들과 노는 것을 좋아하고 공부에는 흥미가 없다고 하였다. 채 군의 아버지는 회사원으로 평이하시지만 가족들과 함께 하는 시간은 거의 없고 주말에도 자신이 좋아하는 합창단 활동이나 친구들을 만나는 데 시간을 보내신다고 하였다. 채 군의 어머니는 어린이집 교사로 채 군이 친구들과 놀러 다니는 것에 대해 잔소리가 심하고 마치 아이 다루듯이 마음대로 하려고 한다고 하고, 채 군이 학교에 잘 다니지 않는 것에 대해서 힘들어 하신다.

실시한 심리검사

- MMPI-A
  - 전반적으로 정상 프로파일을 보이고 있으나 임상척도에서 4번 척도(72)가 상승되어 있으며 9번 척도(68)가 높은 편이다.
  - 내용척도에서는 낮은 자존감, 가정문제, 학교문제가 유의미하게 상승(72, 70, 73)하였다.
- SCT
  - 어머니는 <u>잔소리가 심하다</u>.
  - 아버지는 <u>자기가 하고 싶은 대로 산다</u>.
  - 미래에 대해서는 <u>어떻게든 살아가고 있을 것이다</u>.

질문 01

상담자로서 위 내담자에게 적용해 보고 싶은 유익한 프로그램이 있다면 어떤 것이 있는가?

모범답변

아래와 같은 다양한 프로그램을 진행할 수 있다.

① 자존감 향상 프로그램
② 충동조절 및 스트레스 대처프로그램
③ 대인관계 향상 프로그램
④ 분노조절 프로그램
⑤ 학교적응 프로그램
⑥ 사회성 향상 프로그램
⑦ 자아성장 프로그램 등

질문 02

채 군을 상담한다면 어떤 상담목표를 세울 수 있는가?

모범답변

아래와 같은 다양한 상담목표와 전략을 사용할 수 있다.

① 사회적 규범과 규칙 지키기
② 충동성 자제하기
③ 학교 적응하기
④ 자존감 향상하기
⑤ 올바른 관계 형성하기 등

Section 02

불안관련 이론 및 사례

1 불안장애의 의미

(1) 병적인 불안으로 인하여 과도한 심리적 고통을 느끼거나 현실적인 적응에 심각한 어려움을 겪는 경우를 불안장애(Anxiety Disorders)라고 한다.

① 부적절한 시기에 발생하는 불안

② 빈번히 발생하는 불안

③ 지나치게 강하고 지속적이어서 일상적인 활동에 방해가 되는 경우

(2) 불안장애 하위유형으로는 범불안장애, 공포증(특정공포증, 사회공포증, 광장공포증), 공황장애, 분리불안장애, 선택적함구증이 있다.

2 불안장애의 특징 및 증상

(1) 불안장애의 특징

① 현실적인 위험이 없는 상황이나 대상에 대해서 불안을 느낀다.

② 현실적인 위험의 정도에 비해 과도하게 심한 불안을 느낀다.

③ 불안을 느끼게 한 위협적 요인이 사라졌음에도 불구하고 불안이 과도하게 지속된다.

(2) 불안장애의 증상

① 불안하고 초조하며 사소한 일에도 잘 놀라고 긴장한다.

② 항상 예민하고 짜증과 화를 잘 내고 쉽게 피로감을 느낀다.

③ 만성적 두통, 수면장애, 소화불량, 과민성 대장 증후군

④ 불필요한 걱정에 집착하기 때문에 우유부단, 꾸물거림, 지연행동을 나타내며 현실적 업무 처리가 미비하다.

3 불안장애의 원인 및 치료

(1) **불안장애의 원인** : 불안장애의 원인은 한 가지로 특정할 수 없지만 다음과 같은 요인에 영향을 받을 수 있다.

① 유전적 요인(불안장애 가족력 등)으로 발생

② 환경(외상성 사건 또는 스트레스 경험 등)으로 발생

③ 정신적 부담감 및 스트레스

④ 신체적 장애나 일반적인 의학적 장애 또는 약물 사용이나 중단에 의해서 발생

⑤ 중요한 관계의 중단 또는 생명에 위협이 되는 재해에 대한 노출로 발생

⑥ 스트레스에 대한 반응이 부적절하거나 사건에 압도되는 경우 발생

(2) **불안장애의 치료 방법**

① **인지행동치료**(CBT) : 자신의 불안이 비현실적임을 깨닫도록 하여 인지적 왜곡을 교정하여 불안을 조절하는 방법이다.

② **행동요법** : 이완요법과 바이오피드백 기법으로 환자의 항진된 각성을 낮춰 준다.

③ 심리치료 기법

④ **약물치료** : 통상적으로 가장 많이 알려진 항불안약물은 선택적 세로토닌 재흡수 억제제(Selective Serotonin Reuptake Inhibitor, SSRI)이다.

질문 01

공부를 잘해왔던 진수는 고등학교 1학년 중간고사 시험을 보는데 첫 시간에 시험지가 하얗게 보였다. 중간고사를 망친 진수는 너무 힘들어 했고, 이를 안 어머니가 진수를 상담 센터로 데려왔다. 시험불안을 겪는 진수를 어떻게 상담하겠는가?

모범답변

① 충분히 공감하며 지지한다.
㉠ 시험 때 긴장하는 것은 지극히 당연하다는 것을 인식하도록 한다.
㉡ 또한 약간의 긴장은 인간의 각성 수준을 높여줘서 집중을 더 잘 되게 하지만 불안이 도를 지나쳐 시험에까지 지장을 주거나, 시험을 볼 때마다 과도한 긴장을 하게 된다면 문제가 되므로 이에 대해서는 상황별 대처를 할 수 있게 돕는다.

② 시험불안의 경우 4가지 유형으로 나눌 수 있으며, 각 유형에 따라 대처방법을 모색한다.
㉠ 불안초조형
ⓐ 불안초조형은 시험을 망칠 것에 대한 예기불안으로 불안, 초조의 상태가 심해지고 몸의 여기저기가 아픈 증상이 나타난다. 가족들의 과도한 기대에 대한 부담 혹은 시험에 크게 실패한 경험이 있거나, 성격이 내성적이고 소심한 경우에 이러한 시험불안 증세를 잘 보인다.
ⓑ 대처방법 : 부모는 가급적 비난을 삼가고 자녀가 다소 짜증을 내더라도 이해해 주도록 하며, 내담자는 목욕이나 수영 등 자신에게 맞는 취미생활을 찾아 긴장을 풀게 한다.
㉡ 공허형
ⓐ 시험 준비로 인해 그간 즐겨오던 취미나 친구관계 등을 포기해야 하는 경우 허탈감에 빠져서 이에 대한 반발로 주체성 혼란, 약물남용, 등교거부, 가출 등의 문제를 일으킬 수 있다.
ⓑ 대처방법 : 부모는 학생의 능력에 맞는 구체적인 진로와 목표를 정할 수 있도록 도와주고 성적이 오르면 그에 따른 적절한 보상을 주어 격려하며, 내담자는 매일 10분씩 3번이라도 규칙적으로 시간을 정해 공부하도록 한다.

㉢ 탈진형
  ⓐ 잠자는 시간을 줄이기 위해 잠이 안 오는 약(각성제)이나 과다한 카페인 음료(커피)를 섭취하여 수면 리듬이 깨어져서 만성 피로가 지속되는 경우다. 자신의 체력을 고려하지 않고 무리하게 몰아치기식 공부를 하여 극도로 탈진되어 무기력증, 불면증으로 고생하게 된다.
  ⓑ 대처방법 : 부모는 무리한 계획보다는 단기계획을 세우도록 도와주게 하고, 내담자는 안정을 취하고 충분한 영양식을 먹으며, 수면 리듬을 되찾도록 각성제나 카페인 음료 등을 줄여 나간다.

㉣ 절망형
  ⓐ 계속된 성적부진으로 인해 열등감에 싸여 의기소침해지며, 자포자기에 빠져 버리는 유형으로 부모의 기대가 높아 가정 내에서 비난의 대상이 되는 경우가 흔하다.
  ⓑ 대처방법 : 부모는 자녀의 단점을 비난하기보다 장점을 찾아 칭찬하게 하고, 농담이나 유머 등을 통해 집안의 분위기를 가볍게 하도록 한다. 내담자가 아주 쉬운 과제부터 시작하여 자신감을 되찾도록 돕는다.

질문 02

지하철을 타고 가다가 숨을 쉬기 어려울 정도로 가슴이 답답한 증세가 일어난 이후로 지하철을 타기 무서워하는 내담자를 어떻게 상담하겠는가?

모범답변

① 공황 쇼크가 온 것으로 볼 수 있다. 우선은 호흡법을 통해 긴장을 완화하고 신체가 이완될 수 있도록 돕는다.
② 긴장 완화와 호흡법을 통해 공황 증세가 있을 때마다 안정화되는 연습을 한 후 불안정한 상황 리스트를 작성한다.
③ 이 리스트에서 가장 불안을 덜 느끼는 부분부터 안정화시키는 연습을 하고 결과적으로 대중교통, 지하철에서의 노출을 통해 적응할 수 있도록 연습한다.
④ 재발가능성을 논의하고 스스로 할 수 있는 방법을 습득한 후 종결한다.

질문 03

병원을 다니고 있던 지혜는 항우울제를 받아 놓고 모아 두었다가 하루는 모아 둔 우울증약을 한 번에 털어 넣고 3시간 만에 발견되어 응급실로 실려갔다. 다행히 위세척으로 증세가 나아지긴 했으나 이 일로 어머니는 충격을 받았다. 어떤 조처와 상담을 진행하겠는가?

모범답변

① 우선 한 번이라도 자해 시도나 자살 시도를 했다면 종합병원에 입원시켜 폐쇄 병동에 가야 한다는 사실을 가족 모두에게 알려주고 그만큼 위험한 사안임을 인지시킨다.
② 이후에는 위험한 행동을 하지 않겠다는 동의서를 부모와 내담자에게 받는다.
③ 약물치료가 진행되도록 안내하고 지속적으로 내담자를 좌절시키는 사고와 정서를 탐색한다.
④ 좌절시키는 사고와 비합리적으로 빠지는 생각을 반박함으로써 합리적으로 생각하게 한다.
⑤ 무기력에서 빠져 나와 다양한 활동을 할 수 있도록 격려한다. 가족들이 함께 의논해서 반려동물을 키우는 것도 고려해 본다.

질문 04

내담자는 현재도 저체중인데 아직도 살을 더 빼야 한다고 생각하고, 집에서도 거의 먹지 않으며, 학교에서는 급식을 먹지 않은지 몇 년째다. 고등학교 2학년인데 생리도 하지 않고, 공부를 할 수도 없어 어머니에 의해 의뢰되었다. 이 증세를 어떻게 치료하여 건강을 회복하게 하겠는가?

모범답변

① 정신적인 질환이기 때문에 인지행동치료 등을 통한 심리적 치료와 함께 적절한 약물치료의 도움을 받아야 한다.

② 자존감이 낮아 우울증까지 동반되는 경우가 많기 때문에 가족 및 지인들의 적극적인 도움이 필요하다. 가족이나 지인들은 체중이나 외모에 대한 주제는 피하고 긍정적인 분위기를 조성하는 것이 좋다. 식사 이후에는 식사로 인한 죄책감이 들지 않도록 주의를 분산시키고 운동과 산책 등을 함께 해 주는 것이 좋다.

③ 잘 보듬어 주어야 할 대상이 바로 자신임을 알게 하고 자신을 소중히 여기고 치료하고자 하려는 마음을 갖게 한다. 같은 증상으로 힘들어하는 다른 사람들과 의견을 나누고 서로 위로하고 의지하는 것도 필요하다.

④ 대부분 거식증이나 폭식증을 반복하는 사람들은 사람들이 많은 곳에서는 잘 먹지 않고 혼자 있는 집이나 자기 방에서 폭식을 하고 토하는 경우가 많다. 폭식이나 구토를 멀리하기 위해서는 가급적이면 혼자 있는 시간을 줄이고 야외활동을 늘리는 것이 좋다. 친구를 만나거나 규칙적인 운동, 무언가를 배우는 등 집중할 수 있는 것을 찾도록 한다.

⑤ 폭식증의 경우, 음식을 몰아먹음으로써 명치 아래 음식물이 자주 몰리는 느낌을 받게 된다. 그래서 쉽게 체하고 밖으로 몰아내려고 구토를 하게 된다. 스트레칭을 통해 몸을 풀어주고 근력운동으로 강화시켜 주는 것이 필요하다.

⑥ 섭식장애의 경우, 어머니와의 애착 관계를 점검해 볼 필요가 있다. 어머니를 상담에 참여시키고 건강한 애착 관계를 이어나가도록 돕는다.

질문 05

청결 · 강박 장애가 있는 중학교 3학년 내담자의 경우, 처음에는 부모님도 워낙 깨끗한 아이라고만 생각했는데 중3이 되면서부터는 교실 문손잡이도 잡기 어려워하고, 샤워 시간이 1시간이 넘어가는 것이 일상이 되었다. 자녀의 상태를 걱정하는 어머니에 의해 상담 센터에 의뢰되었다. 어떻게 상담하여 회복하도록 도울 것인가?

모범답변

① 하고 싶지 않지만 할 수밖에 없는 심정에 대해서는 공감한다.
② 노출 및 반응방지법에 대한 기법을 사용한다. 내담자가 그동안 해왔던 씻기 행동을 일정한 시간 동안 금지시킨다.
③ 이렇게 불안을 유발시키는 상황에 대해 익숙해지고, 강박 행동을 하지 않아도 일정한 시간이 지나면 불안이 줄어든다는 것을 인식하도록 한다.
④ 좀 더 지저분한 자극에 노출시키고 반응을 방지하는 것을 반복하면서 치료한다.

강박장애

- 강박장애는 강박적인 생각이 떠오르고 이로 인해 불안해 하며, 그 불안감을 벗어나기 위하여 '강박행동'을 하게 된다. 불안을 누그러트리기 위해 특정 행동을 반복적으로 한다. 보통 강박사고와 강박행동이 함께 나타나는데, 강박사고나 강박행동 중 한 가지만 나타나는 경우도 있다.
- 강박증 중에서 가장 흔한 유형으로 씻는 시간이 너무 길어져 가족들에게 원성을 산다. 습진이 생기거나, 피부의 각질이 벗겨진다.
- 치료법으로는 행동치료가 있는데 그 중 가장 많이 사용하는 기법은 노출 및 반응 방지 기법이다. 불안을 느끼는 어떤 상황에 노출시킨 후 불안을 줄이기 위해서 보이는 강박행동을 못 하도록 막는다. 즉, 오염 – 청결 행동을 보이는 내담자에게 다른 사람이 사용한 화장지 등을 만지게 하는 식이다.
- 약물치료로는 선택적 세로토닌 재흡수 차단제를 사용하는 것이 가장 일반적이다.

질문 06

이성친구들로부터 집단 따돌림, 성차별적인 언어, 정서 폭력에 시달려 학교폭력 위원회에 신고했으나, 학부모 위원들에 의해 일방적으로 무시를 당하여 타학교로 전학하였다. 전학한 후 조금 나아지긴 했으나 자신을 따돌린 학생들은 여전히 집 주변에서 살고 있어서 만나는 것이 두렵고 길을 지나갈 때 위축되고 불안하다. 이 내담자와 부모님을 어떻게 상담할 것인가?

모범답변

① 내담자를 위로하고 지금까지 잘 견뎌온 것을 격려한다.
② 또한 부모님을 따로 상담해서 정확한 사건 경위를 듣고 상담자가 상황을 판단하도록 한다.
③ 내담자가 자신에 대해서 회복하고 스스로에 대해 자신감을 가질 수 있도록 지지와 격려를 해 주며, 장점을 부각한다.
④ 만약 가해자를 봤을 때 어떻게 대처해야 할지에 대해서 미리 연습하여 불안감을 낮춘다.
⑤ 부모님과의 의사소통을 통해 부모님에게 수용받는 경험을 하고 의사소통을 연습하게 한다.

사례 01

올해 외국어 고등학교에 입학한 고등학교 1학년인 민채(17세)는 어려서부터 미국에서 생활했기 때문에 초반에는 자유로운 학교 분위기를 마음에 들어 했다. 그런데 시간이 지날수록 입시에 지나치게 신경을 쓰는 친구관계에 어려움을 겪기 시작했다. 수업시간에 멍한 채 있는 모습을 발견한 담임 선생님은 시간마다 보건실에 가는 민채를 불러 상담을 했다. 민채는 울면서 수업을 따라가기 힘들고 마음을 터놓고 이야기할 친구도 없으며 모두가 경쟁자가 되어 불안하다고 호소했다. 선생님은 바로 관할 청소년상담 복지센터에 상담을 의뢰하였다.

민채가 초등학교 3학년일 때 아버지가 미국으로 발령이 나면서 가족 모두 미국으로 간 뒤, 아버지는 2년만에 한국으로 돌아오게 되었고, 민채는 어머니의 권유로 초등학교를 미국에서 졸업하게 되었다. 아버지는 민채가 초등학교 졸업할 때까지는 기러기 부부로 지내다가 민채가 중학교에 들어가면서 어머니를 한국에 돌아오도록 하였다. 민채는 기숙사형 중학교에 들어가서 생활하였다.

아버지, 어머니 모두 일류대학을 졸업했고, 대기업에 다니는 아버지는 민채에게 '좋은 대학'이 바로 대기업으로 가는 지름길이라고 늘 강조하였다. 어머니도 항상 공부 잘하는 것에 초점을 두었다. 민채는 기숙사형 중학교에 무사히 적응은 했지만 인종차별 사건을 2회 겪고 나서 미국에서는 도저히 있고 싶지 않다고 몇 번을 요청하여 중학교 3학년 말에 한국에 들어와 외국어 고등학교에 입학할 수 있었다.

• 민채의 MMPI-A 임상 척도

Hs	D	Hy	Pd	Mf	Pa	Pt	Sc	Ma	Si
70	57	69	64	50	57	55	56	39	67

• SCT 유의미한 문장들

- 나를 괴롭히는 것은 친구들과 경쟁해야 하는 것이다.
- 언젠가 나는 아무도 이해해 주지 못해 외로운 사람이 될 것이다.
- 아버지와 나는 서로 이해하지 못하는 관계이다.
- 어머니는 성적 이외에는 관심이 없다.
- 내가 어렸을 때는 행복했다. 다시 돌아가고 싶다.

질문 01

민채의 심리검사를 통합적으로 해석하시오.

모범답변

① MMPI-A 해석
- ㉠ 신체전환형V로 히스테릭하고 신체화 증상 등을 호소할 가능성이 크다.
- ㉡ 극히 내향적으로 수줍음이나 부끄러움이 많다.
- ㉢ 아버지와 어머니 모두 뛰어난 지적 능력으로 좋은 대학을 나와서 민채에게도 좋은 대학에 가도록, 좋은 성적을 받도록 압박감을 행사할 것이고, 민채는 신체화 증상과 짜증으로 자신의 감정과 분노를 표현할 것이다.

② SCT 해석
- ㉠ 부모님과의 관계가 매우 나빠서 부모님을 지원 환경으로 보긴 어려울 것이다.
- ㉡ 회고적 사고가 있고, '어렸을 때는, 과거에는' 등의 사고로 퇴행되어 있을 가능성이 있다.
- ㉢ 자신이 이해받지 못하고 사랑받지 못하는 존재라는 사실에 고통스러울 수 있다.

③ 종합적 해석
- ㉠ 자신의 감정을 있는 그대로 표현해도 수용받을 수 있음을 알게 하고, 상담 관계를 통해 건강한 관계의 기초를 마련한다.
- ㉡ 부모 상담을 통해 민채가 정서적으로 안정되고 공부도 열심히 하려면 부모님이 지원자가 되어주고 격려자가 되어야 함을 인식시킨다.
- ㉢ 관계 개선을 위해 의사소통할 수 있도록 돕는다.
- ㉣ 자신이 스트레스를 해소하면서 학교를 다닐 수 있도록 전략을 구상한다.

질문 02

민채를 무엇부터 도와야 할 것인가?

모범답변

① 심리적으로 불안정한 상태이기 때문에 따뜻하고 안정적인 위로와 격려를 해준다.
② 부모님과의 관계에서 공부가 문제가 아니라 민채 자체로 수용되는 경험을 할 수 있도록 돕는다.

사례 02

은수는 성적이 보통인 고3 수험생이다. 1학년 때는 제법 공부도 잘 한다는 소리도 들었는데 이제는 그마저도 안 된다. 자신이 공부를 안 하는 것도 아닌데 친구들이 더 열심히 하는 것인지 성적이 오르질 않는다. 고3이 되면서 초조함이 심해졌고 아침에 등교를 하면 매일같이 보건실에 들락거린다. 하루는 과학실에서 실험을 하다가 알코올램프를 떨어트려 불을 낸 적이 있었다. 보고서를 작성해서 수행점수가 나와야 하는 실험이었는데 망쳤다는 생각 때문에 며칠을 끙끙앓았다. 요즘 들어 자꾸만 마음이 위축되고 가슴이 답답해지는 증상이 생겼지만 누구에게도 속 시원하게 털어놓을 수 없다.

어머니는 약한 몸에도 일을 하시느라 바쁘고 아버지는 매일 술을 드시고 늦게 들어오신다. 누나는 대학생이 되더니 모델을 하겠다면서 아버지와 대판 싸우고는 집을 나가 버렸다. 누나와 어려서부터 사이가 좋았는데 누나가 집을 나간 뒤로 충격을 받았고 더욱 말이 없어졌다. 은수는 그나마 자신을 긍정적으로 봐주는 미술 선생님에게 사정을 털어놓았고 선생님은 학교 상담실에 의뢰했다.

은수의 가족

- 아버지(51세) : 중소기업 부장으로 계신 아버지는 은수가 어려서부터 매일 술을 마셨다. 기분이 좋을 때보다는 화를 내거나 신세 한탄을 하는 경우가 많아 은수와 누나는 아버지가 들어오기 전에 자려고 경쟁하기도 했다. 어떤 때는 아버지가 어머니와 싸우다가 은수와 누나를 두들겨 깨우기도 했다. 은수는 아버지에 대한 미움과 분노가 크다. 아버지는 특히 누나와 원수지간처럼 지낸다.
- 어머니(50세) : 어머니는 동네 마트에서 파트타임으로 일하기도 하고 일이 없을 때는 가사도우미로 일한다. 선천적으로 몸이 약한 어머니는 과로로 쓰러지기도 했지만 술 마시고 가끔 도박판에 가서 돈을 날리는 아버지 때문에 일을 쉬어본 적이 없다. 은수의 누나가 아버지와 싸운 것을 계기로 이혼을 결심하기도 했지만 쉽지는 않다.
- 누나(22세) : 전문대에 다니면서 모델을 하고 싶다고 했지만 아버지나 어머니 모두 반대를 했다. 특히 아버지는 '몸을 팔려고' 하는 거냐면서 너무 심하게 반대를 하는 바람에 누나는 가출을 했다. 현재 학교 근처에서 사는 친구네 집에 월세를 내면서 얹혀사는 것 같고 마지막으로 연락했을 때는 홈쇼핑 피팅 모델로 일한다고 했다.

은수의 심리검사 결과

- 은수의 MMPI-A

Hs	D	Hy	Pd	Mf	Pa	Pt	Sc	Ma	Si
71	60	70	47	61	57	54	64	41	69

- 은수의 SCT
  - 가족을 부양하는 것은 <u>정말 힘든 일이다</u>. <u>하고 싶은 것을 못하게 된다</u>.
  - 다른 가정과 비교하면 우리 집안은 <u>답답하다</u>. <u>나가고 싶다</u>.
  - 아버지는 <u>인간 쓰레기다</u>.
  - 내가 보기에 여성은 <u>힘들고 복잡하다</u>.
- 은수의 MBTI : ISFJ

질문 01

은수의 심리검사를 통해 이해한 것을 말하시오.

모범답변

① MMPI-A를 통한 내용에서는 전형적인 신체전환형v로 히스테릭하고, 짜증과 분노를 외부로 발현하고 싶어 함을 알 수 있다.
② 그런데 ISFJ 성격 특성상 다른 사람을 챙겨주고 잘 대해 주고 싶어한다. 마음도 여려서 감정이 해결되지 않으면 다른 일의 진도를 나갈 수 없다.
③ SCT를 통해 부모님에 대한 감정이 양가적이고 저항적이며 특히 아버지에 대해서는 극도의 분노가 있음을 볼 수 있다.

질문 02

은수에게 나타나는 가슴이 답답한 증세를 어떻게 도울 것인가?

모범답변

★tip
아래 내용 중 자신이 가장 잘 전달할 수 있는 내용으로 도움의 방법을 전달한다.

가슴이 답답해지는 증세는 다양한 원인 해석이 가능하다.

① **가족 관계** : 부모님과 누나, 자신과의 갈등이 오래되었고, 일이 많고 피곤한 아버지와 어머니, 그 누구도 이를 해결할 열정이 부족하게 여겨진다. 보살핌을 제대로 받지 못했고, 의지했던 누나도 가출한 불안정한 상태에서 수험생활이 힘들 것이다.
② **진로 · 진학에 대한 불확실성** : 고3이지만 공부를 열심히 한다고 해서 좋은 대학을 갈 수 있는 것도 아니고, 누나처럼 전문대를 갈 만큼 진로가 정확한 것도 아니다. 누나처럼 아버지와 싸울 정도로 뚜렷하게 하고 싶은 일이 없다. 무엇을 해서 먹고 살아야 할지 모르겠다.
③ 개인적 실수로 시험을 망친 이후, 인생이 망했고, 수시 시험 성적이 제대로 나오지 않아 대학에 떨어질 것이라는 극단적이면서 부정적인 생각을 극대화시키는 경향이 생겼다. 사고를 합리적으로 변화시키는 연습이 필요하다.

질문 03

상담의 구조화를 설명하시오.

모범답변

인간관계에 대한 불신이 높을 것으로 추측되는 내담자와 상호 신뢰를 형성하기 위해서 상담을 어떤 식으로 진행할지 알려주고 내담자의 주요 이슈에 대해 해결책을 강구할 수 있음을 인식시킬 수 있다.

① 상담자와 내담자가 상담 과정 동안 어떤 관계를 유지할 것인가?
② 상담 내용은 비밀유지에 부쳐질 것이다.
③ 가슴이 답답한 증상을 완화시킬 수 있다.
④ 지금 답답한 가슴을 시원하게 털어놓을 수 있다.

상담 구조화를 위해서 상담자가 유의해야 할 사항

- 구조화하는 이유를 자세하게 설명해 준다.
- 내담자가 해야 할 것이 무엇인지 알려주고 필요하다면 과제를 낼 수도 있음을 알려준다.
- 내담자의 성격 특성에 따라 전달방법을 결정한다.
- 필요에 따라 재구조화를 진행한다.

Section 03

우울관련 이론 및 사례

1 우울장애의 의미

(1) 우울장애는 슬픔, 공허함, 짜증스러운 기분과 그에 수반되는 신체적·인지적 증상으로 인해 개인의 기능이 현저하게 저하되는 부적응 증상을 의미한다.

(2) 우울장애 하위유형으로는 주요우울장애, 지속적 우울장애, 월경전기 불쾌장애, 파괴적 기분조절 부전장애가 있다.

2 우울장애의 원인 및 치료

(1) 우울장애의 원인

① 유전적 요인으로 우울장애의 유전적 경향은 매우 높다. 한 연구에 의하면 일란성 쌍생아의 일치율 68%, 이란성 쌍생아의 일치율 23%이다.

② **생물학적 요인** : 신경전달물질, 뇌구조의 기능, 내분비 계통의 이상이 우울장애와 관련 있다고 보며, 카테콜라민 결핍, 뇌의 시상하부 기능장애가 우울장애와 관련이 있다.

③ **정신분석적 요인** : 분노가 무의식적으로 자기에게 향해진 현상이라고 본다. 분노가 내향화되면 자기비난, 자기책망, 죄책감을 느끼게 되어 자기 가치감의 손상과 더불어 자아기능이 약화되고 그 결과 우울장애가 나타나게 된다.

④ **행동주의적 요인** : 사회 환경으로부터 긍정적 강화가 약화되어 나타난 현상이라고 본다.

⑤ **인지적 요인** : 우울한 사람들이 현실을 부정적으로 왜곡하는 근본적인 이유는 부정적으로 편향된 인식의 틀을 가지고 있기 때문이다. 아론벡은 우울한 사람은 인지삼제로 나 자신, 나의 미래, 나의 주변세계에 대해서 부정적으로 생각한다고 본다.

(2) 우울장애의 치료

① **인지치료** : 우울증에 가장 많이 활용되고 있으며, 내담자의 사고 내용을 탐색하여 인지적 왜곡을 찾아 교정함으로써 현실적으로 긍정적인 신념과 사고를 지닐 수 있도록 한다.

예 문제해결훈련, 자기주장훈련, 사회기술훈련, 의사소통훈련, ABC기법 등

② **정신분석치료** : 내담자의 무의식적 갈등을 파악하여 직면시키고 해석하여 중요한 타인에 대한 억압된 분노감정을 자각하도록 한다.

③ **약물치료** : 삼환계 항우울제, MAO억제제, 세로토닌 재흡수 억제제를 사용한다.

3 귀인이론

우울한 사람들은 실패경험에 대해 내부적, 안정적, 전반적 귀인을 한다.

내부적/외부적 요인	• 실패의 원인을 자신의 능력이나 노력의 부족, 성격의 결함 등 내부적인 요인으로 귀인하는 경우 우울증이 증폭된다. • 실패 원인을 과제난이도, 운 같은 외부적 요인으로 귀인하는 경우 우울감은 상대적으로 낮은 수준을 보인다.
안정적/불안정적 요인	• 실패 원인을 자신의 능력 부족, 성격상 결함 등 안정적 요인으로 귀인하는 경우 우울감은 만성화, 장기화된다. • 실패 원인을 노력 부족 등 불안정 요인으로 귀인하는 경우 우울감은 상대적으로 단기화된다.
전반적/특수적 요인	• 실패 원인을 자신의 전반적인 능력 부족이나 성격 전체의 문제 등으로 귀인하는 경우 우울증이 일반화된다. • 실패의 원인을 자신의 특수 능력 부족, 성격상 일부의 문제로 귀인하는 경우 우울증이 특수화된다.

질문 01

PMS(생리전 증후군)로 기분이 오르락내리락 하여 매달 괴로워하는 내담자가 있다. 이 내담자의 기분이 안정되어 학교생활을 잘 할 수 있도록 하기 위해서 어떻게 도울 것인가?

모범답변

① 매달 겪어야 하는 고통에 힘들 수밖에 없는 내담자에게 공감한다.
② 신체가 안정화될 수 있도록 내담자를 돕는다. 심할 경우에는 조퇴를 하거나 병원에서 치료받을 수 있도록 한다.
③ 가급적이면 주변 친구들이나 학교에 조심스럽게 이 사실을 알리고, 너무 심할 경우 처리해야 하는 방법들에 대해서 알려주어 도움을 주도록 청한다.
④ 지속적일 경우 우울증을 겪을 수 있으므로 이에 대해서 관리할 수 있도록 돕는다.

질문 02

친한 친구의 이사 · 전학으로 소외된 내담자는 반의 다른 친구들 그룹에 들어가지 못하고 있다. 학교에 가기 싫은 날이 많아졌고 일주일에 한 번 정도는 조퇴하기 일쑤다. 학교에 남아 있어도 수업 시간에 거의 자는 날이 많아 선생님들에게 지적을 받곤 한다. 이런 내담자를 돕기 위한 상담전략은 무엇인가?

모범답변

① 내담자가 친한 친구와의 상실 문제를 애도할 수 있도록 공감하고 이해한다.
② 다른 친구들과의 대인관계에 문제를 겪고 있지는 않은지 탐색하고 문제를 겪고 있다면 극복할 수 있도록 돕는다.
③ 다른 지원그룹(가족)을 확인하고 지원그룹을 확보하도록 돕는다.
④ 집중하지 못하는 이유를 찾아내고 문제를 드러내서 해결할 수 있도록 돕는다.

질문 03

부모님의 이혼으로 어머니와 살지만, 2주에 한 번씩 아버지를 만나러 가는 내담자는 학교에서 거의 말도 없고 수업 시간에는 조용하다. 문제를 일으키진 않지만 담임선생님은 내담자가 수업에 거의 집중하지 못한다는 소리를 여러 선생님들에게 듣는다. Wee 센터에 의뢰된 내담자를 가장 우선적으로 도와줄 수 있는 방법은 무엇인가?

모범답변

① 어른들과의 신뢰 관계를 형성하는 것이 어려울 수도 있는 내담자와 라포 관계를 잘 형성한다.
② 내담자가 겪은 고통을 이해하고 공감해주어 정서적인 안정감을 찾도록 한다.
③ 내담자가 집중력이 떨어지는 이유를 탐색하고 부모님의 이혼과 관련이 있는지도 검토한다.
④ 어머니가 상담에 참여해서 내담자를 위로해 주고 공감적 의사소통을 할 수 있도록 도움을 준다.

질문 04

알코올 문제가 있는 어머니와 살고 있는 내담자는 매일 밤 어머니의 한탄을 2시간씩 들어야 한다. 아무리 학교나 학원에서 늦게 들어와도 어머니는 그 시간부터 2시간은 넋두리를 한다. 지치고 번아웃된 내담자가 울면서 학교 상담 선생님에게 상담을 받고 싶다고 방문하였다. 어떤 전략을 사용하겠는가?

모범답변

① 알코올 중독자 가족으로 고통스러운 경험을 겪은 내담자를 위로하고 공감한다.
② 알코올 중독에 대한 안내를 하고 어머니를 이해하려고 노력하기보다는 자신의 삶을 살아가도 괜찮다는 부분을 이야기해 준다.
③ 어머니가 단주 모임에 갈 수 있도록, 다른 가족의 도움을 받을 수 있도록 돕는다.
④ 내담자가 지금까지 겪었던 일들에 대한 분노와 좌절감을 쏟아내고 풀어낼 수 있도록 한다.
⑤ 어머니와 관계를 회복하고 의사소통을 원활하게 할 수 있도록 돕는다.

질문 05

부모님과 여동생, 할머니와 살고 있는 중학생 수철이에게 그림 검사를 하였더니 비가 내리는 그림에서 자신을 외계인처럼 그려 놓았고 우산도 없었다. 자신을 쓸모없는 인간으로 생각하는 수철이를 상담할 전략은 무엇인가?

모범답변

① 자신에 대한 자존감이나 자기효능감이 매우 낮을 것으로 예상되므로 충분한 라포관계 형성을 위해 시간과 에너지를 들인다.
② 무기력하게 하고 우울한 감정을 일으키는 상황이 무엇인지 탐색하고 이에 대한 적절한 대처전략을 세운다.
③ 가능하면 부모 상담을 통해 가족들이 내담자를 도와줄 수 있는 방법들을 모색하고 실행할 수 있도록 협력한다.

사례 01

두 달 전에 오빠가 자살한 자살 생존자인 민지는 급성 우울 증세에 시달리고 있다. 아들을 잃은 어머니와 아버지는 잠도 오지 않고 어떻게 해야 할지 몰라 고통스러워하고 있다. 특히 부모님은 오랫동안 우울증을 앓았던 아들의 소리를 듣지 않았음을 후회하고 있다. 자살 당시에도 오빠와 멀쩡히 이야기를 나눴던 민지는 아직도 오빠의 자살을 믿을 수가 없다.

- 아버지(55세) : 대기업 부장으로 늘 일 때문에 바쁘고 집에서는 가족들과의 관계가 소원하다. 우울증이 심했던 아들에게 늘 나약하고 제대로 하는 것이 없다고 질책하곤 했다. 아들이 자살했다는 사실에 충격을 심하게 받았고 집에서는 거의 말을 하지 않고 있다.
- 어머니(52세) : 남편과 관계가 별로 좋지 못했던 어머니는 아들에게 기대가 컸으나 고등학생이 된 아들이 일탈하기 시작하면서 관계가 급격하게 나빠지기 시작했다. 대학에 진학하지 못한 아들이 우울증에 시달릴 때 이 병원, 저 병원 전전했지만 나아지질 않아서 전전긍긍했다. 어머니는 출근하기 전에 아들의 납골당에 매일 방문하고 있다.

질문

민지에게 가장 먼저 시도해야 하는 도움은 무엇인가? 그리고 그 이유는 무엇인가?

모범답변

① 아버지, 어머니에게 도움을 받을 수 없는 민지가 오빠의 죽음에 대한 애도를 충분히 할 수 있도록 하여 그 마음을 위로하고 공감한다.
② 오빠와의 관계에서 풀리지 않은 일에 대해 마무리할 수 있는 시간을 갖게 한다.
③ 부모님과 상담을 할 수 있다면 자살 생존자(유족)를 위한 안내를 한다.
④ 가족원들이 아들과 오빠를 잃은 상처에서 서로를 용서하고 털어낼 수 있도록, 함께 하는 시간을 보내도록 한다.

사례 02

형편이 넉넉하지 않은 희철은 어머니가 갖고 있던 명품 지갑을 학교에 가져갔다가 잘 사는 아이로 소문이 났다. 별다른 제스처를 하지 않아 친구들 사이에서 경제적으로 잘 살고, 공부도 잘 하는 아이처럼 비춰지기 시작했다. 뿐만 아니라 간간이 자신이 부자인 척 아이들에게 한 턱 쏘기도 하며 매우 쿨하고 멋있는 아이가 되었다. 하지만 남들에게 멋있게 보이면 보일수록 자신의 진짜 모습이 들킬까 봐 걱정스럽고, 진짜 자신은 아무도 좋아하지 않을 것이라는 생각에 무섭고 겁이 나서 밤에 잠도 제대로 자지 못하곤 했다.

희철이의 아버지는 중소기업을 다니지만 실제 형편은 매우 힘들고 어렵다. 하지만 사업을 하는 사람은 자신이 있어야 한다며 다른 사람 앞에서 큰소리 치고 부자인 척을 한다고 하였다. 그 속도 모르고 사람들은 아버지에게 돈을 꿔달라는 등의 말을 하고 사업을 잘 하고 있다고 생각하며 부러워했다. 한편, 어머니는 이런 아버지 때문에 노심초사하면서 언제 무슨 일이 생길지 몰라 초조하고 불안해 하는 삶을 살고 있다.

부모님을 보면서 희철이도 남들 앞에서 없는 척을 하면 무시 당할 수 있다는 생각이 들어 남들 앞에서는 자신감 있는 모습인 척 하지만 마음으로는 늘 불안하고 우울하다. 이러한 자신과의 갭이 커지면서 희철이는 학교에서 말이 없어졌고 학교에 가기 싫어하며, 자신에 대한 진실이 밝혀질까 두렵고 잠이 안 오기 시작했다.

질문

불안하고 우울해하는 희철이를 어떻게 상담하겠는가?

모범답변

① 심적으로 힘들고 불안하고 우울한 모습에 대한 공감과 수용을 통해 상담에서 자신의 모습을 드러내도 된다는 안정감을 가지도록 관계형성을 한다.
② 희철이가 자신의 진짜 모습을 잘 보여주지 못한 원인을 잘 탐색하고 스스로 통찰하도록 한다.
   ㉠ 아버지와 어머니의 태도로 인해 외적으로 괜찮아야 된다는 생각
   ㉡ 외적으로 괜찮지 않으면 남들이 무시할까봐 무섭고 두려운 심정 등
③ 자신감이 없는 모습, 자아상이 약한 모습 등을 통찰하고 외적인 모습이 어떻든 자신은 괜찮은 사람임을 알려줄 수 있는 작업에 참여한다.
④ 진짜 모습을 보여주어도 괜찮은 친구들을 사귈 수 있도록 사회성 집단 등에 참여할 것을 독려한다.
⑤ 학교에 가서도 외적인 것이 없이도 친구들과 어울릴 수 있는 경험을 하게 한다. 경험을 상담 시간에 나눔으로써 작은 성취라도 보상이 되도록 한다.

사례 03

세훈이는 고등학생으로 늘 조용하고 아무것도 하고 싶지 않은 무기력한 모습을 보이다가도 갑자기 화가 나면 폭발하면서 분노한다. 삶이 우울하고 자신은 왜 이런지 모르겠고 아무것도 하고 싶지 않다고 호소한다.

세훈이의 아버지는 술만 마시면 폭력적으로 변해서 사람들과 싸우고 집에 와서는 소란스럽게 한다. 수십 년의 주정에 이미 포기한 어머니는 더 이상 이런 상황에 대해서 아는 체도 하지 않고 아버지만 들어오면 무시하고 방문을 잠그고 들어가 나오지 않는다. 어머니를 괴롭히던 아버지는 어머니가 아버지를 무시하자 이제는 세훈이를 괴롭힌다. 세훈이에게 어머니 욕을 하며 화를 내고, 지난번에는 아버지가 던진 재떨이에 이마가 찍혀서 병원에 가서 열 바늘 정도 꿰매기도 했다.

이런 상황에 대해서 세훈이는 분노가 치밀지만 화를 내면 더 큰 싸움이 되니 어쩔 수 없이 참을 수밖에 없다. 그러면서 세훈이도 어머니처럼 아버지를 점점 무시하거나 모르는 체 하게 되고 그럴수록 슬프고 우울하고 살기 싫어지다 갑자기 주체할 수 없이 분노가 폭발하여 학교상담센터를 방문하였다.

질문

세훈이를 어떻게 도울 수 있는지 전략을 세워보시오.

모범답변

① 공격과 폭력에 노출되어 있음을 알려주고 자신과 어머니를 보호하기 위한 최소한의 조처라도 필요함을 알려준다.
② 아버지가 폭력을 행사할 때 신고하도록 돕고, 어머니와 연대해서 아버지가 괴롭히지 못하게 조처한다.
③ 경제적으로 독립하기 전까지는 어떤 도움을 받을 수 있는지(어머니와 쉼터에 가서 살 수 있는지, 아버지를 중독 센터에 입원시킬 수 있는지 등)를 알아본다.
④ 경제적으로 독립할 수 없다면 아버지를 도울 방법도 모색한다. 단주 모임, 금단 센터에 가도록 설득하는 것을 돕는다.
⑤ 중독자 가족 자조 모임에도 어머니와 세훈 모두 참여해서 상처를 털어버릴 수 있도록 한다.

Section 04 자살/자해 관련 이론 및 사례

1 자살/자해의 의미와 위험성

(1) 자살/자해의 의미

① 자살 행동에는 실제 자살과 자살 시도가 포함된다.

② 자살에 대한 생각과 계획을 자살 관념화라고 한다.

③ 자살 행동은 자해하려는 행위, 자살 제스처, 자살 기도, 자살 성공이 포함된다.

④ 자살 기도는 목 매기, 익사와 같은 사망을 초래하는 자해 행위이다.

(2) 자살의 잠재적 위험

① **스트레스성 사건** : 사랑하는 사람의 죽음, 학교 또는 또래의 다른 집단에서의 자살, 남자친구나 여자친구의 상실, 친숙한 환경(학교나 이웃 등)이나 친구로부터 이동, 가족이나 친구의 멸시, 학교에서의 따돌림, 학업 성적 부진, 법적 문제

② **우울증** : 우울증이 있는 소아 또는 청소년은 절망감과 무력감으로 당면한 문제에 대한 다른 해결책을 생각할 수 있는 능력이 제한된다.

③ **알코올이나 약물 남용** : 알코올이나 약물 사용은 위험한 행동에 대한 억제력을 감소시킨다.

④ **충동 통제 부족** : 특히 행위 장애와 같이 파괴적 행동 장애가 있는 청소년은 생각 없이 행동할 수 있다.

⑤ **다른 사람의 행동을 모방** : 연예인의 자살이 공개적으로 알려진 후 청소년의 자살이나 자살 기도를 수반하는 경우도 있다. 자살은 기분 장애를 겪는 사람에게 많이 일어나며, 특히 자살이나 다른 폭력적 행동의 가족력이 있는 가족에서 더 많다.

2 자살 진단/예방/치료

(1) 자살 진단

① 부모, 의사, 교사, 친구들에 의한 식별

② 청소년은 자신의 또래에게만 터놓고 이야기하는 경향이 있다. "내가 태어나지 않았어야 했다."라거나 "잠이 들어 영원히 깨어나지 않았으면 좋겠다."와 같은 자살 생각을 말하는 청소년이 위험하지만 사회적 금단, 성적 부진, 애착하는 물건의 포기 같이 더 미묘한 징후가 있는 내담자도 위험하다.

(2) 자살 예방

① 정신적, 신체적, 약물 사용 장애에 대한 효과적인 치료받기

② 정신 건강 서비스에 의지하기

③ 가족과 지역사회로부터 지원받기

④ 갈등을 해결하는 방법 배우기

⑤ 자살과 관련된 내용에 대한 미디어 접근 제한

⑥ 자살을 단념하게 하는 문화적, 종교적 믿음 갖기

⑦ 자살 예방 프로그램

(3) 자살 치료

① 입원

② 재발을 예방하기 위해 조치

③ 자살 위험에 기여하는 일체의 장애 치료

④ 정신과 의사에 진료 의뢰 및 정신요법 실시

질문 01

자해 자국이 손목에 있는 청소년 내담자가 의뢰되었다. 먼저 조처해야 할 부분은 무엇인가?

모범답변

① 자살로 이어질 수 있는 위험성이 있는지를 먼저 파악하고 상태에 따라 자살 금지 계약서를 작성한다.
② 어른들을 신뢰하지 못하는 청소년 내담자와의 라포 형성에 힘쓴다.
③ 자해를 할 만큼의 감정적인 고통에 대해서 공감하며 충분히 감정을 해소하도록 한다.
④ 주호소 문제를 파악하여 문제와 변화 가능성을 검토한다.
⑤ 정서적 안정과 인지적 이해에 기반한 개입 전략을 세운다.

질문 02

자살 시도를 했던 내담자가 종합병원에서 약물치료 후 상담 센터로 이차 의뢰되었다. 상담 전략과 주의해야 할 부분에 대해 설명해 보시오.

모범답변

① 좌절감에 시달린 내담자를 위로하고 공감한다. 감정 상태가 안정되도록 정서 치료를 시도한다.
② 내담자가 홀로 느껴야 했을 외로움과 소외감에 대해 만나주고 다음에도 이런 어려움에 처할 때 도움을 받을 수 있는 기관의 전화번호 세 가지를 기억하게 한다(자살예방 상담 1393, 24시간 핫라인 1388, 보건복지 상담센터 129).
③ 부모 상담을 통해 내담자를 도와줄 수 있는 구체적 방법에 대해 논의한다.
④ 강점을 중심으로 한 보호 요인(소속감, 자기효능감, 목적의식, 문제해결 대처 기술) 중 내담자가 쉽게 접근할 수 있는 방식을 계발하도록 한다.

질문 03

자해 시도로 약물치료를 받고 있는 내담자를 지속적으로 돕기 위한 상담전략에는 무엇이 있는가?

모범답변

① 약을 모으지 않고 매일 약을 먹는지 확인하고 어머니가 매일 아침 약을 주도록 구조화한다.
② 무기력해지지 않도록 학교생활을 지속할 수 있게 도우며 학교 선생님과 연계하여 자해 시도가 노출되지 않도록 한다.
③ 지속적인 상담을 통해 과거 대처 방식을 검토하여 비효율적 전략을 버리고 새로운 대처 전략을 찾도록 한다.
④ 지속적인 희망을 제공하고, 위험 시간에 빠져나올 수 있는 방법을 실천한다.
㉠ 반려견과 산책하기
㉡ 어머니에게 전화하기
㉢ 친구와 만나기 등

질문 04

자살사고가 보이는 청소년의 경우 어떤 도움을 시도해야 하는가?

모범답변

① 자살위험 사고에 대해서 확인한다.
　㉠ 얼마나 자주 자살 생각을 하는가?　　㉡ 자살 계획을 세운 적이 있는가?
　㉢ 살고 싶은 마음이 있는가? 등
② 위험한 생각들에 대해서 정리하도록 한다.
③ 자살금지 계약서를 작성한다.
④ 힘들지만 그래도 살아야겠다는 생각이 들게 하는 것(보호요인)은 무엇인지 탐색하여 구체화시킨다. 예 부모님, 친구들, 반려동물 등

질문 05

자해 시도가 있는 청소년 내담자가 절대 어머니에게 이야기하지 말아 달라고 부탁한다. 이때 상담자는 어떤 태도를 취해야 하는가?

모범답변

① 내담자에게 자해/자살 시도는 비밀유지를 지킬 수 없는 요인임을 주지시킨다.
② 그렇지만 상담자가 내담자의 편이라는 사실을 분명히 한다.
③ 첫 회기에 내담자가 가진 긍정적 측면을 찾아낸다.
④ 치료와 상담의 혜택이 크고 나아질 수 있음을 알려준다.

질문 06

지나치게 예의가 발라 어디에서나 적응을 잘하는 것처럼 보이지만 필요 이상으로 눈치를 보고 자신의 의견을 거의 피력하지 않는 내담자가 자살 사고에 시달려 상담을 요청한다면 어떻게 상담하겠는가?

모범답변

① 라포를 충분히 형성한 후 아래 사항을 점검해 본다.

위험 수준	경향성	보호요인
중간 위험수준	자살 생각 + 자살 의도	없음
	자살 생각 + 자살 의도	있음
낮은 위험수준	자살 생각	없음
	자살 생각	있음

② 위험수준별로 분류한 후 현재 상황을 극복할 수 있는 희망을 제공한다.
③ 마음의 불안과 고통을 감소시키기 위해 감정을 회피하지 않고 털어놓게 하며, 있는 그대로 수용해 줌으로써 해소를 경험한다.
④ 과거 대처 방식에서 잘 기능했던 부분을 탐색하고 새로운 전략을 세워보도록 한다.

사례 01

성악을 공부하는 이 양은 평범한 가정에서 외동으로 자랐다. 성악을 전공하다보니 부모님으로부터 많은 지원을 받게 되었고 그만큼 좋은 대학에 진학해야 한다는 부담감도 높아졌다. 혹시 자신을 위해 너무나 많은 지원과 수고를 하는 부모님을 실망시키면 어떻게 하나 하는 생각과 자신이 좋은 대학을 가지 않으면 모든 것이 수포로 돌아간다는 생각에 몸에서 기운이 빠지고 목소리가 나오지 않는 것 같아서 고통스러웠다.

중학교 때 콩쿠르에 참가하였는데 이러한 압박감을 참을 수 없어서 진정제를 먹기 시작했고, 복용 후 다소 가라앉는 기분이 들며 편안해졌다. 그 이후로는 조금만 긴장하거나 압박감이 있을 때마다 약을 복용하였고 어느 순간에는 약 없이는 시험을 볼 수 없을 정도가 되었다.

그래도 중학교 때는 시험이나 큰 대회가 있을 때마다 약을 먹고 견뎠는데 고등학교에 올라와서는 압박감이 더 심해져서 약만으로는 기분이 편안해지지 않았다. 그래서 자해를 시도하게 되었고 자해를 하면 다소 긴장감이 낮아지는 듯한 느낌을 받은 후부터는 긴장감이 높아질 때마다 자해를 시도하였다. 이러한 상태에서 부모님 몰래 상담을 신청하였고 부모님에게는 알리지 말라고 당부하였다.

질문

이 양에게 어떻게 상담을 진행하겠는가?

모범답변

① 우선 비밀보장의 한계를 말해줌으로써 자해 시도 사실을 부모님께 알려야 함을 고지한다.
② 자해/자살 시도를 하지 않겠다는 자살/자해 금지 계약서를 작성하여 서명을 받도록 한다.
③ 긴장과 불안을 일으키는 요소를 해결할 수 있는 대처 전략을 세운다.
④ 특히 외로울 때마다 이를 맞설 수 있도록 도와주고 파괴적 대처(자해/자살 시도 등)가 아니라 긍정적 대처를 연습한다.
㉠ 부모님에게 자신의 솔직한 감정 말하기
㉡ 긴장이완법을 통해 편안한 상태 만들기
㉢ 긍정적 이미지 트레이닝 시도해 보기 등

사례 02

최 군은 초등학교 때 부모님이 이혼하고 아버지와 함께 살게 되었다. 최 군의 아버지는 최 군이 기죽지 않게 하기 위해 최선을 다해 최 군을 돌보면서 고생을 많이 하셨다. 일찍 일어나 아침을 해 놓고 출근을 하셨고, 저녁에도 늦게까지 일을 하셨지만 퇴근해서는 집안일을 열심히 하시면서 최 군을 돌보셨다.

최 군은 이런 아버지를 볼 때마다 자신이 힘들어하는 모습을 보이면 안 될 것 같아서 한 번도 진솔하게 자기 모습을 보여 준 적이 없다. 아버지한테는 잘 하는 모습, 멀쩡한 모습만 보여주려고 노력해 왔지만 고등학교에 와서는 점점 우울해지고 무기력해지기까지 하였다. 애써 괜찮은 척 해보았지만 자꾸만 무너져가는 자신을 보는 것이 너무나 힘들어서 이 약국, 저 약국을 다니면서 수면제를 사 모았다.

그러다 문득 상담이라도 한 번 받아 보아야겠다는 생각에 학교 상담실을 찾아왔다. 이런 자신에 대해서 절대 아버지에게 알리지 말라고 당부하였다.

질문

최 군에게 어떻게 상담을 진행하겠는가?

모범답변

① 비밀보장의 한계를 말해 주고 자살 사고 사실을 아버지에게 알려야 함을 고지한다.
② 상담을 찾아온 것에 대해서 지지하며 힘들고 우울한 마음을 혼자서 견뎌온 것에 대해서 위로와 공감을 한다.
③ 최 군을 최선을 다해 돌봐준 아버지의 마음에 대해서 이야기해 본다.
  ㉠ 아버지는 최 군이 잘하는 척, 괜찮은 척 하지만 수면제까지 먹을 만큼 힘들어하는 모습을 감추는 것보다 힘들지만 있는 그대로의 진실한 모습을 보여주길 바라실 것이라는 점에 대해 알게 한다.
  ㉡ 솔직한 자신의 모습을 인정하고 표현하여 위로받을 수 있도록 한다.
④ 우울하고 무기력할 때 대처할 수 있는 전략을 세우고 실천하도록 한다.
  ㉠ 반려견 등에 애정 쏟기
  ㉡ 친구들과 외부 활동하기 등
⑤ 약을 사지 않도록 주의를 주고 약속을 지키도록 한다.

Section 05 외상 후 스트레스 관련 이론 및 사례

1 외상 후 스트레스의 의미

(1) 외상이란 외부로부터 주어진 충격적 사건에 의해 입은 심리적 상처로 트라우마라고 한다.

(2) **인간 외적인 외상** : 지진, 태풍, 산사태, 홍수, 화산폭발과 같이 인간이 개입되지 않은 자연재해를 의미한다.

(3) **대인 관계적 외상** : 전쟁, 테러, 살인, 폭력, 강간, 고문 등 타인의 고의적 행동에 의해 입은 상처와 피해를 의미한다.

(4) **애착 외상** : 신체적 학대, 가정폭력, 정서적 학대나 방임, 성폭행과 성적 학대 등 부모나 양육자와 같이 정서적으로 매우 긴밀하고 의존도가 높은 관계에서 입은 심리적 상처를 애착 외상이라 한다.

(5) 외상 후 스트레스 하위유형에는 외상 후 스트레스 장애, 급성 스트레스 장애, 반응성 애착장애, 적응장애, 탈억제 사회유대감 장애가 있다.

2 외상 후 스트레스 장애의 특징

(1) 외상 사건을 경험한 사람은 충격과 후유증으로 인해 심각한 부적응 증상을 보인다.

(2) 외상 후 스트레스 장애는 외상 사건을 경험한 후에 네 가지 유형의 심리적 증상을 나타낸다.

① **침투증상** : 외상 사건과 관련된 기억이나 감정을 재경험

② **회피증상** : 외상 사건과 관련된 자극을 회피

③ **인지, 감정 부정변화** : 외상 사건과 관련된 인지와 감정에 부정적인 변화

④ **각성의 변화** : 평소에도 늘 과민하며 주의집중을 잘 못하고 사소한 자극에도 크게 놀라는 과각성 반응

(3) 외상 경험은 개인이 그런 외상 경험을 직접 경험한 것뿐만 아니라, 가까이에서 목격하거나 친밀한 사람에게 일어났을 때도 발생할 수 있다.

(4) 아동기를 포함하여 어느 연령에서도 발생 가능한 장애이다.

(5) 증상은 대부분 사건 발생 후 3개월 이내 일어나고 몇 개월에서 몇 년까지도 지속된다.

(6) 진단 시에는 해리 증상의 여부를 명시해야 한다.

3 외상 후 스트레스 장애 치료

(1) 행동 치료의 지속적 노출 치료가 가장 효과적인 것으로 관찰된다. 지속적 노출치료는 단계적으로 외상 사건을 떠올리게 하여 불안한 기억에 반복으로 노출시킴으로써 궁극적 외상 사건을 큰 불안 없이 직면하도록 유도하는 것이다.

(2) 약물치료는 세라토닌 재흡수 억제제나 삼환계 항우울제 등을 사용한다.

(3) 정신 역동적 치료는 방어기제에 초점을 맞추어 카타르시스를 통해 외상 사건을 재구성하고 외상 경험으로 발생하는 심리적 갈등을 해소하도록 하는 것이다.

(4) 그 외 긴장감이나 호흡곤란을 낮추어 안정된 심리상태를 유도한다.

질문 01

친구들과 오토바이 폭주를 즐기던 중 눈앞에서 친구가 오토바이 사고로 죽은 후에 우울증에 시달리고 있는 내담자를 어떻게 돕겠는가?

모범답변

① 얼마나 엄청난 충격이었을지에 대해서 공감한다.
② 사랑하는 사람의 죽음을 경험하는 많은 사람들이 5단계를 거친다는 것을 이야기해 준다.
㉠ 부정 : 사랑하는 사람의 죽음에 대해 부정한다.
㉡ 분노 : 왜 이런 일이 생겼는지에 대해서 분노한다.
㉢ 협상 : 어쩔 수 없었다는 것을 받아들이며 자신과 타협한다.
㉣ 우울 : 이 상황을 슬퍼하고 우울한 감정을 느낀다.
㉤ 수용 : 죽음을 받아들인다.
③ 내담자가 이러한 단계를 거치며 상황을 받아들이고 수용하기까지 시간이 필요하다는 사실을 인정하고, 얼마든지 슬퍼해도 괜찮으므로 감정을 충분히 표현하도록 한다.

질문 02

내담자는 자신의 가장 친한 친구가 학교 옥상에서 뛰어내린 것을 목격했고 그 이유가 학교 일진의 폭력 때문임을 알게 되었다. 가장 친한 친구의 어려움을 몰랐다는 자책감과 친구의 자살사건에 충격을 받고 학교를 휴학하였다. 이 내담자에게 어떤 조치를 취해야 하겠는가?

모범답변

① 내담자가 자살/자해 행동을 일으킬 상황에 처해 있음을 인지하고 내담자를 가능한 혼자 있지 않도록 한다.
② 내담자의 상태에 대한 정밀한 진단을 시도한다.
③ 친구의 죽음이 자신의 책임이 아님을 알려주고 죄책감을 갖지 않도록 한다.
④ 친구의 죽음을 충분히 애도하도록 하고, 사랑하는 사람의 애도에 대한 단계를 충분히 시간을 두고 지나도록 한다.
⑤ 부모, 학교, 상담 센터, 병원 등과 연계하여 협력하도록 한다.

질문 03

미희는 어머니와 함께 고시원에 살고 있다. 그러던 어느 날, 학교에 다녀왔더니 고시원이 화재로 전소되는 바람에 당장 가 있을 곳도 없어지게 되어 미희와 어머니는 지역 복지관에서 운영하는 쉼터에 가게 되었다. 그런데 그 후부터 가스레인지를 켤 수조차 없었다. 이때 도울 수 있는 전략은 무엇인가?

모범답변

화재 사건에 대한 PTSD 치료 방법을 시도한다.
① **안정화 단계** : 내담자 모녀 모두 자신들이 위험한 상황에서 빠져나와 안전하다는 느낌을 확보하고, 신체의 느낌에 주의를 기울여 호흡법을 통해 신체감각에 집중하며, 신체를 이완시키고 진정시키는 방법이다.
② **기억 처리 단계** : 기억 재구성 과정, 즉 플래시백이나 침투증상을 유발할 가능성이 높은 기억들을 반복적으로 떠올리도록 한다. EMDR 방법 등을 동원해 안전한 환경에서 트라우마 기억을 떠올려 기억을 재구성한다.
③ **통합단계** : 일상생활의 문제해결 및 정서조절 역량을 강화한다.

질문 04

수능 시험을 앞두고 있던 어느 날, 강도 7의 지진이 발생하였는데 안전을 염려하여 시험 일정이 연기되었다. 연기된 기간 동안 계속되는 불안과 압박감에 대한 생각이 꼬리에 꼬리를 물고 일어났다. 과호흡 증상이 나타나고 식은땀을 흘리면서 잠에서 깨곤 했다. 이런 내담자에게 어떻게 개입하겠는가?

모범답변

① 과호흡 증상을 안정시키고 치료하지 않으면 공황발작으로 발전할 수 있으므로 신속한 개입이 필요하다. 가장 중요한 것은 자신에게 일어났던 위험한 상황에서 빠져나와 지금은 안전하다는 느낌을 줄 수 있도록 호흡법을 진행하는 것이다(가장 편안하게 앉은 자세에서 심호흡이나 복식호흡을 통해 근육과 신체를 이완시키고 진정시키는 호흡법을 알려준다.).

② 과호흡 증세가 나타날 때마다 호흡법을 통해 안전한 상황이고 더 이상 위험하지 않음을 인지적으로 알려준다(신체적으로 이완훈련이 충분히 된 후에 인지적 개입을 하도록 한다.).

사례 01

학교에서 집단 따돌림을 경험한 수희는 반 아이들이 자기 뒷담화를 하는 것 같은 느낌을 받기 시작하면서 학교에 다니기 싫어졌다. 대인관계가 그리 원활하지는 않았지만 친한 친구들도 있었고 밥 먹으러 가거나 화장실 갈 때 같이 갈 친구들은 있었기 때문에 불편하지는 않았다. 그런데 며칠 전부터 자기만 지나가면 반 아이들이 말을 뚝 끊거나 뒤에서 "재 왜 저래?"라고 말하는 것을 두 번 정도 들은 것 같다.

그러면서 수희는 자신을 욕하는 소리가 들리는 것은 아닌지 걱정하기 시작했다. 밤에 자려고 누워도 왠지 머릿속에서 속살거리는 소리가 들리는 듯해서 두렵다. 잠도 오지 않고 뒤척이다 잠시 잠이 들면 식은땀을 흘리면서 깨어나기 일쑤다. 걱정이 된 수희는 어머니와 함께 상담 센터를 찾았다.

수희의 MMPI-A

• 타당도 척도

F1	F2	F	L	K
54	50	52	64	42

• MMPI 임상 척도

Hs	D	Hy	Pd	Mf	Pa	Pt	Sc	Ma	Si
46	47	46	48	54	62	59	59	55	72

질문 01

수희의 상황과 MMPI 결과를 가지고 해석해 보시오.

모범답변

① 수희는 현재 대인관계에서 문제, 즉 집단 따돌림을 경험함으로 인해 타인에 대한 불신, 피해의식이 강력해진 상태이긴 하나 아직 대인관계 지표인 Pa 점수가 높지는 않다.
② 진단적으로 볼 수는 없지만 걱정과 피해의식이 커져서 사건을 재구성할 필요가 있다.
③ 타인이 자신을 욕하는 것처럼 들릴 수 있고, 실제로 들린다고 착각할 수도 있다. 이를 합리적으로 생각할 수 있도록 인지행동적 개입 전략이 필요할 것이다.
④ 내향성이 제일 높아서 고독하고 외로운 상황을 자처하기도 할 텐데 변화를 위해 필요한 부분을 도움받도록 한다.

질문 02

수희를 상담할 전략으로 무엇이 좋겠는가?

모범답변

인지행동적 개입 전략 중 특히 호흡법을 훈련시킬 수 있다.
① 신체 느낌이 많이 경직되어 있어서 호흡을 함으로써 긴장된 근육과 신체를 이완시키는 작업을 한다.
② 호흡 방법이 익숙해지면 자신의 상황에 대한 객관적 이해와 공감을 통해 합리적으로 생각할 수 있도록 돕는다.
③ 사건을 재구성해서 합리적으로 생각하고 행동할 여지를 준비하도록 한다.

질문 03

추후 개입으로 필요한 부분은 무엇이 있는가?

모범답변

문제해결 이후에는 지지층과 협력할 방법을 탐색하는 것이 좋다.
① 수희의 강점과 지지받을 수 있는 주변의 관계 등을 탐색한다.
② 부모님과 친한 친구들 중심으로 사회적 소외에서 벗어나 학교생활에서 힘을 낼 수 있도록 도모한다.

사례 02

올해 대학교 1학년인 지민이는 부모님과 계속되는 불화로 불만이 많아 게임만 하려고 하고, 학교에서도 아무것도 하지 않으려 한다. 부모님 중 특히 아버지와 관계가 좋지 않은 독자인 지민이는 어려서부터 지나치게 비판적이고 독선적인 아버지에게 상처를 많이 받았다고 한다. 한편, 어머니는 지민이를 제대로 보호해 주지 못하였다.

현재 지민이는 반대로 어머니, 아버지에 대해 지나치게 비판적이고 성마르게 대하면서 매사에 짜증을 내고 있다. 부모님과는 한 마디 이상 대화가 지속되기 어렵고 과대망상적인 사고까지 비약되면서 부모님이 상담을 요청했다. 명문대에 진학했지만 지민이는 학교를 갈 수 없다고 버티고 있고, 온라인 수업인데도 불구하고 중간고사, 기말고사까지 모두 불참했다.

지민이의 MMPI-2

• 타당도 척도

VRIN	TRIN	F	L	K
34	54T	53	40	36

• MMPI 임상 척도

Hs	D	Hy	Pd	Mf	Pa	Pt	Sc	Ma	Si
51	59	56	75	53	75	74	65	58	78

질문 01

지민의 MMPI-2를 해석하시오.

모범답변

① 타당도 척도를 봤을 때 특이점은 별로 없어서 임상 척도를 신뢰할 수 있다.
② 반사회성 점수와 편집 증세 점수가 높은 것으로 볼 때, 반사회성 하위 요인 중 부모와의 불화 점수가 높을 것으로 보이고, 대인관계에 어려움을 시사한다.
③ 강박 증세나 조현 증세 점수도 높게 나왔는데 이는 침투적 사고로 괴로워하고 있는 것으로 보이며 면담에서도 말한 것처럼 피해망상까지 나타나는 경향으로 보인다.
④ 내향성도 높아서 집에만 있고 나가고 싶지 않아 하며, 특히 입시 공부를 지치도록 한 뒤 번아웃 증세가 나타나 학교 공부를 거부하게 될 수도 있다.

질문 02

추가로 실시해야 할 검사에는 무엇이 있겠는가?

모범답변

임상 척도가 상당히 높게 나온 점수들이 많아서 투사 검사를 해보는 것도 좋겠다. KFD와 HTP 등을 통해 부모님과의 관계, 자아상 등을 확인하고, SCT 검사를 통해서도 자신이 생각하는 가족, 자아, 어머니, 아버지 등에 대해 검사해 볼 수 있을 것이다.

질문 03

지민이에게 적합한 상담전략으로는 무엇이 있겠는가?

모범답변

① 불안을 다루기 위해 분노 조절 전략이 무엇보다 시급하다.
  ㉠ 반사회성, 편집, 강박 등 관계에서의 불안정성과 불안을 기반으로 한 양상이 많이 드러나고 있어서 겉으로는 짜증과 분노를 폭발시키는 것으로 나타나지만 불안의 강도가 상당히 높을 것으로 추정된다.
  ㉡ 평소에도 근육과 신체에 긴장을 이완시키는 방법으로 호흡법이나 나비 호흡 등을 시연해 보고, 실생활에서 해보도록 격려한다.
② 사회적 기술훈련을 실시한다.
  ㉠ 부모님에게 자신이 원하는 바를 설명하고 설득하며, 수용 가능한 방식으로 대처하는 방법을 시도해 보는 것이다.
  ㉡ 아버지와 어머니 각각에 대해 서로 다르게 대하는 방법을 시도해 본다. 이것이 당장 어렵다면 빈의자를 통해 안전한 분위기 속에서 자신의 속마음을 부모에게 표현해보는 기회를 가지는 것도 좋다.
③ 자기통제훈련을 실시한다.
  ㉠ 화가 날 때 대처전략을 가지는 방법으로 화가 날 때 어떤 행동이든 정지하게 한다.
  ㉡ 주의를 다른 곳으로 돌리게 하는 것도 좋고, 잠깐 나갔다 오는 것도 환기가 되어 스스로 통제하는 데 도움이 된다.

Section 06 성관련 이론 및 사례

1 성상담의 목표

(1) 정확한 성 정보를 제공한다.

(2) 성적 위험들에 대한 인식과 예방, 대처방법에 대해 안내한다.

(3) 성에 대한 개인적 관심의 객관화와 가치관 점검을 한다.

(4) 성적 의사결정 과정을 조력한다.

(5) 성에 대한 부정적인 감정 및 상처를 치유한다.

2 성폭력

(1) 성폭력의 개념

① 성폭력은 성적 자기결정권의 침해이다.

② 성폭력은 다양한 형태의 모든 신체적 · 언어적 · 정신적 폭력을 포함하는 광범위한 개념으로 여성뿐 아니라 남성에게도 가해질 수 있다.

③ 성폭력은 강간, 간음, 성적 추행, 성적 희롱, 성기 노출, 성적 가혹행위 등이 포함된다.

㉠ 강간 : 폭행, 협박으로 상대방의 반항을 제압하고 간음하는 것

㉡ 간음 : 부적절한 관계에서의 성관계로, 남자의 성기를 여성의 성기에 삽입하는 것

㉢ 추행 : 성욕의 흥분, 자극 또는 만족을 목적으로 하는 행위로 성적 수치, 혐오의 감정을 느끼게 하는 일체의 행위

④ 성폭력의 유형은 아동성폭력, 청소년성폭력, 친족성폭력, 데이트성폭력, 직장내성폭력 등이 있다.

(2) 성폭력 피해자의 상담

① 강간 피해자들을 위한 상담의 첫 단계는 신뢰적 관계 형성, 우선적 관심사 처리, 지속적 상담 준비이다.

② 내담자 스스로 자기 패배적 사고방식과 언어표현을 깨닫게 해준다.

③ 상담자는 피해자가 취할 역할 행동을 검토하고 필요한 대인관계를 익히도록 도우며 사회적 지지를 한다.

④ 상담을 통해 체험한 것을 실제 생활에서도 일반화하도록 돕는다.

(3) 성폭력 피해자 상담의 기법

① 치료 관계에 힘써야 하며, 피해자가 자신의 감정을 감추거나 솔직히 드러내기를 원하지 않으면, 그러한 감정이 정상임을 수용하고 공감한다.

② 성폭력 피해가 문제없다고 부정하면, 내담자의 부정을 수용하고 언제든 상담 기회가 있음을 알려준다.

③ 상담 내용의 주도권을 피해자에게 주어 현재 상황에서 표현할 수 있는 내용에 대해서만 이야기하는 분위기를 조성한다.

④ 내담자에게 치료에 대한 감정을 묻고 치료자를 선택할 수 있게 한다.

⑤ 초기에 피해자의 가족 상황과 성폭력 피해로 인한 합병증에 대해 파악한다.

⑥ 치료과정에 대해 안내해 준다.

⑦ 비밀보장을 한다는 것에 대해서 확인해 준다.

(4) 성폭력 피해자들의 특징

① 정서적 피해

㉠ 성폭력을 경험한 여성은 두려움, 치욕감, 당황함, 걱정, 공포, 혼란, 정신적 충격 등을 호소한다.

㉡ 분노, 보복감, 증오를 느끼며, 자존감의 훼손을 경험한다.

㉢ 아는 사람으로부터 강간당한 경우에는 자기 비난이 심하며, 우울, 성폭행 기억으로 인한 고통, 무감각, 남성불신, 배신감, 또 다른 성폭력에 대한 두려움을 느낀다.

㉣ 많은 경우에 외상 후 스트레스 장애를 나타낸다.

② 신체적 피해

㉠ 일반적인 성폭력 피해의 후유증의 하나이며 이는 외적으로 드러나는 신체적 상처가 거의 없거나 전혀 없는 경우에도 신체적 반응을 초래하게 된다.

㉡ 대다수 성폭력을 경험한 여성은 다양한 신체적인 상해를 겪으며, 두통, 메스꺼움, 소화기 장애, 수면장애, 악몽 등을 호소하고, 성병에 감염되거나 임신하는 경우도 발생한다.

③ 행동적 피해

㉠ 성폭력을 경험한 여성은 성행위에 대한 회피를 보이거나, 성적 문제의 얘기, 성폭력을 상기시키는 남성과 상황에 대한 회피, 거주지와 전화번호 변경, 자살행동, 약물중독 등의 행동을 나타내기도 한다.

㉡ 또는 여러 남성과 관계를 갖고 과도하게 성행위를 추구하는 등 성적으로 난잡한 행동을 하며 가출하여 성매매를 하는 여성도 있다.

(5) 청소년 성문제

① 청소년들은 신체적 성숙이 완전하게 이루어지지 않은 상태에서 신체적, 생리적인 급격한 변화로 혼란을 경험하여 성인의 행동을 모방하고자 하는 과정에서 여러 가지 성적 일탈행동이 유발된다.

② 청소년의 성문제에 영향을 끼치는 요인으로는 가정의 구조적 요인, 양육방식, 친구관계, 학습과정 등이 있다고 본다.

③ 성별에 따른 이차성징이 잘 나타나지 않으면 부정적인 신체상을 갖기 쉽다.

질문 01

알고 있는 남학생으로부터 성폭력을 당했다고 상담을 신청하였다. 상담자는 어떻게 하겠는가?

모범답변

① 심리적 안정을 꾀하며 성폭력은 본인의 잘못으로 일어난 일이 아니므로 이로 인해 생기는 수치심, 자책감, 죄의식 등의 감정을 가지지 않도록 한다.
② 성폭력을 당한 시기가 얼마 되지 않았다면 성폭력 시 증거(속옷 등)를 보관하고, 샤워 전이면 병원에 가서 증거채취를 할 수 있도록 한다.
③ 주변에 도와줄 수 있고, 보호해 줄 수 있는 가족이 있는지 확인하고 개입을 통해 청소년이 안전을 지키고 위험을 예방할 수 있도록 관찰한다.
④ 다양한 연계 기관을 통해 도움을 받을 수 있도록 한다.
 ㉠ 병원연계 : 병원을 연계하여 성폭력으로 인한 신체적인 질병, 신체적 외상이 있는지 진료받도록 한다.
 ㉡ 상담소 연계 : 정서적인 트라우마 극복을 위해 성폭력 상담기관(해바라기센터, 한국성폭력상담 등)을 연계하여 지속적인 상담을 받도록 한다.
 ㉢ 경찰서 연계 : 아동, 청소년에 대한 성폭력 범죄를 신고하고 증거물이 있으면 제출하도록 한다.

질문 02

고1 여학생이 원하지 않는 임신을 하고 낙태하기를 바란다며 상담을 요청해 왔을 때 어떻게 상담을 진행하겠는가?

모범답변

① 심리적인 안정을 가질 수 있도록 충분한 공감과 이해를 통해 라포와 신뢰를 형성한다. 내담자가 현재 얼마나 고통스럽고 후회되며 무서울지에 대해 수용하고 심리적인 안정을 가질 수 있도록 이해와 공감을 충분하게 표현하며, 건강상 문제가 없는지에 대해서도 확인한다.

② 낙태에 대한 이해를 가질 수 있도록 한다.

㉠ 낙태는 생명을 존중하는 윤리에 어긋나는 부분이므로 신중하게 접근해야 할 것임에 대해서 제안한다.

㉡ 낙태로 인해 건강상에 치명적인 문제가 일어날 수 있음을 이해하고 낙태가 최선의 방법이 아닐 수 있으므로 다양한 방법에 대해 생각해 보도록 한다.

③ 내담자의 상황에 대한 충분한 탐색과 파악을 시도한다. 주변에 도움을 받을 수 있는 분이 있는지, 부모님에게 알렸는지 등을 확인하고 가능한 빠른 시일에 부모님 및 성인의 개입이 이루어지도록 유도한다.

④ 필요한 정보에 대한 제공 및 지역연계를 시도한다. 미혼모보호시설, 병원, 미혼모상담에 대한 지역연계를 통해 차후 지원방안을 알려주도록 한다.

질문 03

상담 중에 고2 여학생이 자신이 임신한 사실을 고백하며 절대 부모님에게 알리지 말고 자신을 도와달라고 한다면 어떻게 하겠는가?

모범답변

① 솔직하게 이야기한 것에 대해서 수용하고 충분히 공감을 해준다. 얼마나 힘들었을지에 대해서 공감하고 현재 몸의 상태와 심정에 대해서도 수용과 공감을 한다.
② 부모님에게 비밀로 해달라는 사항에 대해서 성급하게 대답하기보다는, '비밀보장의 예외'사항이 아니지만 이 일은 혼자서 감당하기 너무나 버거운 일이므로 부모님에게 알리기를 설득한다.
③ 출산 및 낙태에 대한 정보를 전달하고 병원진료의 필요성에 대해서 이야기한다.
④ 부모의 개입이 일어나면 자녀의 행동이나 정서에 대해서 적절히 관찰하고 위험행동을 예방하도록 하며 이에 대해 함께 의논해 볼 수 있도록 한다.
⑤ 내담자가 완강히 거부하고 부모님에게 알릴 수 없는 상황이라면 미혼모의 임신문제를 지원할 수 있는 전문기관에 연계하여 도움을 받을 수 있도록 한다.

질문 04

내담자가 자신이 에이즈(AIDS)에 걸렸다는 것을 알고 있지만 여자친구에게 알려야 할지를 두고 고민한다면 어떻게 하겠는가?

모범답변

① 상담 전 비밀보장의 예외사항이 있다는 것을 고지하고 이에 대해서 다시 한 번 이야기한다.
  ㉠ 비밀보장의 예외사항은 다음과 같다.
    ⓐ 자신과 타인에게 해를 입히려고 할 때
    ⓑ 상담 중 가정폭력, 성폭력에 대한 사실을 알았을 때
    ⓒ 법적 전염병에 걸렸다는 사실을 알았을 때
    ⓓ 법원에서 요청이 있을 때 등
  ㉡ 에이즈(AIDS)에 걸렸다는 것은 다른 사람에게 전염시킬 수 있는 사항이므로 이는 '비밀보장 예외'에 해당하는 사항임을 내담자에게 고지하고, 내담자가 말하지 않는다면 상담자가 알릴 수 있음을 고지한다.
② 내담자에게 이 사실을 여자친구에게 알리도록 하고, 병원이나 보건소에 가서 정확하게 검사를 받게 하며, 필요하다면 지원을 받을 수 있는 기관에 연계해주도록 한다.

질문 05

남자친구와 성관계를 한 사실을 남자친구가 sns에 올려 학교에 소문이 났다면서 상담실에 울면서 찾아온 여자청소년이 있다면 어떻게 하겠는가?

모범답변

① 일단 진정시키고, 얼마나 당황스럽고 불안하고 배신감이 들지 내담자의 감정에 대한 공감과 수용을 통해 상담자를 신뢰할 수 있도록 한다.
② 내담자가 안정되면 내담자 스스로 주도권을 가지고 상황에 대해 표현할 수 있는 분위기를 조성하여 스스로 상황에 대한 인식과 자각을 하도록 돕는다.
③ 내담자가 취할 역할 행동을 검토하고 이에 대해 적절하게 대처할 수 있음에 대해서 지지하며 내담자의 의사결정과정을 조력해 나간다.

질문 06

심하게 자위행위를 하는 고등학생 남자 청소년을 상담한다면 어떻게 상담하겠는가?

모범답변

① 자위행위에 대한 충분한 수용과 공감을 통해 편안함과 라포를 형성하도록 한다.
② 자위행위가 해가 되는 것이 아니며 청소년들에게 자연스러운 행위이므로 이로 인한 수치심이나 죄책감을 가지지 않아도 된다는 것을 설명한다.
③ 하지만 자위행위가 심각하여 중독적인 현상으로 갈 때의 위험성에 대해서 이야기한다.
　㉠ 자위행위의 탐닉으로 인해 신체적 피곤함이 심해져 학교생활에 지장을 줄 수도 있다.
　㉡ 자위행위의 탐닉으로 대인관계를 기피하여 외톨이가 될 수도 있다.
　㉢ 자위행위를 끊지 못하는 스스로를 비하하거나 건강한 해소법을 찾지 못해 우울증이 올 수도 있다.
④ 자위행위를 대처할 수 있는 대처방안에 대해서 논의해 본다.
　㉠ 성적에너지를 건강한 신체활동으로 전환하도록 한다.
　㉡ 성인물을 보고 있다면 차단하도록 한다.
　㉢ 자신의 방을 열어두도록 한다.
　㉣ 친구들이나 부모님과 즐거운 시간을 갖도록 한다.

질문 07

상담 중인 청소년이 이성친구보다 동성친구에게 더 호감이 가고 사랑하는 마음이 생겼다고 고백한다면 상담자로서 어떻게 상담을 하겠는가?

모범답변

① 혼자서 많이 힘들고 고민하고 갈등했을 사실에 대해서 공감하고, 힘든 이야기를 고백해 준 것에 대해서 격려하고 지지한다.
② 친구와의 관계에서 일시적으로 동성친구에게 더 호감이 갈 수 있으며 이로 인해 혼란이 생길 수도 있다는 것을 알려준다.
③ 동성친구를 계속 사랑하게 되었을 때 발생할 수 있는 위험에 대해서 이야기한다.
  ㉠ 동성애자라는 낙인이 찍힐 수 있으며 이로 인해 외톨이가 되거나 친구관계에서 소외될 위험이 있다.
  ㉡ 주변의 교사, 어른들로부터의 비난과 제지로 관계의 어려움이 발생할 수 있다.
  ㉢ 대상자의 단절로 인해 친구관계 단절의 경험이 일어날 수 있으며 이로 인해 상처를 받을 수 있는 위험이 있다.
④ 새로운 관계시도를 통해 새로운 경험을 체득하도록 한다.
  ㉠ 동성친구들과 건강한 우정 쌓기
  ㉡ 이성과의 교제 기회 가져보기
⑤ 새로운 경험을 통해 대인관계에 대한 패턴수정 및 새로운 관계 정립을 하도록 한다.

질문 08

교장선생님이 학교 상담실에서 근무하는 상담사에게 학교에서 성희롱 피해호소로 인해 상담 받고 있는 여학생의 상담내용을 알려달라고 한다면 어떻게 하겠는가?

모범답변

① 교장선생님으로서 학교에서 성희롱 피해사실이 일어난 것과 피해자 학생에 대한 염려와 관심을 가지고 물어 오신 것에 대해서는 감사함을 표현한다.
② 하지만 상담내용이 '비밀보호 예외사항'이 아니므로 이에 대해 상담의 기본인 비밀유지원칙에 어긋나 공개할 수 없다는 점을 공손하게 전달한다.
③ 또한 학교장 권위에 대한 존중을 표현하며, 학교에서 성희롱이 재발되는 사례를 예방할 수 있도록 교육적 제도를 교장선생님의 자리에서 마련하시는 것에 대해서 제안한다.
④ 상담 도중 성희롱의 가해자가 학교 측에 근무하며, 보는 정황과 증인의 진술 등으로 가해자가 확실시될 때는 이러한 사실을 교장선생님에게 알려 가해자의 징계를 요구할 수 있다. 가해자는 성폭력 범죄의 처벌 등에 관한 특례법에 의해 형사처분을 받는다.

사례 01

18살인 이 양은 가출을 하여 집단생활을 하면서 여러 남자들과 성관계를 하였다. 그러던 중 어느 날부터 생리를 하지 않아 의심이 되어 임신테스트기로 검사를 해 본 결과 임신이 된 것을 알았다. 당황스럽고 짜증이 나지만 아빠가 누구인지도 알지 못해서 딱히 도움을 청할 사람도 없고 부모님에게 이야기했다가는 더 욕을 먹고 인간취급을 받지 못할 것 같아서 부모님에게도 연락을 하지 못했다.

낙태하기 위해 약도 구해서 먹어보고 몸을 힘들게 하기도 했지만 그것도 쉽지 않았다. 그러는 사이 시간은 자꾸 흘러서 임신 6개월이 되니 몸은 자꾸 달라져서 점점 겁이 나기 시작했다. 그냥 낳고 입양을 보낼까, 지금이라도 낙태를 할까 고민을 하다가 1388에 전화를 하여 상담을 시작하였다.

질문

위 사례의 경우 내담자를 어떻게 대응하겠는가?

모범답변

① 전화상담이므로 언제든지 상담을 그만둘 수 있다는 사실에 유념한다.
② 원하지 않는 임신상황과 현재 상황의 난처함, 내담자의 정서적 고통에 대해서 공감을 표현하여 상담자와의 라포형성을 도모한다.
③ 현재 취할 수 있는 다양한 방법에 대해서 정보를 제공한다.
㉠ 한 번 더 주변에 도움을 줄 수 있는 대상이 있는지 확인한다.
㉡ 미혼모를 위한 병원비 지원으로 현재 산모의 상태를 체크하고, 산모가 약 등으로 몸을 힘들게 한 상황이므로 태아가 현재 어떤 상태인지 확인하도록 권한다.
㉢ 낙태에 대한 정보, 출산 및 입양에 대한 정보를 제공한다.
④ 상담자와의 상담을 통해 내담자가 스스로 결정을 내릴 수 있도록 권하며 그에 맞는 개입을 시도한다.
⑤ 현재 도움을 받을 수 있는, 필요한 정보에 대한 제공 및 지역연계를 시도한다. 미혼모보호시설, 병원, 미혼모상담에 대한 지역연계를 통해 차후 지원방안을 알려주도록 한다.

사례 02

이 군은 고등학교 2학년으로 여자친구와 6개월 사귀고 있었다. 중간고사 기간에 함께 공부를 하기 위해 여자친구를 집에 오게 하였고, 부모님이 외출을 한 사이 여자친구와 성관계를 하게 되었다. 동의하에 성관계를 하는 도중 이 군은 장난삼아 둘의 나체사진을 촬영하였고, 이 군의 실수로 이 사진이 자신의 친한 친구에게 보내지고 말았다. 이 군은 친구에게 사진의 삭제를 요청하였으나 학교친구들 사이에서 이 사진이 은밀하게 돌아다니게 되었다.

이 사실을 안 여자친구는 실수라고 하더라도 이 사진을 친구들에게 돌아다니게 한 것은 이 군의 잘못이라고 생각하였고 너무 창피해서 더 이상 학교를 다닐 수 없다고 자퇴할 것을 부모님에게 요구하였다. 이를 안 여자친구 부모님은 노발대발하면서 이 군에 대해 다양한 조치를 해 혼을 내 주겠다고 벼르게 되었고 이 일은 결국 학교 전체가 알게 되면서 학폭위가 열리게 되었다.

이 군도 자신이 실수했다고는 생각하고 있지만 여자친구 부모님이 이렇게까지 하는 것은 과하다고 생각하여 자신의 부모님에게 자신을 보호해 달라고 요청하여 상담을 하게 되었다.

질문 01

위 사례의 경우 이 군에 대해 어떻게 상담을 하겠는가?

모범답변

① 속상하고 힘들겠지만 확실하게 자신의 잘못임을 인정하는 태도를 갖게 한다.
② 여자친구와 여자친구 부모님에게 잘못을 인정하고 사과하며 책임감 있는 모습을 통해 상황이 악화되지 않도록 한다.
③ 학폭위가 열렸을 때도 상황에 솔직하게 대응하고 책임을 보이는 자세와 그에 응하는 처벌에 대해서 감당할 수 있는 마음을 갖도록 한다.
④ 자신의 친구들에게 자신과 여자친구의 사진을 삭제할 것을 요청하고 이에 대해서는 부모님의 도움으로 강력하게 대처할 수 있음을 이야기한다.
⑤ 학교측과 부모님, 당사자들의 합의하에 여자친구가 전학을 택할 수도 있으며 이에 대해 수용한다. 본인도 충분히 전학에 대해 고민할 수 있다는 것을 이야기한다.

질문 02

이 군의 부모님에게는 어떻게 상담을 하겠는가?

모범답변

① 자녀들의 행동에 놀라고 당황스러우며 난감해 하는 마음을 위로한다.
② 자신의 자녀만이 아니라 여자친구와 그 부모님에 대해서도 공감하고 이해할 수 있는 마음을 가질 수 있도록 침착하게 설명해 드린다.
③ 자녀에게 책임감 있는 행동을 할 수 있도록 용기를 주고 든든하게 지켜주실 것을 이야기한다.
④ 필요한 조치들에 대해서 함께 고민하고 적절하게 대처방안을 의논한다.

사례 03

초등학교 5학년인 송 군은 1년 전부터 스마트폰에서 음란물영상을 부모님 몰래 보아왔다. 송 군은 친구들이 보는 것을 같이 보다가 어떻게 볼 수 있는지를 알고 난 후에 혼자서 지속적으로 영상을 보아온 것이다. 뿐만 아니라 얼마 전부터는 3살 어린 동생(초2)에게도 영상을 같이 보자고 해서 동생과 같이 영상을 보았다.

맞벌이인 부모님은 두 자녀가 학교와 학원 등을 다녀온 후에 퇴근할 때까지 자유로운 시간을 주고 이 시간에는 스마트폰을 해도 된다고 허락했는데, 단순히 게임을 하겠거니 생각하시고 음란물영상을 본다고는 생각도 하지 못했다. 하지만 송 군의 동생이 자꾸 이상한 행동을 하는 것을 보고 어디서 그런 행동을 봤냐는 질문을 한 결과, 형아와 함께 영상을 보았다는 이야기를 듣고 놀란 부모님은 송 군을 캐물어 이 사실을 알게 되었다.

1년 동안이나 음란물영상을 봤다는 것과, 그 영상을 동생에게도 보여줬다는 사실을 알고 너무나 놀라고 화가 난 송 군의 부모님은 송 군에게 매로 처벌했고 엄청나게 화를 내셨다. 그리고 그 이후 어떻게 해야 할지 몰라 송 군과 동생을 함께 데리고 상담센터에 방문하셨다.

질문 01

부모님에게 추후 어떤 조치를 취하도록 권유하겠는가?

모범답변

① 송 군에게 매를 대고 놀랄 만큼 화를 낸 것에 사과하도록 한다.
② 송 군에게 영상을 보는 것이 얼마나 해가 되는지에 대해서 설명하고 더 이상 영상을 보지 않을 것을 다짐받는다.
③ 오랜 시간 영상을 보아 왔기에 성에 대해 왜곡된 생각을 가지고 있을 것이므로 송 군에게 올바른 성교육을 한다.
④ 송 군이 가지고 있는 스마트폰의 앱을 지우고 차단장치를 통해 더 이상 불법영상을 다운받지 못하도록 조치한다.
⑤ 다른 대안활동을 함께 찾아서 실행하도록 돕는다.
⑥ 동생에게도 나이에 맞게 성교육을 시키고 상황을 이야기하여 다시는 동영상을 보지 않도록 다짐을 받는다.

질문 02

상담자로서 송 군을 상담한다면 어떻게 하겠는가?

모범답변

① 부모님의 반응에 당황하고 무섭고 두려웠을 심정에 대해서 공감한다.
② 상담은 비밀보장이 되므로 솔직하게 이야기할 수 있도록 안심을 시킨다.
③ 1년 동안 음란물을 보면서 느꼈던 감정에 대해 탐색한다. 다른 사람이 알까봐 두렵고 무서웠겠으나 흥미롭고 재미있었을 여러 감정에 대해서 수용한다.
④ 음란물에서 본 성 지식이 잘못되었음을 이야기하고 나이에 맞는 성교육을 실시한다.
⑤ 음란물 이외 다른 다양한 활동들을 함께 찾아보고 실행하도록 돕는다.

Section 07 중독관련(인터넷, 게임 등) 이론 및 사례

1 중독

(1) 중독의 정의

① 중독이란, 하나 이상의 물질에 우리의 몸이 의존하는 것이다.

② 현대에 들어서는 성, 음식, 도박, 관계, 인터넷 등 약물이 아닌 다양한 행동에서도 중독의 특성들이 나타나는데 이것을 너무 많이 하게 되고 그것이 우리에게 해로운 경우에 중독이라고 할 수 있다.

(2) 중독의 특징(3C)

① **강박적 사용**(Compulsive use) : 억누를 수 없는 충동 때문에 중독 행위를 반복하는 것을 의미한다.

② **조절능력의 상실**(out of Control) : 외부의 도움이 없이는 중독 행위를 멈추는 것이 불가능한 경우이다.

③ **나쁜 결과에도 불구하고 계속되는 사용/행동**(bad Consequence) : 계속적으로 증가하는 건강상의 문제나 경제적·법적 문제들, 학생의 경우라면 성적이 떨어진다거나 부모님, 교우관계 악화 등의 문제들이 증가함에도 불구하고 중독행동을 지속하는 경우를 의미한다.

2 약물 중독

(1) 약물중독의 개념

① **약물오용** : 의학적 목적으로 사용하나 의사 처방에 따르지 않고 임의로 사용하는 것이다.

② **약물남용** : 의도적으로 약물을 다른 목적을 위해 사용하며, 신체적 변화를 일으켜 사용자가 약물사용을 중단하거나 조절하는 것을 어렵게 하는 상태이다.

③ **약물중독** : 약물사용에 대한 강박적 집착이 나타나고 일단 사용하기 시작하면 끝장을 보고야 마는 조절 불능상태로 끊을 경우 금단증상이 나타난다.

④ **금단증상** : 특정 약물이나 대상, 행위에 대해서 충동적, 습관적으로 하게 되고 중단할 경우 여러 가지 증상을 겪게 되는 것을 말한다. 금단현상으로는 불안, 초조, 신체적 떨림 등이 나타난다. 기호품에는 알코올, 니코틴, 커피 등이 있고, 약물에는 진정, 수면, 항불안제, 중추신경 자극제가 있으며 인터넷 중독, 쇼핑 중독과 같이 행위와 관련된 것도 있다.

(2) 약물중독의 진행단계

① **실험적 사용단계** : 호기심 또는 모험심으로 약물을 단기간 적은 양을 사용한다.

② **사회적 사용단계** : 지역 사회에서 약물로 인한 감정 변화 양상을 노출하는 단계로서 또래 친구들과 어울리기 위하여 약물을 사용한다.

③ **남용단계** : 일상적인 문제와 스트레스에서 벗어나기 위해 약물을 주기적으로 남용한다.

④ **의존단계** : 약물의 효과를 유지하기 위해 다량의 약물을 자주 장기간 사용하여 신체적, 심리적으로 약에 의존하게 된 상태이다.

(3) 청소년 약물남용

① 음주나 흡연을 하는 부모의 자녀는 음주나 흡연을 할 가능성이 높은 편이다.

② 또래 집단이 약물을 사용할 때 같은 집단의 다른 청소년도 약물을 사용할 가능성이 높다.

③ 흡연의 조기 시작은 본드나 마약 등의 약물 남용으로 발전될 가능성이 있다.

④ 우리나라 청소년의 흡연 비율은 계속 떨어지고 있으나 아직은 흡연 비율이 높은 편이다.

3 게임 중독

(1) 게임중독의 개념

① 게임중독이란 지나치게 많이 게임에 몰두해 일상생활에 심각한 영향을 끼치는 상태로 약물중독처럼 병적 집착, 내성, 금단증상 등 일상생활의 장애를 초래한다.

② 중독된 학생은 게임시간을 조절하지 못하고 게임을 하지 못하면 불안해하거나 초조한 증상을 보이고, 학교성적이 떨어지거나 친구들과의 관계가 소원할 경우 등교거부가 일어나기도 한다.

③ 게임중독을 앓고 있는 학생은 2~15%로 여성보다는 남성이 많은 것으로 보고된다.

(2) 게임중독의 개입

① 상담의 목표를 구체적으로 정하고 자기조절과 자기관리 훈련을 한다.

② 어머니를 적극적인 조력자로 개입시킨다.

③ 자신이 게임한 시간들을 기록하도록 한다.

④ 게임 이외의 다른 활동들을 하고, 가족들과 즐거운 시간을 가질 수 있도록 한다.

4 인터넷 중독

(1) 인터넷 중독의 정의

① 인터넷 중독은 인터넷의 과도한 사용에 대해 충동 조절의 장애, 기능적 부적응 문제에 초점을 두고 치료가 필요한 질병이다.

② Goldberg(1996)는 인터넷중독장애(Internet Addiction Disorder : IAD)라는 용어를 처음으로 사용하였고 물질남용장애의 진단 기준에 근거하여 인터넷 중독의 진단 기준을 설명하였다. 이 기준들에는 인터넷을 점점 더 많이 사용해야 만족을 느끼게 되는 '내성', 인터넷 사용을 중단하거나 줄이면 초조하거나 불안해지고 인터넷 사용에 대한 강박적 사고나 환상과 같은 증상이 함께 나타날 수 있는 '금단현상', 인터넷 사용으로 인해 사회적·직업적 영역에서 활동의 장애가 발생하는 경우가 포함된다.

(2) 인터넷 중독의 원인

① **사회환경적 요인** : 스트레스의 증가와 인터넷 사용에 대한 무분별한 긍정적 기대, 가족 단위의 여가 문화의 부재 등을 들 수 있다.

② **인터넷 요인** : 인터넷은 익명성을 통해 현실에서 표현하기 어려웠던 욕구나 억압되었던 충동을 해소할 수 있는 하나의 분출구의 역할을 한다. 심리적인 부담감 없이 가상생활을 즐길 수 있다는 특징을 갖는다.

③ **심리적 요인** : 자기 통제력, 인터넷에 대한 긍정적인 인식, 충동성, 외로움 등을 원인으로 들 수 있다.

④ **가정환경 요인** : 부모와의 역기능적인 의사소통, 인터넷에 대한 부모의 감독/통제, 생활수준, 사용시간, 게임을 이용하는 정도 등이 인터넷 중독에 영향을 미칠 수 있다.

(3) 인터넷 중독의 증상

① **강박적 사용과 집착** : 인터넷을 하지 않는 동안에도 인터넷을 할 생각만 하며, 인터넷을 떠나 있으면 인터넷에서 뭔가 새로운 일이 일어나고 있을 것 같은 강박감을 느낀다.

② **내성과 금단현상** : 만족하기 위해서 점점 더 많은 시간을 인터넷 사용에 쓰고, 인터넷에 머무는 시간이 길어짐에 따라 현실적 효율성이 떨어지게 되며, 더 큰 만족을 위해 더 자극적인 것을 찾게 된다. 인터넷을 하지 않으면 불안, 우울, 초조감을 느끼기도 한다.

③ **일상생활에서의 장애** : 인터넷을 시작하면 그만두기가 어렵기 때문에 중요업무, 여가활동, 학업, 인간관계 등을 미루거나 포기하기 시작하며, 인터넷 사용을 줄이거나 조절을 시도하지만 실패하게 된다. 수면시간이 줄어들고 신체건강 상태의 저하 등이 나타나며, 인터넷을 하기 위해 거짓말을 하게 되고 방해를 받으면 화내거나 반항하기도 한다.

또한, 학업이나 일의 능률이 현저하게 떨어지고, 직장이나 학교를 그만두기도 하고, 친구를 만나지 않고, 취미활동에도 관심이 없어지며, 가족과 보내는 시간 또한 줄어들어 갈등이 증가하게 된다. 이러한 행동이 지속됨에 따라 인터넷 사용과 관련된 비도덕 행위를 저지르는 등의 일탈행동을 하거나 인터넷을 사용하지 않을 때에도 마치 인터넷을 하고 있는 듯한 환상을 느끼거나 소리를 듣는 등의 현실구분 장애가 나타날 수도 있다.

(4) 인터넷 중독 개입전략 및 기법

① 동기강화상담 접근

㉠ 동기강화상담은 내담자의 양가감정을 탐색하여 변화를 돕는 과정에서의 동기를 강화하고자 하는 관계 중심적이며 내담자 중심적인 체계적 접근이다(David & Mark, 2012).

㉡ 동기강화상담이 특히 중독 치료에 있어서 효과가 있다고 알려져 있는데, 중독치료의 목표가 행동변화와 그 변화의 동기를 강화할 수 있기 때문이다.

② 청소년 인터넷 게임 탈 중독 모형

㉠ 각성 전 단계 : 게임 부작용을 그대로 경험하면서도 자신과 주변에 대한 인식이나 변화에의 의지를 보이기보다 저항하기의 반응을 주로 보이는 상태이다.

㉡ 각성 단계 : 주변에서 들어오는 적극적 개입이나 어떤 계기를 통해 자발적으로 자신과 주변을 돌아보는 각성단계로 접어든다.

ⓐ 부모의 적극적 개입 : 과도한 게임 사용에 부모는 컴퓨터를 없애거나 와이파이를 중지하는 등 적극적인 개입을 한다.

ⓑ 자발적 자기 각성 : 스스로 자신의 모습과 주변에 대해 돌아보게 되기도 한다. 친구나 지인들이 진로를 찾거나 우연한 계기에 의해 각성이 이루어진다.

ⓒ 부모 외 의미 있는 타인의 개입 : 교사나 주변의 의미 있는 성인, 교회의 목사님 등 의미 있는 타인이 개입하여 청소년들이 자신을 돌아볼 수 있도록 한다.

㉢ 시행착오단계

ⓐ 방황과 타협의 시기 : 각성을 통해 조절하고자 하는 생각도 있지만, 여전히 사용에 대한 욕구가 커서 반복되는 스스로의 방황과 부모와의 타협 과정이 반복된다.

ⓑ 스스로 유혹 견디기(의지적 조절의 시작) : 스스로 조절 의지가 있어 내적 · 외적인 유혹을 견디기 위한 다양한 시도를 시작한다.

ⓒ 주변으로부터 지속적 모니터링(점검)이 이루어짐 : 부모나 중요한 타인으로부터 게임행동에 대한 피드백과 조언 등의 지속적인 점검하기가 작용한다.

㉣ 실행단계 : 이 단계에서 드디어 게임행동을 조절하기로 결심하고 실천하는 쪽으로 변화한다.

㉤ 유지단계 : 일정기간 게임과의 거리를 유지한 청소년들은 그에 대한 욕구가 다소 감소되는 양상을 보이면서 탈중독이 이루어진다.

질문 01

거의 매일 인터넷 게임만 하고 있는 내담자가 의뢰되었다. 내담자가 게임을 줄이는 방법에는 무엇이 있는가?

모범답변

★tip

상담자로서 게임에 몰두하게 된 원인으로 부모의 양육방식이나 애착 여부, 학교생활이나 가족의 의사소통방법, 친구관계를 탐색해 보는 것이 필요하겠으나 질문에서 게임을 줄이는 방법만을 원한다면 구체적으로 게임을 줄이는 방법을 제시한다.

① 내담자가 주로 게임을 하는 장소, 횟수, 시간, 게임의 종류에 대해서 탐색한다.
② 컴퓨터가 방 안에 있으면 공용공간인 거실로 옮기도록 한다.
③ 게임하는 시간을 체크하여 하루에 자신이 게임을 얼마나 하는지 살펴보고, 스스로 시간을 정하여 정해진 시간만 게임을 할 수 있도록 조절한다. 이를 지켰을 때 가족들은 긍정적 지지를 한다.
④ 게임을 대처할 수 있는 다양한 방법을 찾아본다. 혼자 할 수 있는 다양한 실내, 실외 활동이나, 친구 혹은 가족들과 할 수 있는 활동을 찾아보도록 한다.
⑤ 필요하다면 특정 게임을 차단하는 프로그램을 설정한다.

질문 02

게임 중독 중학생을 개입하려고 하는 전략이 있다면 설명하시오.

모범답변

① 중독 상담의 한 분야로 동기강화상담 접근이 있는데 이는 특히 중독 치료에 있어서 효과가 있다고 알려져 있다. 이 상담은 전반적으로 아래 4단계로 구분되어 진행된다.

㉠ 공감 표현하기
㉡ 불일치감 탐색
㉢ 저항과 함께 구르기
㉣ 자기 효능감 지지하기

② 이 상담 전략은 특별히 불일치를 탐색하는데 이는 중독 학생이 주로 양가감정 사이에 끼어 있는 경우가 많기 때문이다. 그렇기에 상담자는 내담자가 변화에 대해 느끼는 양가감정을 더욱 구체적으로 발견해 가도록 격려하고, 양가감정의 대립으로 인한 긴장 상태에서 벗어나게 한다. 그리고 여러 가지 방법으로 내담자가 자신의 바람직한 가치관에 맞는 행동을 선택하여 지속적으로 도와주도록 행동의 변화를 독려한다.

질문 03

인터넷 중독의 특징은 무엇이 있는지 말해보시오.

모범답변

① 강박적 사용과 집착을 보인다.
㉠ 인터넷을 하지 않는 동안에도 인터넷을 할 생각만 한다.
㉡ 인터넷을 떠나 있으면 인터넷에서 뭔가 새로운 일이 일어나고 있을 것 같은 강박감을 느낀다.

② 내성과 금단현상을 보인다.
㉠ 만족하기 위해서 점점 더 많은 시간을 인터넷 사용을 하는 데 보낸다.
㉡ 인터넷을 하지 않으면 불안, 우울, 초조감을 느끼게 된다.

③ 일상생활에서의 장애가 나타난다.
㉠ 학교 지각, 결석, 학업성적 하락, 인간관계 포기, 수면시간 단축, 신체건강상태 저하 등의 일상생활에서의 장애가 나타나고, 인터넷을 하기 위해 거짓말을 하게 되며, 방해를 받으면 화내거나 반항하기도 한다.
㉡ 이러한 행동이 지속됨에 따라 인터넷 사용과 관련된 비도덕 행위를 저지르는 일탈행동을 저지를 수 있고, 인터넷을 사용하지 않을 때에도 하고 있는 듯한 환상을 느끼거나 소리를 듣는 등의 현실구분 장애가 나타날 수도 있다.

질문 04

최근 들어 청소년들 사이에서 인터넷 중독보다 스마트폰 중독이 더 많아지는 이유는 무엇인가?

모범답변

① 컴퓨터는 집에 함께 쓰도록 보급되어 있는 데 반해 스마트폰은 청소년들에게 필수품으로서 거의 개인적으로 보급되어 있다.
② 컴퓨터는 한정된 장소에서 사용하는 데 비해 스마트폰은 휴대하고 다니기 때문에 어디에서나 사용이 가능한 편리함이 있다.
③ 컴퓨터는 사용하는 데 있어서 부모님의 눈에 쉽게 띄어서 제재를 받을 가능성이 높지만 스마트폰은 자기만의 공간에서 은밀하게 할 수 있는 자유로움이 있다.
④ 스마트폰에서 다양한 게임 어플이 개발되어 쉽게 접할 수 있고, 흥미와 관심을 강하게 끌 수 있다.

질문 05

내담자가 '스마트폰을 사용하지 않으면 친구를 사귈 수 없다.'고 이야기한다면 어떻게 대답하겠는가?

모범답변

① 친구를 사귀고 싶고 함께 하고 싶은 마음이 있다는 것에 대해서 지지하고 공감한다.
② 스마트폰을 이용한 인간관계는 기기 안에서 이루어지는 관계로 경험적인 접촉이 부족하여 피상적이고 표면적인 관계일 수 있으므로 좀 더 직접적인 친구관계를 형성하도록 이야기한다.
③ 봉사활동, 체험활동, 동아리활동 등 직접적으로 만나서 경험적 관계를 가질 수 있는 기회를 제공한다.

질문 06

청소년들에게 인터넷 중독의 대안활동으로 어떤 것들을 제시해 줄 수 있는가?

모범답변

인터넷 게임의 대안활동으로는 실내・실외에서 하는 활동, 혼자서 하는 활동, 친구 또는 가족과 함께 하는 활동 등이 있다.
① **혼자 하는 실내활동** : 악기연주(드럼, 기타, 우쿨렐레, 피아노, 바이올린 등), 음악 듣기, 책 읽기, 조립하기, 만들기, 그림 그리기 등
② **혼자 하는 실외활동** : 달리기, 산책, 자전거 타기 등
③ **친구, 가족과 하는 실내활동** : 보드게임, 영화 보기, 요리하기 등
④ **친구, 가족과 하는 실외활동** : 놀이공원, 야구, 축구, 캠핑, 여행, 등산 등

질문 07

컴퓨터 게임을 통해 아이템을 판매하여 용돈까지 버는 내담자가 상담에 온다면 상담자로서 어떤 순서로 상담을 진행하겠는가?

모범답변

① **상담 초기** : 라포형성, 내담자 파악, 상담 구조화, 상담목표 설정
　㉠ 내담자가 얼마나 게임을 잘 하면 용돈까지 버는지에 대해서 지지를 해주고, 상담자가 내담자에 대한 관심을 보여 라포를 형성한다.
　㉡ 내담자 파악 : 인터넷 게임을 하루에 얼마 정도 하고 있는지, 어느 정도의 용돈을 버는지, 인터넷 게임으로 생활에 지장을 주는 요소는 무엇인지, 학교생활은 어떤지 탐색한다.
　㉢ 상담의 구조화 : 상담을 할 때 비밀을 보장하나 예외사항이 있음을 이야기하고, 상담 요일, 시간 등을 정해 일정하고 지속적으로 상담을 받을 수 있는 여건을 마련한다.
　㉣ 상담목표 : 점차적으로 게임시간을 줄여서 학교생활이나 일상생활에 지장을 주지 않도록 내담자와 합의하여 구체적인 목표를 정한다.

② **상담 중기** : 게임중독 때문에 일어나는 어려움에 대해 해결할 수 있도록 한다.
　㉠ 컴퓨터게임 중독으로 인해 학교생활, 일상생활에 얼마나 많은 어려움이 있는지 이해한다.
　㉡ 컴퓨터게임 시간을 줄일 수 있는 다양한 방법에 대해서 서로 이야기하고 합의하여 실행하도록 한다. 예 게임시간표 작성 등
　㉢ 컴퓨터게임을 하는 시간을 줄이는 대신 무엇을 할지에 대해서 의논하고 실행하도록 한다.

③ **상담 후기** : 상담 성과 다지기, 추수상담
　㉠ 상담을 통해 컴퓨터게임을 하는 시간이 얼마나 줄었으며 어떻게 진행해 왔는지 나눈다.
　㉡ 추후 잘 하고 있는지 살펴보기 위해 추수상담을 잡을 수 있으며, 도움이 필요하면 언제든지 상담을 받을 수 있다는 사실을 알려준다.

질문 08

게임에 몰두해 있는 자녀에게 게임을 그만하라고 잔소리를 했더니 부모님을 욕하고 발로 차는 행동까지 하는 내담자가 상담에 온다면 어떤 상담목표와 전략을 사용하겠는가?

모범답변

① 상담목표
 ㉠ 부모님에 대한 폭력 행사를 멈추고 말로써 감정표현하기
 ㉡ 게임하는 시간을 줄이기
② 상담전략
 ㉠ 공격적인 행동을 멈추기 위한 행동주의 전략 : 심호흡, 타임아웃, 숫자세기 등
 ㉡ 자신의 감정을 인식하고 적절하게 말로 표현할 수 있도록 교육하는 프로그램 참석하기
 ㉢ 게임시간을 줄이기 위해 게임시간표 작성하기, 실천 시 보상받기, 친구 및 가족들과 함께 할 수 있는 대안활동을 하기 등

질문 09

청소년 시기에 특히 게임/도박 중독에 쉽게 노출되는 이유는 무엇이라고 생각하는가?

모범답변

① 정서적 문제나 자존감이 낮은 사람, 이전에 중독 경험이 있는 사람, 자신의 정체감에 불만이 높은 사람은 중독이 되기 쉽다고 알려져 있는데, 위와 같은 특징은 청소년기의 특징이기도 하다. 그러므로 청소년기라는 발달적 특성이 중독에 취약하게 만든다는 것을 알 수 있다.
② 동시에 이를 누적시키는, 중독에 취약한 환경적 특성으로는 가족 내 갈등, 또래관계에서의 어려움, 비행으로 인한 음주, 우울증과 같은 병리, 부적응 등이 있다.

사례 01

중학교 1학년인 김 군은 컴퓨터게임에 빠져 있다. 게임을 하느라고 새벽까지 잠을 자지 않아서 아침마다 학교에 가는 것이 전쟁일 뿐만 아니라 밥먹듯이 지각을 한다. 어머니가 이를 강하게 제지하고 화를 내고 말렸지만 소용이 없었고, 김 군은 엄마의 잔소리가 싫어서 주말에는 친구들과 PC방에 가서 밥도 제대로 먹지 않고 게임을 한다.

김 군은 게임 속 캐릭터(Healer)에 빠졌는데 이 캐릭터는 부상당한 다른 캐릭터를 치료하고 살려내는 역할을 한다. 김 군은 이 역할에 책임감을 느끼고 있으며 게임 속 팀 동료들이 칭찬을 해주면 정말 기분이 좋고 뿌듯한 감정이 든다고 한다.

김 군의 아버지와 어머니는 함께 공무원으로 일하시는 중이다. 김 군이 게임에만 몰두하다보니 같은 아파트에 사는 또래와 비교했을 때 점점 성적이 떨어지는 것이 걱정되어 다양한 방법을 써 봤지만 소용이 없다고 하셨다.

김 군은 상담에 와서 자신은 다른 친구에 비해 그렇게 게임을 많이 하는 것도 아니고 상담을 해서 별로 도움이 될 것 같지 않아서 상담을 받고 싶지 않다고 하였다. 게임 때문에 지각도 하고 성적도 떨어진 것은 사실이지만 크게 개의치 않으며, 자신은 게임을 그만 둘 생각이 없다고 하면서, 어머니가 자신의 입장을 이해하지 않고 게임에서 자신의 역할과 공헌에 대해서는 전혀 모르고 잔소리만 해서 너무나 지겹고 짜증이 난다고 하였다.

질문 01

위 내담자에게 가장 먼저 다루어야 한다고 생각하는 부분은 무엇인가?

모범답변

위 사례의 내담자는 자발적으로 온 내담자가 아니라 어머니에 의해서 억지로 온 비자발적 내담자이다. 그렇기에 상담에 대한 동기도 없으며 저항도 높을 것으로 보이므로 이에 대해 먼저 수용하면서 상담에 대한 저항감을 해소시키는 것이 우선이라고 생각한다.

질문 02

내담자가 게임을 계속하고자 하는 이유에는 무엇이 있다고 보이는가?

모범답변

① 게임 안의 캐릭터(Healer)로 인해 다른 친구들로부터 오는 칭찬과 인정
② 친구들과 소통하고 어울리면서 또래와의 관계형성
③ 어머니에 대한 반항과 저항
④ 시간관리가 부족하고 문제해결능력이 부족하기 때문

사례 02

초등학교 5학년인 송 군은 절대로 스마트폰을 손에서 놓지 않는다. 아침에 일어났을 때부터 시작해서 아침식사를 먹을 때, 심지어 화장실에 갈 때도 스마트폰을 하고 있어서 어머니로부터 잔소리를 듣고 주의를 받지만 잘 고쳐지지 않는다. 학교에 가서 스마트폰을 걷을 때 집에서 가져오지 않았다고 거짓말을 하고 몰래 화장실에 가져가서 변기에 앉아 게임을 한다. 친구들은 이 사실을 알고 있고, 송 군은 칭찬과 부러움을 받으며 그 때마다 희열과 기쁨을 느낀다.

학원에 가서도 스마트폰을 하면 공부에 지장이 있는 것은 알지만 몰래 하다가 지적을 받기도 하고 압수를 당하기도 하였다. 그렇지만 자신이 핸드폰을 사용하는 정도가 그렇게 심하다고 생각하지 않고, 다른 친구들도 다 하고 자신은 그렇게 많이 하지도 않는다고 말한다.

어머니는 이런 송 군이 걱정되고 속상해서 상담을 받으러 가자고 했다. 송 군은 게임아이템을 사주면 상담을 받겠다고 약속하였고, 상담에 와서는 아이템 때문에 어쩔 수 없어서 왔다고 하면서 자신은 상담을 받고 싶지 않다고 하였다.

송 군의 부모님은 이혼을 하셨고, 송 군은 어머니와 단 둘이 지내고 있다. 어머니는 회사일이 바빠서 저녁 늦게 들어오시고, 주말에도 잦은 외출로 송 군의 얼굴을 보기 어려워 송 군을 케어하기는 어려운 상황이라고 하셨다.

이로 인해 송 군은 저녁에 딱히 할 일이 없어서 스마트폰을 하게 되었다. 송 군의 이야기로는 어머니가 자신을 없는 사람 취급하는 것 같으며 자신에 대해 관심이 없는 것 같다고 한다. 송 군이 말하길, 자신의 어머니는 자신이 학교나 학원에 가 있으면 만사 오케이라고 생각한다고 하였다.

질문 01

위 사례의 내담자가 핸드폰을 과다 사용하는 이유는 무엇인가?

모범답변

① 어머니가 내담자를 거의 방치하다시피 함으로 인해 내담자가 핸드폰을 사용하는 것에 대한 통제가 부재하여 자기 마음대로 사용할 수 있다는 점
② 게임에 대한 즐거움과 매력에 빠져 있다는 점
③ 부모님으로부터의 관심 부재로 인해 생긴 정서적 교류의 허전함을 게임으로 해소하고 있다는 점
④ 게임을 몰래 하는 자신에 대한 친구들의 칭찬과 부러움을 받고 있다는 점
⑤ 자신이 게임을 많이 하고 있다는 생각을 전혀 하지 않고 있다는 점

질문 02

어머니를 상담한다면 어떻게 방향을 잡아가겠는가?

모범답변

① 어머니가 혼자서 자녀를 키우는 것에 대한 수고와 어려움에 대해서 공감하고 자녀를 잘 키우고 싶고 사랑하는 마음이 있으니 상담에까지 온 것에 대해서 지지한다.
② 하지만 내담자가 사랑과 인정을 받지 못하고 있다고 느끼며 적절한 규제와 통제가 결여되어 있는 부분에 대해서 이야기한다.
③ 적절한 대처방법에 대해서 이야기한다.
㉠ 회사업무로 바쁘더라도 사랑의 문자를 보내고 항상 관심과 사랑을 가지고 있음을 표현한다.
㉡ 주말에는 좀 더 사적인 일을 줄이고 자녀와 함께 하는 시간을 보낸다.
㉢ 핸드폰 사용에 대해 자녀와 함께 협의하고 적절하게 통제를 사용한다.
㉣ 핸드폰을 하지 않는 대신 이를 대처할 수 있는 활동을 함께 하도록 한다. 함께 할 수 없을 때는 다양한 활동에 참여시켜서 친구들을 사귈 수 있는 기회를 제공한다.

사례 03

고등학교 1학년인 이 군은 교실 뒷자리에 앉아 게임을 즐긴다. 여러 번 선생님들에게 혼이 났지만 말을 듣지 않으니 선생님들도 더 이상 간섭하지 않고 놔두게 되면서 공부시간에도 신경 쓰지 않고 게임을 한다. 방과 후에도 PC방에 가서 늦게까지 게임을 하다 보니 성적은 최하위권이며 공부를 하고자 하는 의욕도 없다.

이 군의 부모님은 두 분 다 교수이고 형은 공부를 잘해서 의대에 진학하여 집안의 자랑거리이다. 부모님들도 이 군을 볼 때마다 "형 반만큼만 공부하면 소원이 없겠다."라고 하시면서 푸념을 하신다. 자녀에 대해서 기대가 많으시고 전적으로 지원해 주실 수 있는 환경이지만 아버지는 남자는 최소 의사, 변호사, 정치가는 되어야 한다는 말을 하시면서 이 군에게도 자주 "풍운의 꿈을 펼쳐야 한다."라고 말씀하시는데 이군은 이 말을 들을 때마다 토가 나온다고 하였다.

이 군은 중학교 때까지 중상위권의 성적을 유지하고 그림 그리는 것을 좋아하였으며, 친구들과도 잘 어울리는 쾌활한 성격으로 비교적 부모님 말도 잘 듣는 편이였다. 미술대회에 나가서 대상도 받았고 미술선생님이 소질이 좋으니 미술을 전공하면 좋겠다고 여러 번 권유했지만 남자가 그림을 그려서 뭐하냐는 부모님의 반대에 부딪혀 그림을 그만두었다.

그 후 고등학교에 들어가서는 완전히 스마트폰에 빠지게 되면서 부모님에게 반항적이고 거친 행동도 하게 되어 어머니가 거의 호소하다시피 하여 내담자를 상담센터에 데리고 왔다.

질문 01

이 군이 게임에 몰두하게 된 원인은 무엇인가?

모범답변

① 자신이 하고 싶은 진로를 무시하고 부모님이 원하는 진로를 고집함으로써 생긴 갈등
② 부모님이 공부에 대한 집착을 보이고, 공부를 잘해서 의대에 진학한 형에 대해서는 자랑스럽게 생각하시지만 공부를 잘 못하는 내담자에 대해서는 무시하는 태도에 대한 저항
③ 게임에 빠지게 되면서 얻는 재미

질문 02

위 사례에 대해서 상담전략을 세운다면 어떻게 하겠는가?

모범답변

① 먼저 부모상담을 통해 내담자에 대한 양육태도의 개선을 꾀한다.
㉠ 내담자의 내적 욕구와 불만, 정서적으로 저항이 생기는 원인 등에 대해서 설명한다.
㉡ 바람직한 양육태도에 대해서 설명한다.
㉢ 내담자를 있는 그대로 수용하고 존중하는 태도를 갖는다.
㉣ 부모님의 사고방식을 고집하기보다 내담자의 자질을 파악하여 진로에 대한 합의를 이룬다.
② 내담자의 부정적인 감정을 해소한다.
㉠ 가족 안에서 형과 비교되어 무시당하는 심정에 대해서 공감한다.
㉡ 공부를 강요함으로써 받는 스트레스에 대해 수용한다.
㉢ 부모님이 자신의 재능을 무시하고 인정하지 않는 것에 대한 분노감정을 수용하고 해소한다.
③ 상황에 대한 부정적인 감정으로 생긴 적절하지 않은 태도를 수정하도록 한다.
④ 게임에 대해 탐색하고 게임의 시간을 스스로 통제하고 새로운 활동을 시도하도록 한다.
⑤ 자신의 진로에 대해서 탐색하여 목표 계획을 세운다.

Section 08

학교폭력 이론 및 사례

1 학교 폭력

(1) 학교 폭력의 의미 : '학교 폭력'이란 학교 안이나 밖에서 학생을 대상으로 발생한 상해, 폭행, 감금, 협박, 모욕, 공갈, 강요, 강제적 심부름, 성폭력, 따돌림, 정보통신망을 이용한 음란, 폭력 정보 등에 의한 신체・정신・재산상 피해를 수반하는 행위를 말한다.

(2) 청소년 학교폭력 특징

① 단순한 탈선을 넘어 심각한 범죄단계에까지 이르고 있다.

② 가해자들이 자신의 행동에 대한 심각성을 잘 인식하지 못하고 죄의식이 없어지고 있다.

③ 폭력이 집단적이고 조직적인 형태로 나타나고 있다.

④ 비행청소년들뿐만 아니라 보통 청소년에게도 쉽게 발견되는 일반화된 비행이 유행이 되고 있다.

⑤ 피해에 대해 적극적으로 알리지 않는 경우가 많아서 심각해진 이후 발견되는 경향이 있다.

⑥ 여학생의 학교폭력 비율이 남학생의 학교폭력 비율과 비슷해지고 있다.

⑦ 이유 없는 폭력이 증가하고 있다.

(3) 학교폭력의 구체적 형태

① **신체적 폭력** : 신체적으로 해를 입히거나 재산상의 손실을 가져오는 행동

예 옷이나 물건 망가뜨리기, 금품 갈취, 때리기, 밀기, 차기, 찌르기, 침 뱉기 등

② **언어적 폭력** : 말이나 글로 심리적 괴로움을 주는 행동

예 모함하기, 놀리기, 비난하기, 욕하기, 빈정거리기, 모욕하기, 협박 쪽지 보내기, 거짓 소문 퍼뜨리기 등

③ **관계적 폭력** : 친구관계를 무너뜨리고 사회적으로 고립시키는 행동

예 소외시키기, 무시하기, 노려보기, 코웃음 치기, 비웃기, 대답 안 하기, 거부하기, 유사성 행동 따라하게 하기 등

> 위의 학교폭력 유형은 가해자 중심의 행동유형이므로 실제 피해자 입장에서 가해자의 의도성, 비의도성과 관계없이 피해자가 신체적 상해, 정신적 고통, 인격적 침해를 받았다고 느낀다면 이 또한 엄연한 학교폭력이라고 할 수 있다.

2 학교 폭력 상담

(1) 학교폭력 상담의 개념

① 학교폭력의 상담은 개입 시기에 따라 학교폭력 발생 전 예방상담과 학생 폭력이 발생한 후 위기 상황에 개입하는 위기상담, 이후 추수상담으로 구분된다.

② 보통 학교 상담이라고 하면 위기상담을 말하는 것이 대부분이다. 이 때의 상담에서는 현재 벌어진 폭력 상황 해결을 위한 개입과 장기적 재발방지의 측면에서 원인이 되는 요인을 상담·지원해 주는 전반적인 위기 개입이 이루어져야 한다.

(2) **학교폭력 상담의 목표** : 학교 폭력 상담은 학교폭력 사안의 해결에 그치는 것이 아니라 좀 더 복합적이고 심층적인 해결과 지원에까지 관련되어 있다.

(3) 학교폭력 상담의 특수성

① 학교폭력 상담의 대상자는 혼자가 아니며, 대부분 반대의 입장에 선 상대방이 존재한다.

② 학교폭력의 상담은 피해자를 우선적으로 보호하고 치유해야 한다는 점이 매우 중요하다.

③ 전문상담교사, 담임교사, 학부모, 교육청 담당자, 관련 기관 전문가 등이 그 상담자가 될 수 있다는 의미이다.

(4) 학교폭력 상담의 원칙

① 학교폭력의 상담은 집단상담보다는 개별상담을 하는 것이 바람직하다.

② 객관적인 상담을 위해서는 상담 초기에 학교폭력과 관련된 모든 객관적인 정보를 구체적으로 상세하게 수집하는 것이 좋다.

③ 내담자가 원하는 것이 무엇인지, 즉 욕구를 우선적으로 파악하는 것이 중요하다.

④ 내담자에게 필요한 정보를 제공할 경우에는 가능한 구체적이고 객관적인 정보와 자료를 제공하는 것이 좋다.

⑤ 상담과정은 기록으로 남겨서 문서화하는 것이 좋다.

⑥ 상담목표를 설정할 때에는 단기목표, 중기목표, 장기목표 등 구체적으로 계획하는 것이 좋고, 목표는 현실적이며 실천 가능한 것으로 설정하는 것이 바람직하다.

⑦ 상담을 하는 과정에서 학부모, 담임교사 등의 협조를 통해 상담하는 것이 도움이 된다.

⑧ 필요에 따라서는 외부 전문기관과 연계하는 것도 바람직하다.

⑨ 학교폭력상담은 대부분이 위기상담이기 때문에 학교 차원의 단기상담으로 끝나는 것이 아니라 지속적인 장기상담을 계획하고 관리하는 것이 좋다.

질문 01

상담 받는 도중 등교를 거부하고 학교를 가지 않겠다고 하면 어떻게 하겠는가?

모범답변

① 학교에 가고 싶지 않은 마음에 대해서 공감하고 상담자와의 관계에서 라포형성이 이루어지도록 한다.
② 등교를 거부하는 다양한 원인에 대해서 탐색한다.
  ㉠ 학교문제 : 학교폭력, 왕따, 괴롭힘의 문제, 친구와의 갈등문제, 학습에 대한 과한 부담, 학습에 대한 흥미상실, 교사와의 문제 등이 있는지 살펴본다.
  ㉡ 가정 내 문제 : 부모와의 갈등, 양육 태도 및 의사소통 문제 등이 있는지 살펴본다.
  ㉢ 게임 및 비행 : 인터넷 게임, 가출 시도 등이 있는지 살펴본다.
③ 원인을 알아냈으면 원인에 따른 개입을 시도하여 다양한 해결점 또는 대책 마련을 통해 등교거부 원인을 제거하도록 한다.

질문 02

학교에 가면 아무도 자신과 놀지 않는다며 학교 가기를 거부하고, 공부는 하지 않고 게임에만 집중하는 중학생을 상담하려고 한다면 어떻게 해야 하며 어떤 목표를 설정할 수 있겠는가?

모범답변

① 내담자가 학교에 가기 싫은 마음과 친구가 없어서 힘든 마음을 공감한다.
② 내담자가 학교에 가기 싫어하는 이유에 대해서 확인한다.
  ㉠ 학교에 갔을 때 친구가 없어서 놀지 못해서
  ㉡ 학교에 가서 공부하는 것이 힘들고 재미가 없어서
  ㉢ 게임을 하는 것이 너무나 재미있어서
③ 학교에 가기 싫은 이유에 대해서 구체적인 목표를 설정한다.
  ㉠ 교우관계 개선을 통해 1명 이상 친구 만들기 : 대인관계훈련, 자기표현훈련을 통해 관계에 대한 기본적인 교육 및 훈련을 실시하여, 가장 가까이 있는 친구에게 먼저 말을 걸거나 인사를 하면서 접근하여 친구를 만들어 사귀도록 한다. 더 나아가 경청과 배려를 통해 친구 관계를 지속할 수 있도록 목표를 세운다.
  ㉡ 학습에 대한 동기 파악 및 학습능력 향상을 통해 매일 학교 가기 : 학습에 대한 동기를 파악해 주고, 구체적으로 목표를 세워 실천할 수 있도록 하며, 이를 위한 지속적인 학습습관이 들 수 있도록 매일 학교에 등교하게 한다.
  ㉢ 게임시간 줄이기 : 게임시간을 정해놓고 하며, 좀 더 다양한 활동을 통해 게임하는 시간을 줄이도록 한다.

청소년상담에서 상담의 목표를 설정할 때에는

- 구체적이고, 성취지향적이며, 측정가능하고, 행동적으로 관찰가능하며, 분명하게 재진술될 수 있어야 한다.
- 내담자와 합의하에 설정해야 한다.
- 목표는 상담이 진행되면서 수정될 수 있다.
- 상담의 일차적 목표는 내담자의 생활적응을 돕는 것이며, 이차적 목표는 성격을 재구조화하여 인간적 발달과 성숙을 이루는 것이다.

질문 03

학교폭력의 가해자가 학교의 결정으로 인해 상담을 받으러 왔다면 어떻게 상담하겠는가?

모범답변

① 원하지 않는 상담을 받으러 온 것이 얼마나 불편했을지에 대해 알아주고 상담자와의 라포를 형성한다.
② 학교폭력의 가해자로서의 입장에 대해 충분히 표현하도록 한다. 학교폭력의 행동을 하게 된 이유가 무엇이며 어떤 방식으로 이루어졌는지, 얼마나 당위성을 가지고 이야기하는지, 피해자에 대한 생각은 어떠하며, 현재 상담을 받는 것에 대해 생각은 어떠한지에 대해서 표현하도록 한다.
③ 가해자가 이야기한 학교폭력 가해 상황에 대해 새로운 시각으로 탐색하도록 한다.
  ㉠ 피해 학생의 입장에서 폭력행동을 재해석해 보기
  ㉡ 피해 학생이 폭력 당시 느꼈을 고통과 괴로움, 우울과 자괴감, 무서움과 공포 등의 감정에 대해서 생각해 보기
  ㉢ 학교폭력의 가해자에 대한 타인의 시선 등
④ 학교폭력은 불법성이 있으며 처벌받을 행동임에 대해서 확인하고 상황의 심각성을 인지하여 재발되지 않도록 한다.
⑤ 자신의 행동을 올바르게 표현하는 방식과 대처방법을 이야기한다.
  ㉠ 분노가 일어날 때 신체적인 폭력보다 언어로 표현하기
  ㉡ 상황에 대해서 참을 수 없다면 피하도록 하기
  ㉢ 분노일지를 통해 감정을 표현하여 해소하기
  ㉣ 충동성을 억제할 수 있도록 숫자를 세게끔 하기

질문 04

학교 폭력 예방을 위한 대처나 방안이 있다면 무엇이 있는지 이야기해 보시오.

모범답변

① 먼저 학교폭력 예방을 위해 학교환경을 안전하게 만들도록 한다.
  ㉠ 정기적으로 학생과 교사 및 학부모들에게 학교폭력 예방교육을 실시할 뿐 아니라, 의사소통, 감정조절, 갈등해소 등의 다양한 프로그램을 운영하도록 한다.
  ㉡ 또한 학교를 정기적으로 순회하며 CCTV를 설치하여 학교폭력의 가능성을 줄인다.
  ㉢ 학교폭력이 발생하면 즉시 112 또는 학교폭력 상담 및 신고전화 117로 신고하고 선생님이나 어른에게 도움을 요청하며 상담을 통해 대처하는 방법을 배운다.
② 가정에서는 부모님이 평상시 자녀와의 대화를 통해 자녀의 상태를 확인하는 것도 좋은 방안이다.

질문 05

학교에서 친구들로부터 따돌림을 당하고 있는 내담자가 상담을 온다면 어떤 부분에 중점을 두고 상담을 하겠는가?

모범답변

① 내담자의 감정의 힘듦을 해소하도록 한다. 학교에서 따돌림으로 인한 외로움, 억울함, 소외감, 두려움 등을 겪었을 내담자 감정에 대해 공감하며 얼마나 힘들었을지에 대해서 충분히 이해한다.
② 원만한 친구관계를 형성할 수 있도록 다양한 방법을 사용한다.
  ㉠ 그래도 비교적 자신에게 친근감이나 동정을 보이는 친구를 찾아 자신의 행동에 문제가 있는지 피드백을 들어보고 자신의 모습을 살펴보도록 한다.
  ㉡ 친구에게 먼저 다가가 칭찬하고 도우며 관심을 기울이도록 한다.
  ㉢ 관계를 형성할 수 있는 자기표현훈련, 의사소통훈련 등의 기술을 통해 친구관계를 만들고 유지하도록 한다.
③ 자신에 대한 자신감을 회복하도록 한다.
  ㉠ 자신의 장점을 생각하고 잘 할 수 있는 일들을 찾아 성취감을 갖도록 한다.
  ㉡ 자존감 향상 프로그램을 통해 스스로에 대한 존재감과 존귀함을 알도록 한다.

질문 06

학교 밖 청소년에 대한 사업에는 어떤 것이 있는지 아는 대로 이야기해 보시오.

모범답변

① 학교 밖 청소년들에 대한 대표적인 사업으로 '학교 밖 청소년지원센터 꿈드림'이 있다.
  ㉠ 9~24세 '학교 밖 청소년들을 대상으로 하고 있으며, 전국적으로 220여 개 소가 있다.
  ㉡ '가출학생을 위한 쉼터'에서는 가출 및 학교 밖 학생들에게 의식주 및 의료 지원, 부모상담, 학교 및 직업 교육을 진행한다.
  ㉢ '내일 이룸학교'는 학교 밖 청소년에게 맞춤형 직업훈련을 실시하여 성공적인 사회진출 및 자립을 지원한다. 전국에 14개의 직업훈련기관이 있다.
  ㉣ 그 외 꿈드림에서는 건강검진, 자립지원, 문화활동 등의 사업을 한다.
② 한국청소년상담복지개발원에서는 학교 밖 청소년 사업으로 상시 고민을 해결할 수 있도록 상담소를 운영하고 있다.

질문 07

학교폭력을 당하고 있는 내담자가 상담 중에 이야기한 것에 대해서 부모님에게 알리지 말라고 부탁한다면 어떻게 하겠는가?

모범답변

① 청소년상담사 윤리강령 중에서 '청소년상담사는 아동학대, 청소년 성범죄, 성매매, 학교폭력, 노동관계 법령 위반 등 관련 법령에 의해 신고의무자로 규정된 경우, 해당 기관에 관련 사실을 신고해야 한다.'는 규정에 따르면, 학교폭력은 비밀보장의 예외사항이므로 부모, 담임, 학교, 상담사 소속 기관에 신속하게 알려야 한다.
② 내담자에게 이 사실을 이야기하고 피해자가 적절하게 보호받을 수 있도록 한다.

질문 08

학교폭력에서 방관자의 심리는 무엇인가?

모범답변

① 방관자의 심리란 사건을 목격하고 이에 대해서 책임감을 지지 않으려는 심리로 목격자들이 많으면 많을수록 책임감은 가벼워진다는 것이다. 이를 제노비스 신드롬이라고 한다. 학교폭력의 경우, 학교에서 다수의 아이들이 학교폭력을 목격했으므로 자신에게 책임감이 있지 않다는 심리를 가진다.
② 앞에 나섰다가는 학교폭력 가해자로부터 보복을 받을 수도 있다는 두려움을 가지고 있기 때문에 외면해 버리지만 스스로 자책감을 가지는 심리를 가진다.
③ 도움을 주어야 하는 시기에 도움을 주는 것을 무시하는 심리를 가진다.

질문 09

부모님과 안정적으로 살던 내담자는 아버지가 집을 나간 후 중학교 때부터 계속해서 학교 폭력 문제에 연루되어 때로는 피해자가 되기도 하고, 때로는 가해자가 되기도 한다. 이 내담자의 행동 변화를 도울 수 있는 상담전략으로는 무엇이 있겠는가?

모범답변

① 학교 폭력 문제에 연루되는 원인을 탐색하고 내담자가 가해자가 되었을 때와 피해자가 되었을 때의 법적 책임과 의무를 따져 본다.

㉠ 내담자가 가해자가 되었을 때 : 잘못한 부분에 대해 누구에게 사과를 하고 어디까지 책임져야 하는지 정해본다. 학폭 위원회에서 할 말을 상담 시 함께 연습해 보고 사과가 잘 전달되어 합의할 수 있는 방법을 찾도록 한다.

㉡ 내담자가 피해자가 되었을 때 : 무엇보다 자신이 해결할 수 있는 범위가 무엇인지를 학교 폭력 위원회에 알린다. 어머니와 함께 이 부분의 한계를 결정하고 자신이 전학을 가야 할지, 가해자가 강제 전학을 가야 하는지를 결정하도록 한다.

② 변화에 대한 상황을 잘 받아들일 수 있도록 추후 상황을 돕는다.

사례 01

초등학교 6학년인 김 군은 매일 학교에서 친구들에게 욕을 하고 때리고 상처를 준다. 피해학생의 부모님이 학교에 찾아와 몇 번의 학폭위가 소집되었고, 학교에서도 징계를 몇 차례 주었지만 폭력적인 김 군의 행동은 멈추지 않았다.

김 군의 부모님은 초등학교 4학년 때 이혼을 하였다. 아버지는 매일 술을 마시고 경제적으로 무능력하였고 술을 마시면 어머니를 때리고 소란을 피웠다. 이런 아버지를 참지 못한 어머니는 이혼소송을 하여 이혼을 하게 되었다. 이혼 후에 아버지는 몇 번 김 군을 찾아와 밥도 사주고 선물도 사주었는데 이를 안 어머니는 아버지를 만나면 아버지에게 보내버리겠다고 협박을 하는 바람에 더 이상 아버지를 만나지 않게 되었다.

그 후 얼마 지나지 않아 어머니가 새로운 남자를 집에 데리고 와서 같이 살게 되었고, 새로운 남자에게 '아빠'라고 부르라고 하였다. 김 군은 이러한 상황이 너무나 당황스럽고 싫어서 남자가 퇴근하면 방에서 나오지 않고 밥도 같이 먹기 싫어서 먼저 먹어버리곤 하였다.

어머니는 이런 김 군에게 남자를 '아빠'라고 부르라고 강요하고 계속적으로 친해지길 요구하였으며, 딴청을 피는 김 군에게 화를 내고 야단을 치며 그럴 거면 "아빠한테 가라."라고 하였다. 이런 상황에서 김 군은 점점 친구들과 PC방에 가서 늦게 들어오게 되었고, 학교에 가도 학업에는 관심이 없고 친구들을 공격하고 폭력을 행사하였다.

질문 01

위 사례에서 새아버지에 대한 김 군의 정서가 어떨지 유추해서 이야기해 보시오.

모범답변

① 진짜 자신의 생부인 '아빠'가 있고 생부인 '아빠'와 만나서 밥도 먹고 선물도 받으면서 관계를 하고 있는데 새로운 남자에게 '아빠'라는 호칭으로 불러야 한다는 것이 매우 당황스럽고 너무나 싫어서 저항하는 마음이 컸을 것으로 유추된다.
② 어머니가 너무나 싫은 대상에게 '아빠'라고 부르게 시키고 친밀하게 지내지 않으면 생부에게 보내겠다는 위협을 하였기 때문에 새로운 남자가 더 밉고 화가 났을 것으로 유추된다.
③ 낯선 남자와 같은 집에 동거하게 되면서 생활의 불편함을 크게 느꼈을 것으로 유추된다.

질문 02

내담자가 학교에서 공격성을 보이는 원인이 무엇이라고 생각하는가?

모범답변

① **분노감정**

㉠ 부모님이 싸움을 하시는 것을 보고 불안, 공포, 분노의 감정이 일어났을 것이다.

㉡ 어머니의 태도가 내담자의 고통을 알아주지 않고 협박적인 것으로 보아 어머니에 대한 분노 감정이 일어났을 것이다.

② **공격성의 학습** : 아버지가 어머니를 때리는 것을 보고 공격성과 폭력행동을 학습했을 것이다.

질문 03

김 군을 상담한다면 어떻게 할 것인가?

모범답변

상담 초기에 다음과 같이 상담한다.

① 내담자가 처한 상황에 대한 이해와 혼란스러운 마음에 대해서 공감하며, 불안하고 외롭고 화나고 저항하고 싶은 감정에 대해 수용한다.
② 부모님의 이혼 및 어머니의 재혼은 어른들의 일임에 대해서 이야기한다.
③ 어머니, 생부, 새아버지에 대한 내담자의 마음을 탐색하고 공감하여 천천히 새로운 상황을 받아들일 마음의 준비를 하게 한다.
④ 부모상담을 통해 내담자의 마음을 이해하고 생부와의 만남을 허락하도록 권하며, 새아버지와 친해지는 데 시간이 필요함을 이야기하여 천천히 관계를 형성하도록 한다.
⑤ 내담자의 공격성을 낮추기 위해 감정을 조절하고 행동수정을 하도록 한다.
⑥ 새아버지와 친해지기 위해 할 수 있는 것부터 실행하도록 단계를 정하여 행동과제를 부여한다.
⑦ 부모님이 이혼을 했더라도 내담자와 생부가 만나는 시간을 가질 수 있도록 한다.
⑧ 내담자는 자신의 변화 환경을 받아들이고 적응하도록 한다.

사례 02

이 군은 초등학교 4학년으로 학교에서 왕따를 당하고 있다. 같은 반 친구가 주동자가 되어 재미로 이 군을 놀리고 필통을 숨기고 책상에 쓰레기를 갖다놓으며 먹다 남은 과자를 주워 먹으라고 하였다. 이 군은 이런 상황에 대해서 말을 하지 못하고 가만히 당하고 있거나 울었다. 주변에 친구들이 선생님에게 이런 상황을 이야기해서 주동자 학생을 불러 혼을 내긴 했지만 학교 책임자에게는 보고하지 않고 넘어갔으며 주동자도 가해 행동을 멈추지 않았다.

이 군 부모님은 이런 일들을 이 군이 아닌 같은 아파트에 살고 있는 다른 어머니로부터 전해 들었다. 화가 난 어머니는 이 군에게 사실을 확인한 후 학교에 찾아가 담임선생님에게 가해 학생에 대해 벌을 주고 이런 일이 재발하지 않게 하도록 요구했다. 그러나 왕따 행위는 근절되지 못하였고 어머니는 재차 학교 교장선생님께 찾아 갔지만 주동자 부모가 찾아와 사과하는 선에서 마무리되었다.

이 군은 소심하고 조용하다. 책을 많이 읽어 의사표현을 조리 있게 하지만 발표하거나 사람들이 많은 상황이면 긴장하여 거의 말을 잘 하지 못하고 더듬는 경향이 있었다. 이 군의 부모님은 두 분 다 회사원으로 바쁘셔서 이군은 어릴 적부터 어린이집, 유치원, 공부방에 다녔고 주변에 마땅히 이 군을 봐줄 친척이나 가족이 없었다. 이 군은 어릴 적에 어린이집에서 이틀 동안 울음을 멈추지 않을 때도 있었고 다른 사람들과 이야기할 때도 긴장하고 눈을 잘 마주치지 못하였으며 친구들과 같이 노는 것이 어려웠다.

질문 01

이 군이 왕따를 당하는 이유는 무엇이라고 생각하는가?

모범답변

① 어릴 적부터 다른 사람들과 관계를 형성하는 경험이 적어서 관계를 맺는 방법에 대해서 잘 모르고 관계에 대해 긴장감을 가지고 있다.
② 부당한 상황에 대해 자신의 의사표현을 분명하고 적절하게 표현하는 것이 부족하다.
③ 학교 교육환경에서 교사가 이 군에 대해 적절한 조치를 취하는 것이 부족하였고 올바른 또래관계를 형성하기 위한 지도가 부족하였다.
④ 부모님과 애착관계 형성이 불안정하여 욕구충족 좌절로 자신감이 많이 없는 상태이다.

질문 02

이 군을 상담한다면 어떤 목표와 전략을 세울 수 있겠는가?

모범답변

① **상담 목표**
㉠ 자기 주장해보기　　㉡ 다른 사람들과 관계 형성하기
② **전략**
㉠ 자신이 하고 싶은 말 해보기
㉡ 자신이 싫어하는 것에 대한 의사표현 해보기
㉢ 천천히 또박또박 발표해 보기
㉣ 부모님과 함께 여행하며 자신의 감정 표현해 보기
㉤ 친구 사귀는 연습 시도하기 등

사례 03

최 군은 초등학교 6학년 남자아이로 반에서 종종 다른 친구들을 때려서 피해 학생 부모로부터 전학시켜 달라는 요구를 받는다. 이런 일이 있을 때마다 최 군의 어머니는 피해자 부모님에게 사죄하고, 현재 아버지가 아파서 이사를 하기 어렵기 때문에 전학을 갈 형편이 안 된다는 것을 호소하였다. 이런 어머니의 호소로 인해 최 군은 전학 가는 것을 계속 유보하게 되었다.

최 군은 키가 작고 뚱뚱해서 친구들이 '돼지'라고 놀리는데 그 때마다 분을 참지 못하고 놀리는 친구의 얼굴을 갑자기 주먹으로 때린다. 또 쉬는 시간에 친구들과 과격하게 놀다가 시비가 붙으면 느닷없이 친구들의 얼굴을 때리기도 한다.

최 군의 아버지는 현재 암으로 투병생활을 하고 있으며, 어머니는 식당을 다니며 가족을 부양하고 있고, 중학생 누나는 싸움을 잘해 학교에서 문제 학생으로 소문이 나 있다. 최 군의 아버지는 아프기 전에 평소에 남과 싸울 때 져서는 안 되며 상대방을 공격할 때는 급소를 이용해야 한다고 말했다. 또한 아프기 전에는 아이들이 보는 앞에서 어머니를 때리는 일도 있었다.

최 군의 폭력이 멈춰지지 않아 담임선생님이 최 군의 상담을 의뢰하였다.

질문 01

최 군은 상담에 와서 자신은 문제가 없으며 상담받기 싫다고 하였다. 이런 최 군을 첫 상담 시 어떻게 하겠는가?

모범답변

① 상담을 받기 싫은데 선생님이 가라고 했으니 얼마나 불편할지에 대해서 충분히 공감한다.
② 그럼에도 불구하고 상담 받으러 온 것에 대해서 지지하고 행동이나 태도에서 칭찬할 만한 것이 무엇인지 탐색하고 파악해서 칭찬을 해 준다.
③ 문제가 있어서 상담을 받는 것이 아니라 억울하고 속상한 마음을 들어주기 위해 상담을 한다는 것을 확인시켜서 자발적인 동기가 생기도록 한다.
④ 내담자가 반 친구들을 때린 이유와 입장을 충분히 경청하고 공감한다.
⑤ 자연스럽게 피해자의 마음을 피드백하여 상대방에 대해 공감할 수 있도록 한다.
⑥ 폭력 외에 다른 방법을 쓰는 것에 대해서 이야기한다.

질문 02

최 군에게 개입할 수 있는 방법으로는 무엇이 있는가?

모범답변

① **폭력행동이 나올 수 있는 경우에 어떻게 대처해야 하는지 의논하기**
  ㉠ 친구들과 놀다가 시비가 붙으면 때리기 전에 숫자세기, 심호흡하기, 타임아웃하기 등
  ㉡ 친구들이 놀리면 때리기 전에 자기주장하기, 숫자세기, 심호흡하기, 타임아웃하기 등
② **지역의 지원체계 연결하기** : 지역의 지원체계를 확인하고 지원방안을 세워 연결하기
③ **폭력에 대해 교육하기**
  ㉠ 싸움을 하면 이겨야 하고 급소를 공격하라는 아버지의 말에 대해 인지적 수정하기
  ㉡ 폭력은 절대로 쓰면 안 된다는 것에 대해서 교육하기

Section 09 진로관련 이론 및 사례

1 진로관련 용어

(1) **진로** : 가장 상위개념으로 한 개인이 생애 동안 일과 관련해서 경험하고 거쳐 가는 모든 체험을 의미한다. 진로는 매우 복잡하고 종합적인 의미를 지니고 있다.

(2) **직업** : 일반적으로 보수를 받는 것을 전제로 한 일을 의미한다. '개인이 계속적으로 수행하는 경제 및 사회 활동의 종류'라고 규정한다.

(3) **진로발달** : 각 개인이 자기가 설정한 진로 목표에 접근해 가고 그 목표를 달성해 가는 과정을 지칭하는 것으로 사용된다.

(4) **진로의식 성숙** : 동일한 연령층인 대상과의 비교에서 나타나는 상대적인 직업 준비의 정도라고 할 수 있다. 동일한 연령층이나 발달단계에 있는 집단의 과업 수행과 비교해 볼 때 개인이 상대적으로 차지하는 위치를 의미한다.

(5) **진로교육** : 개인의 진로선택, 적응, 발달에 초점을 둔 교육으로 각 개인이 자신에게 적합한 일을 선택하고 수행할 수 있도록 평생 학교, 가정, 사회에서 가르치고 지도하고 도와주는 활동을 총칭한다.

(6) **직업교육** : 개인이 일의 세계를 탐색하고 자신의 적성, 흥미, 능력에 맞는 일을 선택하며 그 일에 필요로 하는 지식, 기능, 태도, 이해, 일에 대한 습관 등을 개발하는 형식적, 또는 비형식적 교육을 말한다.

(7) **진로지도** : 보다 포괄적인 의미에서 사람이 활동하는 생애 동안 그들의 진로 발달을 자극하고 촉진하기 위해 전문 상담사나 교사 등과 같은 전문인이 여러 다양한 장면에서 수행하는 활동으로 진로 계획, 의사결정, 적응문제 등에 조력하는 것이다.

(8) **진로상담** : 진로지도를 위한 수단의 하나인 '진로상담'은 진로발달을 촉진하거나 진로계획, 진로·직업의 선택과 결정, 실천, 직업적응, 진로변경 등의 과정을 돕기 위한 활동을 의미한다.

2 진로상담의 목표

(1) 자신에 관한 보다 정확한 이해 증진으로 자기에게 맞는 일과 직업을 선택하기 위해서 자신의 가치관, 능력, 성격, 적성, 흥미, 신체적 특성 등에 대하여 올바르게 이해한다.

(2) 직업 세계에 대한 이해 증진으로 복잡하고 다양한 일과 직업의 종류 및 본질에 대한 객관적 이해를 하도록 한다.

(3) 합리적인 의사결정 능력의 증진으로 진로지도의 최종결과는 크든 작든 어떤 '결정'이라는 형태로 나타나므로 합리적 의사결정 능력을 향상시킨다.

(4) 직업에 대한 올바른 가치관 및 태도를 형성하도록 한다.

(5) 진로나 직업에 대한 정보를 탐색할 수 있는 능력을 향상시키고 활용하는 능력을 키운다.

(6) 내담자의 직업적 목표를 명확하게 해 주며, 이미 결정한 직업적인 선택과 계획을 확인하도록 돕는다.

3 직업상담의 일반적 원리

(1) 내담자에 대한 기본적인 신뢰와 공감적 이해는 진로상담에서도 중요하다.

(2) 최종 선택은 내담자 스스로 결정하도록 유도한다.

(3) 진로상담사는 진로 관련 정보 제공을 위해 직업 세계에 대한 정보를 숙지해야 한다.

(4) 만성적인 미결정자는 조기 발견에 특히 유념하여야 한다.

(5) 경우에 따라서는 심리상담을 병행하면 더욱 효율적이다.

4 진로욕구에 대한 내담자 상태

(1) **진로 결정형** : 자신의 선택이 잘된 것이어서 명료화하기를 원하는 내담자

(2) **진로 미결정형** : 자신의 모습, 직업, 혹은 의사결정을 위한 지식이 부족한 내담자

(3) **우유부단형** : 생활에 전반적인 장애를 주는 불안을 동반한 내담자

5 직업상담원의 역할

(1) **상담자** : 내담자의 정보, 직업세계의 정보, 미래사회의 정보를 통합하여 직업선택에 도움을 주는 상담활동을 진행한다.

(2) **처치자** : 직업문제를 갖고 있는 내담자에게 문제를 인식하게 하고 진단하고 처치한다.

(3) **조언자** : 구인·구직 신청접수, 취업알선, 채용여부 확인 등 직업소개 업무와 관련된 의사결정을 조언한다.

(4) **개발자** : 청소년, 여성, 고령자, 실업자, 장애인 등을 대상으로 직업의식을 촉구하고 직업생활에 대한 이해를 높이기 위한 프로그램을 개발한다.

(5) **지원자** : 내담자 스스로 직업문제를 해결하도록 돕고 직업발달단계에 의한 직업지도 프로그램을 적용하고 평가하며 지원한다.

(6) **해석자** : 직업상담의 도구인 내담자의 성격, 흥미, 적성, 진로성숙도 등에 관한 검사를 실시하고 결과를 분석·해석하여 내담자가 자신을 잘 이해하도록 촉구한다.

(7) **정보분석가** : 직업과 관련하여 노동시장, 직업세계 변화, 직업과 미래사회에 대한 정보를 분석한다.

(8) **협의자** : 직업 정보제공원, 구인처와 연계구축하여 협의한다.

(9) **관리자** : 상담과정에서 일어나는 일련의 업무를 관리하고 통제한다.

질문 01

청소년에게 있어서 진로상담이 중요한 이유는 무엇인가?

모범답변

① 청소년기는 미래의 진로선택을 위한 교육이 이루어지는 시기이며, 직업선택과 관련된 직업관 및 인생의 가치관이 정립되는 시기라 할 수 있기에 청소년기 진로상담은 매우 중요하다.
② 또한 변화하는 시대적 요구에 뒤처지지 않고 현대사회에 적응하여 자신의 역할을 잘 수행할 수 있도록 하여 행복한 삶을 살아가도록 하는 준비의 시기이므로 이때 현명하게 자신의 진로를 선택하고 결정지을 수 있도록 도와줄 진로상담은 중요하다.
③ 진로상담을 위해서 자기이해라는 것을 전제로 함으로써 자신에 대한 정체성, 가치관, 태도형성을 살피고 이를 통해 부적응 행동을 예방하는 차원에서 진로상담은 중요하다.

질문 02

진로상담에서 많이 사용하고 있는 홀랜드검사를 통해 진로지도를 어떻게 하겠는가?

모범답변

① 홀랜드검사는 개인의 성격을 6가지(현실형, 탐구형, 예술형, 사회형, 진취형, 관습형)로 나누고, 직업군도 6개로 나누어 매칭시키는 검사이다.
② 내담자가 홀랜드검사를 하여 1순위와 2순위 점수차가 10점 이상이면 1순위 코드로만 보고, 10점 미만일 때는 1순위, 2순위 코드로 본다. 예를 들어 1순위 R(42), 2순위 C(25)이면 RR 코드, 1순위 R(42), 2순위 C(40)이면 RC코드이다.
③ 코드의 대표적인 직업을 소개한다.

질문 03

진로선택을 하는 데 있어서 부모와 내담자의 갈등이 심해져 내담자가 괴로워하며 상담을 요청해왔을 때 상담자로서 어떻게 하겠는가?

모범답변

① 부모와의 갈등으로 인해 오는 답답함과 짜증, 분노, 우울 등의 감정에 대해서 표현하도록 하며 이에 대해 공감한다.
② 부모와 내담자의 진로에 대한 갈등의 의견 차이가 무엇인지 확인한다. 부모님이 원하시는 진로, 본인이 원하는 진로가 무엇 때문에 다른지에 대해서 서로의 의견을 듣는다.
③ 목표하는 진로에 대해 구체적인 조사를 한다. 구체적인 급여수준, 장래성 등을 파악하고 이에 관련된 전문가의 실제적인 조언을 통해 목표로 하는 진로에 대한 정보를 파악하도록 한다.
④ 내담자가 자신의 특성을 이해할 수 있도록 다양한 검사를 실시해 본다. 흥미검사, 태도검사, 적성검사, 홀랜드검사 등 종합평가를 통해 내담자가 진로에 대한 이해를 높일 수 있도록 한다.
⑤ 내담자 특성과 목표진로에 대해 계획과 목표를 세워서 부모님을 설득하여 지지와 지원을 얻도록 한다.

질문 04

실업계 고등학교에서 컴퓨터 실습을 공부했지만 적성에 맞지 않았고, 취직보다는 새롭게 무역학과를 가고 싶어서 여러 대학에 지원했지만 다 떨어지고 마지막에 넣었던 컴퓨터학과만 합격을 했다. 속상하기도 하고 여러모로 갈등이 되어 학교를 가야 할지 말아야 할지 고민이 되는 학생에 대해 어떻게 상담하겠는가?

모범답변

① 3년 동안 공부했지만 자신과 맞지 않는 것을 확인하고 새로운 길을 선택한 도전에 대해서 지지한다. 그렇지만 기대했던 무역학과에 떨어지고 가고 싶지 않은 컴퓨터학과에 붙은 것에 대한 속상함과 갈등에 대해서 공감한다.
② 자신에 대한 탐색을 한다.
㉠ 컴퓨터학과가 직싱 및 취미에 안 맞는 것이 맞는지
㉡ 무역학과에 가는 것이 자신의 적성에 맞는지
㉢ 자신의 적성과 성격에 어느 것이 더 맞는지 확인한다.
③ 진로에 대한 탐색을 한다.
㉠ 컴퓨터학과에서 무엇을 배우게 되는지
㉡ 무역학과에서는 무엇을 배우게 되는지 좀 더 확실하게 정보를 수집한다.
④ 결정하기
㉠ 컴퓨터학과를 가기로 결정했다면 자신이 미리 배운 것이 큰 도움이 된다는 것을 확인한다.
㉡ 무역학과를 가야겠다고 결심하면 재수를 선택한다.

사례 01

최 군은 고등학교 3학년인데 K-POP에 빠져서 졸업을 하면 연예인이 되기 위해 연예인 양성전문 대학교로 진학하고자 한다. 기획사 공개오디션에도 여러 번 참가하였고 한 군데서 입상을 하기도 하였다.

하지만 아버지는 최 군이 연예계의 길로 들어간다는 것에 강력하게 반대를 하고 계신다. 그 곳에서 성공하기가 하늘에 별 따기인데 자신이 보기에 자신의 자녀가 별로 끼가 있는 것 같지는 않다고 생각하시며 굳이 '딴따라'의 길을 가야하는지에 대해서 못마땅해 하신다. 어머니도 최 군이 평범하게 진학을 하든지, 아니면 기술을 배워서 회사에 취직하기를 바라신다.

최 군은 이러한 부모님의 반대 때문에 자신의 진로에 대해서 갈등과 혼란을 겪고 있으며, 최근에는 자신이 가야 할 길이 정말 가수가 맞는지 의심이 들 때도 있다고 하였다. 그리하여 상담을 신청하여 도움을 요청하게 되었다.

질문 01

청소년과 가치관이 다를 때 상담사로서 어떻게 하겠는가?

모범답변

① 청소년의 감정에 공감하고, 주장하는 것에 대해 검색하며, 객관성에 대해서 탐색한다.
② 상담사로서 타인의 이야기에 공감하지만 입장은 다를 수 있다는 점을 확인하고 자신의 주장에 대해서 이야기 나눈다.
③ 상담사는 청소년의 의견과 다른 부분, 차이가 나는 부분에 대해서 자유롭게 이야기를 나눈다.
④ 서로 자신이 옳고 타인이 그르다는 논리를 버리고 수용적인 태도를 가지며, 청소년의 주장이나 가치가 매우 확고한 경우에는 반대보다는 수용과 지지와 지원을 아끼지 말아야 한다.

질문 02

최 군의 주호소문제는 무엇인가?

모범답변

① 진로에 대한 부모님과의 갈등 ② 자신이 선택한 진로에 대한 갈등과 혼란

사례 02

중3인 문 군은 그림을 그리는 것을 좋아하고 특히나 만화를 그리는 것을 좋아한다. 애니메이션을 전공하고 싶어서 특성화고등학교로 진학하고자 하지만 부모님은 일반고등학교에 가서 공무원 시험을 보아 좀 더 안정된 생활을 하기를 강하게 이야기하신다. 부모님은 애니메이션을 공부하면 생활이 불안정하게 되어 취직하기도 어렵다고 생각하신다.

문 군은 평소 부모님의 말을 잘 들으며 순종적인 편이라 부모님이 말씀하신 것을 뿌리치기 어렵지만 자신은 특성화고등학교를 가고 싶은 마음이 더 커서 고민이 되었다. 자신의 생각을 부모님께 분명하게 이야기하고 싶지만 선뜻 용기가 안 나고, 그렇다고 부모님의 말씀을 듣고 일반고에 갔다가는 너무나 후회가 될 것 같아서 밥맛도 없고 선생님 말씀도 잘 들어오지 않는다. 이러한 갈등으로 인해 힘들어하다 진로상담을 받고 싶다고 이야기하고 상담을 오게 되었다.

질문 01

진로상담으로 찾아온 내담자에게 할 수 있는 심리검사는 무엇이 있는가?

모범답변

① 홀랜드검사 ② 스트롱 직업흥미검사
③ 진로흥미검사 ④ 진로성숙도검사
⑤ 진로가치관 검사 등

질문 02

내담자를 어떻게 상담하겠는가?

모범답변

① 진로갈등을 겪고 있는 내담자에게 객관적인 진로검사를 실시하여 내담자의 흥미, 적성 등에 대해서 파악한다.
② 내담자가 하고 싶은 진로분야에 대해 가지고 있는 소질, 능력 정도, 결심 정도, 진로에 대한 정보 여부, 미래의 계획 등에 대해서 내담자의 생각이나 소신을 들으며, 종합적인 고려를 통해 진로상담을 진행한다.
③ 부모님이 말씀하신 진로에 대해서도 종합적인 고려를 통해 점검한다.
④ 자신의 진로와 부모님의 진로에 대해 다각적으로 살펴보면서 자신의 생각이 정리가 되면 부모님과 대화를 나누며 자신의 생각을 분명하게 이야기하도록 한다.
⑤ 내담자는 다소 소심하고 부모님의 의견을 중요시하지만 최종적인 진로 선택은 자신이 해야 한다는 생각으로 자신의 진로소신에 대해 부모님께 이야기한다.

사례 03

인문계 고등학교에 재학 중인 최 군(18살, 고2)은 아주 어릴 적부터 피아노를 배웠고, 초, 중, 고등학교에서도 계속적으로 레슨을 받고 있다. 피아노 대회에 나가서 입상한 적도 있고 나름대로 실력을 인정받고 있다. 최 군은 자신이 세계적인 피아니스트가 되어 무대에 서는 것을 꿈꾸며 행복해하고 계속 피아노를 치고 싶은 마음이며 성적은 중간 정도 수준이다.

최 군의 아버지는 대기업을 다니는 엘리트이며 어머니는 학원강사로 학업에 관심이 많으시다. 최 군의 형은 공부를 매우 잘하고 학교에서 모범생이다. 아버지는 최 군이 피아노보다는 형처럼 공부를 해서 일류대학을 가길 바라시며 그러기 위해 최고의 학원을 다니거나 과외를 받기를 요구하신다. 어머니도 말로는 "다 각자 재능대로 하는 거지."라고 하지만 내심 아버지 말을 따라 공부를 하길 바라신다. 그래서인지 말과 행동이 다르고 결정적인 순간에는 아버지 편을 들며 최 군을 설득하려고 한다.

최 군은 자신을 못마땅하게 생각하고 형에 대해서는 칭찬을 아끼지 않는 아버지에게 분노를 느끼고, 이중적으로 말하고 아버지 편을 드는 어머니가 밉다. 그리고 공부를 잘해서 부모님에게 칭찬을 듣는 형도 싫다. 그러다 보니 아버지가 꾸중을 하시면 화가 나서 대들고 때로는 분에 못 이겨 물건을 던지기도 하며, 자기 방에 들어가면 나오지 않는다. 부모님과 말도 하기 싫어하고 밥도 같이 먹기 싫어하여 저녁에 어머니가 밥을 따로 차려서 최 군 방에 가지고 오신다.

질문 01

최 군이 저항하는 이유는 무엇인가?

모범답변

① 부모님이 내담자가 원하는 피아노 전공에 대해서는 무시하고 일류대학을 가길 원하는 것
② 부모님이 공부를 잘하는 형을 편애하는 것
③ 어머니가 자신의 의견을 존중하는 척하지만 결국 아버지와 의견이 같은 것

질문 02

진로상담에 맞춰 상담을 한다면 어떻게 하겠는가?

모범답변

① 부모님이 자신의 진로에 대해 존중하지 않고 못마땅하게 생각하심으로 인해 생기는 분노와 서운함에 공감한다.

② 피아노를 전공하는 것에 대해 내담자가 얼마나 확고한 마음을 가지고 있는지에 대해서 확인한다.
   ㉠ 자신의 결정과 의사가 분명하다면 자신의 장래 계획을 세워 부모님을 설득시킨다.
   ㉡ 탐색결과 분명하지 않고 저항에서 나온 것이라면 진로검사를 실시하고 자신에게 맞는 진로와 적성을 다시 고민해 보게 한다.

③ 진로상담에 부모님을 참여시켜 부모교육을 실시한다.
   ㉠ 자신의 생각을 강요하기보다 자녀의 의사를 존중하기
   ㉡ 자녀의 의사결정과 자율성을 인정하기
   ㉢ 이중적인 의사소통 하지 않기
   ㉣ 형제간에 편애적 행동 하지 않기

Section 10

학업관련 이론 및 사례

1 학업상담의 특징

(1) 교사나 성적을 올리기 위해 적극적인 요구를 가진 부모에 의해 상담이 시작되므로 비자발적인 내담자가 많다.

(2) 학습과정에서 겪는 문제를 통합적으로 해결하여 유능한 학습자가 되도록 조력하는 과정이다.

(3) 학습의 영역에서 발생하는 원인은 개인의 영역, 인지적 영역, 정서적 영역, 행동적 영역, 환경적 영역 등으로 다양하다.

(4) 적극적으로 학습 성적 향상을 요구하는 부모에게 귀 기울이면 내담자와의 관계형성이 어렵고, 부모의 요구를 무시하면 상담지속이 어려우므로, 부모의 관여가 적절한 수준과 형태에서 이루어지도록 돕는다.

2 청소년의 학업문제 및 학업관련 문제 유형

(1) 청소년의 학업문제

① 대부분의 청소년들은 학생신분에 해당하기 때문에 이들은 청소년기 내내 학업문제를 지니고 있다고 볼 수 있다. 청소년상담의 가장 높은 문제 영역 비중도 공부, 학업성적 영역이다.

② 학업문제에는 학습방법 부재, 성적 저하, 집중력 부족, 시험불안, 학업에 대한 무관심 등이 포함된다.

③ 학업 중단 : 정규학교를 다니다가 졸업하기 전에 중단하는 것을 의미한다. 개인적인 요인도 있지만 학교적, 사회적 요인 등 환경적인 요인도 크게 작용한다. 학업을 중단한 청소년들은 소속된 학교에서의 이탈로 인해 소외감과 좌절감을 경험하고 비행의 위험도가 높아진다.

(2) 학업관련 문제유형

① **학습부진** : 지능은 정상인데도 심리적인 요인이나 환경적 요인에 의해 학업성취가 그 연령에서 기대되는 수준보다 낮은 경우를 말한다.

② **학습지진** : 지능으로 대표되는 지적 능력의 저하로 인하여 학업성취가 뒤떨어진 상태를 말한다. 경계선급 경도 장애를 보이며 학습능력도 평균 수준에 미치지 못한다.

③ **학업저성취** : 학습부진과 혼용되는 개념으로 일반적으로 성취수준을 집단별로 구분하여 하위집단에 속하는 경우를 말한다. 잠재적인 능력 수준이나 지적능력을 고려하지 않고 결과로 학업 성취 수준을 이야기한다.

④ **학업지체** : 국가적 혹은 지역적으로 규정된 학년, 학기의 학습 목표를 달성하지 못한 상태를 말한다. 학업, 과업을 적절히 성취하지 못하여 지체된 것으로 다른 아동들에 비하여 누적된 결손을 보인다.

⑤ **학습장애** : 정신지체, 정서장애, 환경 및 문화적 결핍과는 관계없이 듣기, 말하기, 쓰기, 읽기 및 산수 능력을 습득하거나 활용하는 데 심한 어려움을 한 분야 이상에서 보이는 장애이다.

3 학습부진 상담 및 시험불안 상담

(1) 학습부진 상담

① 병존하는 문제가 있다면 시급하게 다루어야 할 부분은 없는지 확인하고 어느 정도 해결을 한 후 학습문제를 다루는 것이 효과적이다.

② 상담 장면에서 현재 학습에서의 공부하는 과정을 재연하여 학습의 장/단점, 학습기술 등을 점검한다.

③ 학습방법에 대한 진단검사 등 현재 상태를 객관적으로 진단할 수 있는 심리검사를 활용하여 학습상태를 확인한다.

④ 단기간 수행하거나 목표를 달성할 수 있는 성과를 계획하여 성과를 우선적으로 경험하게 하여 효능감을 증가시키도록 한다.

⑤ 부모와 자녀가 서로에 대한 기대를 구체화하고 합의하도록 한다.

⑥ 학습부진 목표설정전략

㉠ 공부 이외에 몰입하고 있는 활동도 참고하여 목표설정 전략에 반영하는 것이 좋다.

㉡ 단기 목표를 세울 때에는 현실적인 목표를 잡아서 성공을 할 수 있도록 하여 성공 경험을 확대하는 것이 필요하다.

㉢ 단기 목표는 SMART 원칙에 따라 구체적(Specific)이고, 목표달성을 측정(Measurable)할 수 있으며, 목표 행동으로 표현(Actionable)되고, 현실적(Realistic)이며 목표달성 기간(Time)이 정해져 있는 것이 좋다.

㉣ 장기목표와 단기 목표 설정을 모두 촉진해야 한다. 장기 목표를 달성할 수 있는 단기 목표를 설정하여 장기 목표를 달성할 수 있도록 한다.

(2) 시험불안 상담

① 상담목표

㉠ 시험 불안으로 인한 신체적 증상을 완화시키는 것이다.

㉡ 시험 불안을 지속시키거나 가중시키는 비합리적인 신념을 재구조화하는 것이다.

㉢ 시험불안 때문에 제대로 이루어지지 못하고 있는 학업성취를 달성하는 것이다.

② 상담목표 중에서 어느 것을 우선적으로 해야 하는지 결정하기 위한 고려요인

㉠ 내담자가 힘들어 하는 영역을 먼저 고려해야 한다.

㉡ 목표를 구체화해야 한다. 증상이 나타나는 상황, 강도, 횟수 등에 대해 구체적으로 관찰하고, 증상이 나타나는 상황, 횟수에 대해 구체적으로 목표설정을 하는 것이 좋다.

㉢ 다른 장애와의 관련이 있을 경우 무엇을 우선적으로 개입할 것인지 고려한다.

㉣ 사회환경적 변인(즉, 가정, 학교) 중에서 시험불안의 영향을 주는 요인이 무엇인지 살펴본다.

③ 개입전략

㉠ 합리적 사고로 바꾸기 : 시험불안은 시험상황에 대한 내담자의 비합리적 신념 때문이므로, 비합리적인 신념을 더욱 합리적이고 적응적인 사고로 바꾸어 주는 것이다.

㉡ 학습전략 및 시험전략 훈련 : 학습전략과 시험전략을 익히도록 한다. 시험전략을 세분화하면 시험 준비기술, 시험 치는 기술, 심리적 대처기술로 나뉜다.

ⓐ 시험 준비기술 : 시험 전에 미리 시간과 내용에 대한 계획을 세우고 주변의 공부환경을 점검하며 시험 칠 내용을 검토하고 익히는 학습 전략이다. 자기테스트 해보기, 시험 준비 정도 검사하기, 시험범위 내 읽기 과제 검토하기, 정리한 노트복습 등이 있다.

ⓑ 시험 치는 기술 : 시험 문제를 풀 때 효과를 높일 수 있는 학습 전략이다. 주변에 신경을 쓰지 않고 집중해서 문제 풀기, 두 번 이상 꼼꼼하게 읽기, 문제의 의미가 명확하지 않은 것 질문하기, 쉬운 문제부터 풀어가기 등이 이에 해당한다.

ⓒ 심리적 대처기술 : 시험시간에 지나치게 긴장해서 실수할 가능성을 줄여주기 위한 학습 전략이다. 이완기법 사용하기, 긍정적 사고 갖기, 시험불안 표출하기, 자기대화하기로 자신이 불안한 상황을 상상하게 한 후 그 상황에서 유용한 자기 대화를 찾아 연습하는 전략 등이 있다.

질문 01

내담자가 학습에 대해 관심도 의욕도 없고 성적도 거의 하위권이어서 부모님에 의해 의뢰되었다. 이 내담자를 어떻게 상담하겠는가?

모범답변

① 부모에 의해 의뢰되었기에 비자발적인 내담자일 수 있으므로 이에 대해서 먼저 확인하고 비자발적 내담자이면 오고 싶지 않은 상담에 온 것에 대해 수용하고 지지한다.
점차적으로 내담자의 마음이 열릴 수 있도록 라포를 형성한 후 학업상담을 진행한다.
② 내담자가 학업에 대해 가지는 솔직한 감정과 스트레스를 탐색하고 충분히 공감하여 학업에 대한 부정적인 감정과 스트레스를 해소하도록 한다.
③ 학업성적이 부진한 원인에 대해서 탐색한다.
㉠ 흥미가 상실되었는지, 학습내용이 이해가 되지 않는지, 학습에 대한 습관이 형성되지 않았는지
㉡ 친구와 노는 시간이 과한지, 게임을 하는 시간이 과한지
㉢ 부모의 기대와 간섭이 과한지, 친구와의 관계가 어려운지 등
④ 원인에 대한 탐색을 통해 적절한 해결점이나 대안점을 찾도록 한다.
⑤ 원인을 해소하면 새롭게 학습에 대한 동기를 세우고 구체적인 목표를 세우도록 한다.

질문 02

상담을 하고 있는 청소년의 어머니가 찾아와서 자녀의 상담을 성적을 향상시키는 상담으로 해달라고 하면 어떻게 하겠는가?

모범답변

① 성적을 향상시키고 싶은 어머니의 마음에 공감한다.
② 성적을 향상시키기 위한 다양한 요인으로 내부적, 환경적, 관계적 요인이 있다는 것에 대해서 설명드리고 이러한 부분에서 상담이 어떤 부분을 감당하고 있는지에 대해서 이야기한다.
③ 상담으로 내부의 동기나 정서적 요인에 대해서 탐색하여 문제를 해소하고, 관계적으로 다른 사람들과 어떻게 관계해 나가고 의사소통은 어떻게 해야 하는지에 대해서 알려주어 원만한 관계를 하도록 도우면 심적인 안정이 되어 집중력이 향상되면서 공부에 몰입할 수 있다. 이러한 방법을 통해 성적을 향상시킬 수 있다고 이야기한다
④ 환경적 요인은 어떤지 개선해 나갈 부분에 대해서 부모님과 의논한다.

질문 03

다른 아이들처럼 학원을 보내고 교재도 구입하면서 지원했는데 성적이 다른 아이보다 형편없이 나왔다며 하소연하는 부모님을 어떻게 상담하는 것이 좋은가?

모범답변

① 성적이 형편없는 자녀에 대해 실망스럽고 속상하고 성적이 올랐으면 하는데 오르지 않는 답답함에 대해서 충분히 공감한다.
② 자녀를 학원에 보내고 지원을 잘 해주었는데도 성적이 형편없는 이유에 대해서 탐색한다.
㉠ 학습동기 없이 억지로 형식적으로 공부를 하고 있는지 탐색한다.
㉡ 인터넷, 유튜브, 게임 등을 하고 있는지에 대해 탐색한다.
㉢ 집중력이 떨어지는 이유에 대해 탐색한다.
㉣ 정서적으로 불안하거나 우울하다거나 등의 어려움이 있는지 탐색한다.
㉤ 습관을 들이는 데 어려움이 있는지 탐색한다.
③ 자녀를 인정하고 관심을 기울이며 칭찬하는 태도를 가질 필요성을 인지한다. 비난하거나 비교하지 않는다.

질문 04

학원을 다니는 것이 마치 감옥 같다고 호소하는 내담자를 어떻게 상담하겠는가?

모범답변

① 학원을 감옥같이 답답하게 여기고 있는 내담자에게 공감한다.
② 현재 내담자의 학업 동기가 저하되었음을 알리고 내담자가 도움을 받아야 한다는 것을 이야기한다.
③ 내담자와의 상담을 통해 현재 상태가 어떤지 탐색하고 진짜 원하는 것을 찾도록 돕는다.
④ 지나친 압박감과 번아웃에서 벗어난 후 서서히 공부할 수 있도록 돕는다.

질문 05

공부를 잘하고 싶지만 집중하지 못하는 내담자로 초등학교, 중학교 때까지는 괜찮았는데 고등학생이 되어 처음 중간고사를 보고 나서 받았던 성적에 너무 충격을 받았다. 이후 집중도 하지 못하고 학원을 다니지만 성적이 좋아지지 않아 고민인데 무엇이 문제인지 모르겠다는 내담자를 어떻게 상담하겠는가?

모범답변

① 문제를 점검해서 내담자가 놓치고 있는 부분이 무엇인지 알아본다.
② 공부와 관련된 문제들 외에도 고등학교에 들어와서 변화된 부분이나 적응하지 못하고 있는 부분들에 대해 점검한다.
③ 심리적이고 정서적 문제를 점검해서 방패막이 되어주고 동기를 점검한다.
④ 동기까지 검토했으면 시간 관리나 공부에 추가적 도움이 필요한지 등을 검토해 도움을 받도록 한다.
⑤ 공부할 수 있는 패턴을 잘 형성하도록 돕고 매주 독려하고 격려한다.

사례 01

윤 양은 중학교 1학년 때까지는 반에서 1~2등을 하며 친구들의 부러움을 샀지만 2학년에 들어와서는 성적이 눈에 띄게 떨어져서 고민이 많다. 열심히 하지만 시험을 보려고 하면 심장이 떨리고 불안하고 걱정이 되어서 문제를 풀 때도 집중하기가 어려워졌다.

윤 양의 아버지는 초등학교 4학년 때 돌아가셨고 어머니와 둘이서 살고 있다. 어머니는 학원 강사로 매우 철저하고 윤 양의 공부에 관심이 많으셔서 윤 양이 공부해야 하는 분량을 정해주고 학습계획표에 의해 공부를 하도록 지시하신다. 그리고 수시로 전화하여 체크하고 친구를 만나는지 TV를 보는지 확인하고 조금만 벗어나면 바로 야단을 치신다.

윤 양은 중학교 2학년 첫 시험에서 풀지 못한 수학문제에 집착하여 시간 안에 다 풀지 못하고 제출하였으며, 다음 시간에도 이전의 수학시험 걱정 때문에 문제를 잘 풀지 못해 12등까지 떨어졌다. 이에 화가 난 어머니는 더욱 윤 양의 학습에 민감해지시고 더 철저히 체크하시기 시작했다. 조금만 다른 일을 해도 공부하라고 야단을 쳐서 윤 양은 미칠 지경이 되었고 점점 다가오는 기말고사 대비에 너무나 불안해져서 글자가 가물거리기 시작하였다.

질문 01

현재 윤 양의 심리상태에 대해서 이야기해 보시오.

모범답변

① 기말고사를 잘 보고 싶은데 중간고사 때처럼 시험을 다시 망칠까봐 불안하고 초조한 상태일 것으로 보인다.
② 성적에만 집착하는 어머니에 대해서 저항하는 마음과 잘해서 인정받고 싶은 양가감정이 일어날 것으로 보인다.
③ 시험에 대한 두려움이 있을 것으로 보인다.

질문 02

이론적 배경을 바탕으로 상담접근을 해 보시오.

모범답변

예를 들어, 현실치료 이론을 바탕으로 접근해 볼 수 있다.

① 윤 양이 원하는 욕구가 무엇인지 탐색한다.
  ㉠ 시험을 잘 봐서 좋은 성적을 받고 싶다.
  ㉡ 시험을 잘 봐서 어머니의 인정을 받고 싶다.

② 원하는 욕구를 채우기 위해서 어떤 행동을 하고 있는지 살핀다.
  ㉠ 불안해서 공부가 잘 되지 않기 때문에 거의 공부를 하고 있지 않다.
  ㉡ 공부는 하지 않으면서 잠도 못 잔다.

③ 자신이 하고 있는 행동이 욕구충족에 도움이 되는지 방해가 되는지 평가한다.
  ㉠ 불안이 심해서 다가오는 시험은 중간고사보다 성적이 더 안 나올 가능성이 크다.
  ㉡ 집중해서 공부하기가 어렵다.

④ 행동계획을 수립한다.
  ㉠ 학업에 대한 불안을 감소시키기 위해 자신의 불안을 어머니와 나누어보도록 한다.
  ㉡ 긍정적인 사고를 가지도록 하며 이완훈련을 통해 긴장감을 낮춘다.

사례 02

중학교 2학년인 정 군은 친구들과의 관계를 원만하게 맺지 못한다. 친구들을 사귀고 싶지만 친구들은 정 군을 피하고 놀리는 일까지 한다. 또한 초등학교 5학년 때부터 수업을 들어도 이해하지 못하고 선생님의 질문에도 대답을 못하며 전 과목 50점을 넘기가 힘들었다.

어머니는 학습부진을 겪고 친구들과의 관계에서 따돌림을 당하고 있는 상태인 정 군을 병원에 데려가 진단을 받게 하였고, 그 결과 지능이 낮은 것을 알게 되었다. 어머니는 선생님을 만나서 친구들에게 괴롭힘을 당하지 않도록 부탁하고 아이들에게도 수시로 부탁을 하였다. 그래서 정 군은 왕따는 아니지만 친구들과 사귀는 데는 여전히 한계가 있었다. 어머니는 일반학교보다 특수학교를 보낼지 고민이다.

정 군의 K-WISC-Ⅳ

- 전체지능 : 68
- 언어이해 : 57
- 지각추론 : 72
- 작업기억 : 68
- 처리속도 : 66

질문

내담자가 친구를 사귀지 못했을 이유를 이야기해 보시오.

모범답변

정 군의 지능검사를 보면 언어이해력이 다른 부분보다 떨어진다. 이로 인해 다른 친구들과 의사소통을 하는 데 있어서 이해력이 떨어지고 맥락이나 내용을 이해하지 못하며 상황에 맞는 대응을 하는 부분이 불가능하여 친구와 자연스럽게 대화를 하는 데 어려움을 겪었을 것으로 보인다.

Section 11 지적장애/경계성 지능 이론 및 사례

1 지적장애

(1) 임상적 특징

① 지능이 비정상적으로 낮아서 학습 및 사회적 적응에 어려움을 나타내는 경우이다.

② 표준화된 지능검사에서 IQ 70 미만의 지능지수를 보인다.

③ 개념적, 사회적, 실제적 영역에서 지적기능과 적용기능에서의 결손을 보인다.

㉠ 지적기능 : 추리, 문제해결, 계획, 추상적 사고, 판단, 학교에서의 학습 및 경험을 통한 학습 능력을 말한다.

㉡ 적응기능 : 가정, 학교, 직장, 지역사회와 같은 다양한 환경에서의 의사소통, 사회적 참여, 독립적인 생활과 같은 일상생활을 영위할 수 있는 능력을 말한다.

④ 지적장애의 심각도

경도	IQ 50/55 ~ 70 미만 (지적장애의 85%)	교육이 가능하며 독립적 생활 또는 지도 가능
중등도	IQ 35/40 ~ IQ 50/55 (지적장애의 10%)	초등학교 2학년 정도의 지능으로 지도나 감독 하에 사회적, 직업적 기술 습득 가능
고도	IQ 20/25 ~ IQ 35/40 (지적장애의 3~4%)	간단한 셈, 철자의 습득 및 감독 하에 단순작업 수행 가능
최고도	IQ 20/25 이하 (지적장애의 1~2%)	지적 학습 및 사회적 적응이 거의 불가능

(2) DSM-5 진단기준

지적장애(지적발달장애)는 발달기에 발병하며, 개념 · 사회 · 실질 영역에서 지적 및 적응적 기능에 결함이 있는 상태를 말한다. 다음 3가지 기준을 충족시켜야 한다.

① 추리, 문제해결, 계획, 추상적 사고, 판단, 학업, 경험 학습 등과 같은 지적기능의 결함이 있는데, 이는 임상적 평가와 개별 표준화 지능검사 모두에서 확인되어야 한다.

② 개인 독립성 및 사회적 책임에 대한 발달적·문화적 기분을 충족시키지 못하는 적응 기능에서의 결함이 있다. 지속적인 지원이 없다면, 적응결함은 가정, 학교, 일터, 지역사회 등의 여러 환경에서 의사소통, 사회참여, 독립생활과 같은 일상생활 활동 중 1가지 이상 제한을 가져온다.

③ 지적 및 적응 결함이 발달기에 발병한다. 심각도에 따라 가벼운(경도), 보통의(중등도), 심한(고도), 아주 심한(최고도) 정도로 구분한다.

(3) 원인

① 유전자 이상(약 5%), 임신 및 태내환경의 이상, 임신 및 출산과정의 이상, 열악한 환경요인 등이 있다.

② 다운 증후군(Down' syndrome)은 유전자 이상으로 염색체 이상에 의해 유발되는 대표적인 지적 장애이다(21번 염색체가 3개이다.).

(4) 치료

① 일상생활에 필요한 다양한 적응 기술을 학습시키고, 적응기술이 유지되도록 한다.

② 지적장애에 대한 최선의 치료는 예방이다.

2 경계선 지능

(1) 경계선 지능의 특징

① 경계선 지적 지능(borderline intellectual functioning, in the ICD-8)은 일종의 인지장애로, 최근 들어 느린 학습자(slow learner, 경계선 지능)라고 불리기도 한다.

② 표준화된 지능검사 결과가 지능 지수(IQ) 전체 평균인 100점을 기준으로 IQ 71점 이상 84점 이하에 해당한다.

③ 이들은 지적장애는 아니지만 평균 지능보다는 낮기 때문에 대부분 주의 집중이 어렵고, 적절한 상황 판단이나 대처능력이 부족하며, 감정 표현이나 의사소통에 서투르다.

④ 초등학교 입학 후부터 두드러지게 학습이나 또래 관계에서 어려움을 겪는다.

⑤ 학교에서 학습 부진, 저성취로 인해 답답한 아이, 공부 못하는 아이로 낙인찍히거나, 또래 사이에서 사회성이 부족하여 눈치 없는 아이로 불리기도 하고 따돌림을 당하기도 해서 자존감이 낮고 위축될 수 있다.

⑥ 외관상 정상인이라 진료나 상담의 기회가 주어지지 않는 경우도 많다.

(2) 경계선 지능인의 사회적 상태

① 유전병과 결합된 증후군적인 경계선 지능의 경우 고등학교 이상의 학력을 수학하기 힘들고, 주위의 배려가 없다면 고등학교를 마치지 못하기도 한다.

② 성인이 되면 학업 이수나 훈련 이수를 실패하고, 비숙련, 비전문성 단순노동 등의 다소 낮은 사회경제적 지위를 갖게 된다.

③ 사회활동과 대화, 의사소통은 가능하나 정상지능에 비해 사물, 상황을 인식하고 판단하는 능력이 부족하여, 범죄의 피해자가 될 빈도는 일반인보다는 높다.

④ 경계선 지적 지능은 인지력 장애이지만, 환경, 여건 등에 따라 학교에서 특수 교육을 받지 못하는 사례도 존재한다.

(3) DSM-5 소견

① DSM-5에 따르면, 경계선 지적 기능과 가벼운 경증의 지적 장애를 구별하려면 적응력 및 지적 기능과 그 변형에 대한 다소 세심한 평가가 필요하다.

② 특히 표준화된 검사(예 주의력 검사)에 대한 환자의 순응에 영향을 줄 수 있는 병적 정신과적 장애가 있는 경우, 충동성 또는 정신 분열증이 있는 주의력 결핍 과잉행동장애(ADHD) 여부도 세심하게 살펴봐야 한다.

질문 01

초등학교에 입학하면서부터 친구들 사이에서 학습이 느리고 눈치 없는 아이로 여겨졌던 시헌이는 6학년이 되면서는 친구가 거의 없어졌다. 말도 없고 밖에서 노는 것도 싫어하는 시헌이는 방에서 게임만 하는 경우가 많아졌다. 6학년 겨울방학부터 게임에 빠져서, 중학생이 되고 나서는 학교에 가기 싫어하는 빈도가 늘어났다. 맞벌이하는 부모님이 시헌이를 돌볼 수가 없다보니 학교도 빠지기 시작했다. 학교를 통해 의뢰된 시헌이를 상담에 오게 할 수 있는 전략은 무엇이 있겠는가?

모범답변

① 청소년 동반자 프로그램이나 찾아가는 프로그램을 실시한다.
어려서부터 대인관계, 혹은 학교생활에서 자신을 눈치 없고 느린 아이라고 치부했던 친구들 사이에서 외롭고 타인에 대한 불신이 있는 시헌이가 상담에 올 수 있도록 청소년 동반자 프로그램이나 찾아가는 프로그램 등을 시도한다.

② 상담을 시작한 후에는 열고 나올 수 있도록 따뜻하고 온정적인 접근이 가장 필요하다.
신뢰관계가 형성된 후에는 학교에 나올 때마다 학교 상담실에 오게 한다. 공부보다는 상담실에서 보드 게임을 하거나 선생님과 수다 떨면서 간식을 먹는 등 혼자 있는 시간이나 모바일 게임 혹은 PC 게임하는 시간을 줄이게 하여 상담실을 지속적으로 오도록 한다.

질문 02

미진은 친구들 사이에서 '느린 아이'라고 여겨진다. 새로운 단어가 나올 때 보통은 추측도 하고 미루어 짐작하기도 하지만 미진이는 대화에 끼지 못하는 경우가 대부분이다. 중학교 때까지는 그래도 함께 다녀주는 친구들이 있었는데 고등학교에 진학하고 나서는 공부하느라 바쁜지 함께 다니는 친구가 없다. 울면서 학교 상담센터에 찾아온 미진에게 어떻게 도움을 줄 것인가?

모범답변

① 힘들고 속상한 마음에 대해서 공감과 수용을 한다. 자신과 친구들에 대해서 속상하고 원망스럽고 화가 나는 감정들을 토로하도록 하여 감정의 해소를 한다.
② 느린 것이 틀린 것이 아님을 알게 한다.
③ 친구들에 대한 이해와 수용의 태도를 가지도록 한다.
④ 관계를 잘 해나갈 수 있는 전략을 세워 실천할 수 있도록 한다. 고등학교는 공부가 더 중요해지는 시기이기도 하지만 크게는 사회에 나갈 준비를 하는 시간이기도 하니 친구들과 잘 지낼 수 있는 전략을 세워보고 한 가지씩 실천할 수 있는 것을 찾아내 적용해 본다.

질문 03

부모님은 초등학교 고학년이 될수록 산만해지고 성적이 떨어지는 현수에게 더 노력해야 한다고 다그쳤다. 특히 아버지는 현수가 노력하지 않아서 이 모양, 이 꼴이라며 비난하는 경향이 강했다. 현수는 수업을 따라가기 점점 어려워졌으며 중학교에 들어가서는 학원에 다니는 것도 힘들어 했다. 아버지를 생각하면 학원이라도 다녀야겠다고 생각했지만 수업내용을 이해하기 힘든 것은 학교나 학원이나 마찬가지였고, 그러다보니 수업에 빠지는 날이 많아지면서 부모님에게 문제아로 낙인찍혔다. 현수는 학교 상담실에 와서 있는 날이 점점 많아졌다. 어떻게 도울 수 있겠는가?

모범답변

① 정확한 검사를 통해 내담자의 상황을 파악한다. 현수와 부모님 모두에게 현수가 집중력이 약하고, 지능이 다른 아이들의 평균보다 낮음을 확인해 줄 필요가 있다.

② 부모님도 상담에 참여시켜 '문제아'가 아니라 학업이 느린 자녀임을 알려주고 앞으로의 계획을 함께 세우는 것이 좋다. 학원을 다닐 것이 아니라 개인적으로 학업을 도와줄 선생님이나 수업이 필요함을 알리고, 현수와 부모님이 중학교, 고등학교에서 도달해야 한다고 생각하는 목표를 세우고 이를 현실적으로 조정하는 작업을 거친다.

질문 04

특성화고에 진학한 민주는 초등학교, 중학교에서는 상당히 밝고 잘 웃는 편이었는데 지금은 말이 없는 편이다. 친구들과 어울리고 싶지만 질문을 한 번에 이해하지 못하는 민주를 친구들은 알게 모르게 무시했다. 그런 시선들 때문에 민주는 점점 위축되면서 말수가 줄어들었다. 어머니는 본인이 직장에 다니느라 잘 돌보지 못해 그런 것은 아닌지 걱정하며 민주를 상담에 데리고 왔다. 민주는 상담사와 눈을 거의 맞추지 못하고 조용하게 앉아 있다. 어떤 전략으로 민주를 도울 것인가?

모범답변

① 친밀감을 표현하고 라포형성을 시도한다. 오랜 시간 동안 눈치를 받고 주눅이 들어 대인관계에서 위축되고 자아상이 낮은 상태임을 인식하고, 우선은 민주가 마음을 열고 친밀감을 형성하도록 다양한 전략을 구성한다.

② 심리검사를 통한 내담자 확인을 시도한다.

③ **미술치료적 접근** : 언어적 표현이 제한되어 있으므로 미술 치료적 접근 등 매체 접근이 효과적일 수도 있다. 다양한 미술 치료적 방법을 통해 마음이 열리고 자신의 억눌린 감정들을 있는 그대로 표현해서 카타르시스를 느낄 수 있도록 돕는다.

④ **학교생활 적응 전략 돕기**

㉠ 상담자와 친밀감, 신뢰가 형성되면 현실적으로 고등학교에서 생존하기 위해 어떤 목표를 세워야 하는지 돕는다.

㉡ 특히 친한 친구가 한두 명만 있어도 지내는 데 어려움이 현격히 줄어들기 때문에 단짝 친구를 만들 수 있도록 대인관계 향상을 위한 기술을 시연하고 역할 연기를 통해 실습한다. 실제 친구를 만날 때까지 돕는다.

질문 05

주희는 친구들 사이에서 눈치 없는 아이로 유명했다. 초등학생 때는 눈치 없이 순진하기만 한 아이로 여겨졌는데 중학생 때는 자기 식대로 이해한 말을 친구들 카톡방에서 쏟아내서 곤란해 하는 아이들이 생기기 시작했다. 부모님은 주희가 서러움을 너무 당해서 그런 거라며 억울해 한다. 최근 중학교 3학년이 된 주희는 친구한테 욕을 많이 하고 공격적인 모습을 자주 보인다. 담임선생님이 주희의 상담을 의뢰하였다. 주희의 주호소 문제는 무엇인가?

모범답안

① **대인관계에 있어서 문제가 발생함** : 주희는 느린 편이고 대인관계에서 의사소통을 어떻게 하는지를 잘 모르는 것 같다. 자신의 욕구와 타인의 욕구가 맞지 않을 때 어떻게 조율해야 할지 모르고 자신이 당한 서러움이 많아서 엉뚱하게 쏟아낼 때가 있다.

② **자신의 감정을 조절하기 어려움** : 감정을 폭발시키는 것밖에 모르는 것에 대해 일차적으로 감정을 잘 수용해 주고, 두 번째로는 이 감정을 제대로 표현할 수 있도록 도와준다.

사례 01

학교 보건교사가 남학생 3명을 데리고 상담실을 찾아왔다. 좀 어눌해 보이는 수철이를 다른 두 명의 학생이 성추행한 사건이다. 처음에는 같이 잘 다녔는데 어느 순간부터 성기를 만지게 하는 등 괴롭히기 시작했다. 수철이는 처음에는 좋은 친구들이고 자기와 놀아주는 것을 좋아해서 참았지만 점점 이상한 것을 요구받자 마음이 힘들어졌다. 두 명의 친구들은 사과는 했지만 진정성이 느껴지지는 않는다.

수철이의 MMPI-A

• 타당도 척도

F1	F2	F	L	K
55	58	56	44	39

• MMPI 임상 척도

Hs	D	Hy	Pd	Mf	Pa	Pt	Sc	Ma	Si
56	61	57	55	49	65	61	59	60	61

질문

상담자는 어떻게 개입하겠는가?

모범답변

① 정확한 상황에 대해 충분히 인지하고 수철이가 잘못해서 이런 일이 발생한 것은 아니라는 점 등을 인식하도록 한다.
② 하지만 학교 폭력 위원회가 열려야 하는 심각한 문제로 인식하고, 그에 합당한 절차를 따를 수 있도록 학교와 협력한다.
③ 수철이가 친구와의 관계에서 혼란스러웠을 것이라는 점을 탐색하여 이에 대한 심리적 갈등의 정리를 해주도록 한다.

사례 02

예림이는 17세로 고등학교 1학년이다. 초등학생 때는 밝고 유쾌했는데 지금은 그런 모습을 하나도 찾아볼 수 없을 정도로 어두워졌다. 초등학교 고학년이 되면서 외모에 관심이 많아졌고 화장과 유튜브에 집착하면서 친구들 사이에서는 '노는 아이'로 여겨지기 시작했다. 친구들은 무엇 때문인지 알 수는 없지만 외골수이면서 친구들 내에서 눈치가 없는 예림이를 은근히 따돌리기도 했다. 예림이는 공부도 재미없고 화장하는 것이 좋다면서 결국 특성화고에 진학했다. 고등학교에 가서 친구들이 달라지면 해결된다고 생각했던 예림이는 고등학교 친구들 사이에서도 집단 따돌림을 받자 폭발하여 공격적으로 굴고 폭력을 휘둘렀다. 학교 폭력 위원회가 열렸지만 이를 통해 해결될 문제가 아니라고 판단한 어머니는 상담에 의뢰하였다.

예림이의 MMPI-A

• 타당도 척도

F1	F2	F	L	K
54	56	55	59	38

• MMPI 임상 척도

Hs	D	Hy	Pd	Mf	Pa	Pt	Sc	Ma	Si
54	59	57	62	59	65	55	67	65	59

질문 01

예림이의 MMPI 점수를 해석하시오.

모범답변

① 예림이는 편집, 조현, 경조 점수가 높게 나왔는데 이는 대인관계에서의 불신, 사고의 비합리성, 과잉활동성, 정서적 흥분, 사고의 비약 등을 보일 수 있다.

② 공부하는 것은 싫고 노는 것을 좋아하는 등 호불호가 뚜렷하며, 고등학교에서 폭력적인 성향과 일탈을 나타내고 있는 것과도 연결될 수 있을 것이다.

질문 02

예림이의 주호소 문제는 무엇인가?

모범답변

① 친구들과의 관계에서 따돌림을 당하고 있다. 친구들과 상관없이 잘 살고 싶어서 화장이나 유튜브 등 다양한 활동에 자신을 노출하고 있지만 결국 친구들과의 관계에서 예림이가 무엇인가 다른 점 때문에 따돌림을 당하고 있다.
② 자신의 감정을 폭발하여 공격적으로 표현하고 있다.

질문 03

예림이를 위한 상담전략은 무엇인가?

모범답변

① 따돌림으로 인해 받은 심리적 억울함과 속상함의 감정을 수용한다.
② 대인관계에 있어서 집단 따돌림, 은근한 따돌림 등 중학교 때부터 지속되어 온 친구들 간 불화에 대한 훼손을 다루어 주어 상처받은 모습에 대해서 위로하고, 대인관계에서의 자신의 태도를 살펴보게 한다.
③ 상황이 어떨지라도 공격적인 행동을 조절할 수 있도록 자기조절능력을 향상시키도록 한다.
④ 자신이 잘 할 수 있는 부분(화장, 유튜브 등)을 강화하고 격려하여 일상에 돌아가서 혼자 잘 지내도록 한다.
⑤ 필요하다면 전학을 가거나 집단 따돌림 가해자가 강제전학을 가도록 조처할 수 있다.

Section 12

청소년 가족 이론 및 사례

1 청소년 부모

(1) 청소년과 부모의 관계 특징

① 청소년의 급속한 신체적 성장은 부모의 체벌이나 통제를 어렵게 만든다. 그 결과, 부모의 권위는 도전받게 되고, 지금까지의 부모 자녀 관계를 수정해야 하는 상황이 초래된다.

② 형식적·조작적 사고가 가능한 청소년은 부모가 설정한 규칙이나 가치관에 대해 논리적 모순을 발견하고 의문을 제기한다. 더 이상 무조건 부모가 시키는 대로 따라하지 않는다.

③ 오늘날의 사회변화가 청소년과 부모 간의 관계를 더욱 어렵게 만든다.

④ 청소년기의 연장은 자동적으로 부모의 부양책임과 청소년의 의존기간을 연장시켜 부모들은 더 많은 부담을 느끼게 되었다.

⑤ 급격히 변화하는 사회문화적 변화와 방대한 정보와 가치들은 청소년들이 성인의 역할을 준비하는 것을 더욱 어렵게 한다.

⑥ 부모들이 청소년 자녀를 교육하는 데 도움을 받을 수 있는 지원망이 거의 없고, 친척과 친지들로부터 고립된 경우가 많다.

⑦ 흡연, 음주, 약물남용, 10대 임신 등 청소년 비행의 증가는 부모들로 하여금 지나치게 신경을 쓰게 만든다.

⑧ 대중매체가 청소년문제를 지나치게 부각시키는데다가 전문가들의 조언이 상충되어 부모들을 더욱 혼란스럽게 만든다.

⑨ 청소년기의 성공적인 적응을 위해서 자율성뿐 아니라 부모와의 안정애착이 필요하다.

(2) 청소년과 부모 간의 갈등 관계

① 부모와 청소년 자녀 간의 갈등은 청소년 초기에 사춘기의 시작과 더불어 증가한다.

② **청소년과 부모 간 갈등의 증가 원인** : 사춘기의 생물학적 변화, 논리적 추론과 같은 인지적 변화, 독립과 정체감을 수반하는 사회적 변화, 중년기 위기를 포함하는 부모 쪽의 신체·인지·사회적 변화 등이 있다.

③ 부모와의 갈등은 청소년 중기에 안정되다가 청소년 후기가 되면 감소한다.

④ 갈등 해결 방법 : 가족의 중요한 의사결정에 청소년을 참여시키고, 그들의 의견을 존중해주고 합리적이고 일관성 있는 규율을 적용하며, 10대들이 하는 일에 관심을 보이고 지원해 줌으로써 해결할 수 있다.

⑤ 효율적인 부모역할을 위해서는 자녀가 청소년이 되면서 나타나는 생물학적, 인지적 변화 등 청소년 자녀에게 일어나는 변화를 이해하고 부모역할의 변화를 꾀해야 한다.

2 청소년과 부모의 관계 유형

(1) **청소년 행동과 부모의 훈육 방식** : 부모의 양육 방식은 온정성의 정도와 통제, 자율성의 정도에 따라 네 가지로 구분된다.

① **독재적 또는 처벌적 부모**

㉠ 자녀에게 요구는 많이 하지만 자녀의 요구나 관점에는 반응하지 않으며, 자녀의 독자적인 사고를 장려하지 않는다.

㉡ 자녀를 아주 면밀히 감시하며, 잘못에 대해 처벌적이고 물리적인 방법을 선호하고 복종을 얻기 위하여 강압을 이용한다.

② **허용적 부모**

㉠ 자녀와의 충돌을 피하고 너그러우며 자녀 스스로의 자율과 규제를 허용한다.

㉡ 유도적 부모는 수용적이며 정서적으로 자녀와 과도하게 연결되어 있다.

㉢ 관용적 부모는 자녀와 연결되어 있지만 자녀에 대한 세심한 간섭은 피한다.

③ **거부적 또는 무시하는 부모** : 자녀의 생활에 전혀 개입하지 않고 네 가지 양육방식 중 자녀와 가장 정서적으로 덜 연결되어 있다.

④ **권위적 또는 민주적 부모**

㉠ 애정적이고 단호하며 자녀의 일에 적극적으로 관여한다.

㉡ 자녀의 욕구변화에 민감하고 이성과 설득을 통하여 자녀를 복종하게 하며, 부모와 반대의견도 존중한다.

(2) **청소년과 부모 간의 의사소통 유형**

① **쌍방 차단형** : 청소년의 대화행동과 부모의 반응점수가 모두 낮은 의사소통 유형으로 효과적인 의사소통이 이루어지지 않는다.

② **청소년 차단-부모 개방형** : 청소년의 대화행동 점수가 낮고 부모의 반응점수가 높은 유형으로 청소년 자녀가 부모와의 대화를 회피하는 데 기인한다.

③ **청소년 개방-부모 차단형** : 청소년의 대화행동 점수가 높고 부모의 반응점수가 낮은 유형으로 부모가 청소년 자녀와의 대화를 거부한다.

④ **쌍방 개방형** : 청소년의 대화행동 점수와 부모의 반응점수가 모두 높은 유형으로 청소년과 부모 사이에 효과적인 의사소통이 이루어진다.

(3) 효율적인 부모 역할

① 자녀가 청소년이 되면서 나타나는 생물학적, 인지적 변화는 청소년의 행동에 영향을 미치고, 그로 인해 부모 또한 부모 역할에 중요한 변화를 맞게 된다.

② 부모 역할의 변화를 이해하기 위해서는 우선 청소년 자녀에게 일어나는 변화를 이해해야 한다.

㉠ 신체적 변화와 호르몬의 변화

㉡ 정체감 발달 예 청소년의 이상주의와 부모의 실용주의 간의 마찰

㉢ 인지변화 : 부모들이 가끔 오해하게 되는 청소년의 행동을 설명해 준다.

질문 01

2명의 자녀를 둔 어머니가 고1인 둘째 딸이 학교에서의 관계를 어려워함을 호소하며 상담을 받고 싶다고 했다. 첫 면담에서 내담자와 이야기를 나눈 결과, 동네의 학교 분위기가 좋지 않아 일부러 멀리 떨어져 있는 여고로 입학하였고 전교에 아는 아이가 한 명도 없는 상태에서 고등학교 생활을 시작했다고 한다. 한 달 정도는 괜찮은 것 같았지만 친구들과 문제가 생기더니 반 아이들 전체가 자신을 멀리하기 시작하였으며, 수련회를 가면서 더더욱 괴로워졌다. 어머니와 딸을 상담으로 도와주려고 한다. 그런데 어머니와 딸의 의견이 너무 다르다. 이때 기억해야 하는 점은 무엇인가?

모범답변

① 부모와 자녀가 서로 다른 입장, 생각, 감정을 이야기할 때라도 서로를 충분히 인정하고 귀를 기울인다.
② 자녀에게 부모의 입장을 전달할 때 정답이라는 태도가 아니라 하나의 고려해 볼만한 생각으로 전달하도록 노력한다.
③ 서로의 입장이 다를 때, 성급하게 결론을 내리기보다는 차이를 인정하고 시간을 두고 함께 고민하면서 대화하려고 노력한다.

질문 02

자녀가 자신과 입장이 달라 꼬박꼬박 말대꾸를 한다고 호소하면서 상담을 요청한 부모님이 있다면 상담자는 어떻게 하겠는가?

모범답변

① 자녀가 말대꾸를 할 때마다 부모를 무시하는 것 같고 괘씸한 마음이 듦에 대해서 공감한다.
② 그럼에도 자녀를 사랑하는 마음 때문에 상담을 하시는 것에 대해서 지지하고 위로한다.
③ 자녀가 말대꾸를 하는 것은 많이 컸다는 뜻이며 부모와의 독립을 연습하는 것임을 알도록 한다.
④ 하지만 너무 예의 없게 말대꾸를 할 때에는 부모로서 감정을 조절하고 감정을 표현할 뿐 아니라 단호하게 자녀를 교육시키도록 한다.

질문 03

중학생 딸과 화장하는 문제로 심하게 다툰 부모님이 상담사에게 찾아왔다. 상담사는 어떤 도움을 줄 수 있는가?

모범답변

① 자녀로 인해 속상한 마음을 공감한다.
② 그러나 자신의 문화가 받아들여지고 있을 때 자녀도 어머니를 수용하기 위해 노력한다는 사실을 알려주고 수용적인 마음을 갖도록 한다.
③ 더불어 청소년기는 외부에 민감한 시기임을 고려하여, 다른 사람에게 예쁘게 보이고 싶은 딸의 마음을 먼저 이해하는 입장에서 대화를 시도하도록 격려한다.

상담사 자신이 갖고 있는 화장품을 꺼내 구경하고 의견을 나누며 얼음 깨기를 시도하는 것도 한 가지 방법이다.

질문 04

청소년 내담자와 부모가 서로 이야기하려고 할 때 부모를 도울 수 있는 적절한 상담 전략은 무엇이 있는가?

모범답변

① **1단계 – 이해하기**(서로의 입장을 충분히 이야기하고 듣는다.)
  ㉠ 갈등을 해결하기 위해 먼저 문제가 무엇인지 정의한다.
  ㉡ 서로의 입장을 충분히 들어야 한다(특히 자녀의 이야기).
② **2단계 – 방법 찾기**(함께 여러 가지 해결방안을 찾아본다.)
  ㉠ 다양한 해결방안을 모색하는 데 의미를 둔다.
  ㉡ 브레인스토밍 방법을 활용한다.
  ㉢ 자녀의 말을 무시하거나 평가절하하지 않는 태도가 중요하다.
③ **3단계 – 약속하기**(가장 좋은 해결방안을 정하고 약속한다.)
  ㉠ 기록해 둔 방법 중에서 서로가 수용할 수 있는 방법을 선택한다.
  ㉡ 가능하면 자녀는 어떤 노력을 할지, 부모는 어떤 노력을 할지 서로 약속을 정한다.
  ㉢ 약속을 얼마 동안 유지할지에 대해서도 약속한다.
④ **4단계 – 평가하기**(약속한 기간 경과 후 함께 평가한다.)
  ㉠ 한번 약속한 것은 약속한 기간 동안 꼭 지키도록 한다.
  ㉡ 스스로 평가하도록 한다.
  ㉢ 자녀가 노력한 부분에 대해 충분히 인정하고 격려한다.

질문 05

고등학교 2학년인 아들이 갑자기 시인이 되고 싶다고 하면서 문예창작과에 진학하겠다고 한다. 그동안 시를 쓰거나 글을 쓰는 것을 본 적이 없었다. 이런 상황에 처한 부모를 상담할 때 어떻게 도울 것인가?

모범답변

① 적극적으로 진로를 모색하는 고등학생에게 갑자기 어떤 분야에 대해 관심이나 흥미가 생겼다면 그 자체에 의미가 있다는 것을 알려준다.
② 지금 어떤 분야에 관심이 있다고 해서 전공이 결정되는 것도 아니고 이후 여러 차례 변화를 겪을 것임을 수용하고 조급해하지 않도록 한다.
③ 관심 영역에 대해 충분히 귀를 기울여주며 앞으로 자신의 생각을 펼치도록 부모로서 긍정적인 지지를 하는 것이 중요하다는 것을 알도록 한다.
④ 진로 관련 정체성을 조력할 수 있도록 한다.

질문 06

외모에 관심이 지나치게 많은 초등학교 6학년 딸을 둔 어머니가 상담실에 찾아왔다. 딸은 성형수술을 해달라며 1주일 전부터 조르고 있다고 한다. 말도 통하지 않는 딸을 어떻게 해야 할지 몰라 힘들어하는 어머니에게 어떤 조언을 해 주어야 하는가?

모범답변

① 청소년은 외모와 패션 등 타인에게 어떻게 보일 것인가에 지나치게 관심을 갖는 시기임을 알도록 한다. 청소년들의 특징상 있는 그대로의 자기 모습을 긍정하기보다 성형 수술이나 다이어트에 집착하는 등 부정적 신체 이미지, 부정적 자아상을 보인다.

② 청소년 내담자의 경험과 정체감 관련 문제의식을 따라가면서 고민의 과정을 함께 해주는 것이 필요하다.

③ 부모가 혹시 자녀가 겪는 정체감 관련 갈등과 고민에 대해서 너무 보르거나 본인도 충분히 수용하기 어려워한다면 자녀의 어려움 역시 수용하기 어렵기 때문에 부모의 시각이나 태도 변화가 선행될 수 있도록 돕는다.

질문 07

중학교에 입학한 영우는 집에 있는 시간 내내 손에 스마트폰을 들고 있다. 밥을 먹을 때나 화장실에 갈 때도 스마트폰을 손에서 놓지를 못한다. 웹툰, 유튜브, 게임 등을 보거나 하는 것 같다. 부모님은 영우가 중학생이 되었으니 학교 공부에도 더 신경 쓰고 친구들과 잘 지내기를 원하고 있다. 게다가 영우는 다른 것에는 전반적으로 의욕이 없는 것처럼 보인다. 이런 영우를 보면서 부모님은 걱정스럽고 짜증이 난다. 이들을 상담으로 어떻게 도와주면 좋겠는가?

모범답변

① 전문가들은 무조건 스마트폰 시간을 제한하는 것은 실질적 효과가 거의 없는 방법이라고 조언한다.
② 왜냐하면 초, 중학생 대부분은 스스로 자신의 욕구를 제어하지 못하거나 조절해야 할 필요성을 느끼지 못할 경우 교육 효과가 없기 때문이다.
③ 가장 중요한 대안은 부모와 자녀 간의 새로운 관계(친밀감, 라포)를 형성하는 것이다.
④ 이 친밀한 관계를 통해 스마트폰 사용에 부모가 관여할 수 있는 여지, 개입효과를 높이는 것이 필요하다.

사례 01

초등학교 5학년 때 왕따를 당했던 세진은 6학년 때도 반에 괴롭히던 친구가 있어서 늘 조용히 지내야 했다. 자신을 괴롭히던 일진들이 그대로 중학교에 같이 진학하면서 매일이 지옥 같다. 아침마다 학교에 가기 싫지만 그럴 수 없다. 서점을 운영하느라 바쁘고 식구들을 책임져야 하는 어머니에게 이런 일로 걱정을 끼치고 싶지 않기 때문이다. 어머니에게는 조용히 공부하는 장남으로 보이고 싶었다. 중학교 2학년이 되어 학교에서 한 정서-행동 검사에서 높은 우울과 자살 사고를 보였고, 담임선생님이 따로 연락을 해서 어머니가 세진을 데리고 가까운 WEE 센터를 찾았다.

질문 01

세진의 문제는 무엇이고 어떻게 접근할 것인가?

모범답변

① 세진의 문제
  ㉠ 자살/자해 사고
  ㉡ 왕따, 학교 폭력 피해
  ㉢ 학교에 대한 불편감
  ㉣ 자신의 피해 사실을 어머니나 학교에 알릴 수 없는 상황

② 접근 방법
  ㉠ 왕따와 학교 폭력 피해 사실 사건들을 탐색하여 세진을 안정시킬 방안을 모색한다.
    ⓐ 초등학교 5학년 때부터 지금까지 고통스러웠던 시간들을 위로하고 공감한다.
    ⓑ 학교와의 연계 또는 도움 받을 수 있는 방법들을 찾는다.
  ㉡ 학교에 대한 불편감을 완화시킨다. 긴장 완화 및 호흡법을 통해 항상 긴장하고 불편한 마음을 이완하도록 돕는다.
  ㉢ 전학 등 적극적인 방법도 고려해 본다.
  ㉣ 자기표현 전략을 실천한다. 어려움이 있을 때 도움을 요청할 수 있는 다양한 방법이 있음을 알려주고 실행한다.
  ㉤ 어머니와 담임교사, 학교 상담 교사 등의 도움을 적극적으로 활용한다.

질문 02

세진의 강점과 보호요인은 무엇인가?

모범답변

① 학교에 다니는 게 너무 힘들고 싫지만 참고 학교에 가는 것
② 서점을 운영하면서 열심히 사는 모습을 보여주시는 어머니
③ 자신에 대한 걱정을 끼치고 싶지 않아 열심히 사는 모습
④ 어머니가 열심히 사시는 만큼 자신도 좋은 모습을 보이고 싶은 태도
⑤ 어머니에 대한 신뢰, 좋은 마음, 애정 등

질문 03

지역 사회와 어떤 연계를 할 수 있는가?

모범답변

① 어머니와의 상담을 통해 자살 사고가 높고 우울감이 커서 위험 상황이 있을 수도 있음을 알리고 병원 등 후속 조처에 대해 안내한다.
② 세진과의 상담을 통해 자살/자해 위험성을 인식시키고 상담 동의서를 받는다. 자해 위험 행동이 없는지 확인하여 대처한다.
③ 자살 사고와 우울감의 원천인 학폭과 왕따 피해자 사건을 다루고 이를 학교와 어떻게 협력할 수 있는지 돕는다.
④ 자살 상담을 받을 수 있는 번호를 알려준다.
⑤ 필요할 때마다 학교 상담 센터를 찾을 수 있도록 안내한다.

사례 02

초등학교 1학년 때 ADHD 진단을 받은 수진이는 학교생활이 어렵기는 하나 머리가 좋아 성적은 항상 좋았다. 외동딸인 수진이 어머니와 관계가 틀어지기 시작한 것은 초등학교 6학년이 되면서였다. 5학년 때부터 시작된 화장과 음악으로 인한 어머니와의 다툼은 절정에 달하여, 매일 아침마다 화장과 머리에 대해 지적을 받아도 절대 어머니가 원하는 대로는 하지 않았다. 중학생이 되면서 수진은 어머니의 말은 전혀 듣지 않게 되었다. 그나마 성적은 항상 상위권을 유지해 학교에서는 인정받았지만 담임선생님들과의 사이는 좋지 않았다.

고등학교에 진학하면서부터 남자친구를 사귀고 가끔씩 외박을 하면서부터 문제는 더욱 커졌다. 친구 집에서 자고 온다는 핑계를 댔지만 어머니는 수진을 믿을 수 없었다. 통제 불능이 되어버린 딸을 어머니는 상담실로 데려왔다.

질문 01

부모 상담을 어떻게 진행할 것인가?

모범답변

① 초등학생 때부터 시작된 외동딸과의 관계 문제를 위로하고 공감해 준다.
② 상담을 통해 내담자인 수진이 도움을 받을 수 있음을 알려준다.
③ 부모 상담을 통해 딸과의 관계를 향상시킬 수 있는 방안을 협력한다.

질문 02

상담을 유지하기 위해 상담자는 무엇에 중점을 두어야 하는가?

모범답변

① 내담자가 어머니와 관계가 좋지 않기 때문에 권위자인 상담자와 문제를 일으킬 수 있다는 사실을 염두에 두어야 한다.
② ADHD 치료가 어떻게 진행되었는지 확인하고, 이 질환이 현재 수진의 정서 상태에 어떤 영향을 미칠 수 있는지 알려주고 대처하도록 한다.
③ 학교생활에서의 대인 관계, 남자친구와의 관계, 성교육 등을 통해 다양한 방식으로 도움을 받을 수 있도록 한다. 위험한 행동을 충동적으로 할 가능성이 많기 때문에 이 부분에 대해 경고하고, 위험성을 인식하도록 돕는다.

Section 13

집단상담 관련 이론 및 사례

1 집단상담의 목적

(1) 자신의 문제, 감정 및 태도에 관한 통찰력을 통해 보다 바람직한 자기관리와 대인관계 태도를 터득하는 데 있다.

(2) 자기이해, 자기수용 및 자기관리의 향상을 통한 인격적 성장을 꾀한다.

(3) 개인적 관심사와 생활상의 문제에 대한 객관적 검토와 그 해결책을 위한 실천적 행동을 습득한다.

(4) 집단생활 능력과 대인관계 기술의 습득을 배운다.

2 집단상담의 학습

(1) 나뿐만 아니라 동료들도 비슷한 문제를 가지고 있다는 사실을 학습한다.

(2) 자신의 결함에도 불구하고 집단동료로부터 배척당하지 않는다는 사실을 학습한다.

(3) 다른 집단참여자들이 이해하지 못한다 하더라도, 적어도 한사람(집단상담자)은 자기를 이해하고 수용해 준다는 사실을 학습한다.

(4) 자신도 동료들을 이해하고, 수용하며, 도와줄 수 있다는 사실을 학습한다.

(5) 자기 자신과 타인에 대한 솔직한 느낌을 말하고 들음으로써 자신과 타인을 더 이해하게 되고 수용하게 된다는 사실을 학습한다.

3 집단상담의 특징

(1) 지지적인 분위기에서 집단원들은 새로운 행동을 시도해 볼 수 있다.

(2) 집단상담자의 지시나 조언이 없어도 집단원들 간의 깊은 사회적 교류 경험이 가능하다.

(3) 집단은 사회 축소판과 유사하므로 집단원들은 다양한 경험을 공유할 수 있다.

(4) 문제해결과 목표달성은 집단원 간 상호작용과 집단상담자의 상호작용을 통해 이루어진다.

(5) 집단상담의 대상은 비교적 정상범위의 적응 수준에 속하는 사람들이다.

(6) 상담자는 훈련받은 전문가이다.

(7) 상담집단의 분위기는 신뢰롭고 수용적이어야 한다.

(8) 집단상담은 하나의 역동적인 대인관계의 과정이다.

4 집단상담과정

(1) 탐색단계의 특징

① **탐색** : 집단의 탐색단계의 주요 특징은 집단원들이 새로운 사람들과의 만남으로 어색해하고, 자기개방에 부담을 느끼며, 피상적으로 교류하는 것이다.

② **낮은 신뢰감** : 집단, 집단상담자 그리고 다른 집단원들에 대한 집단원들의 신뢰감이 다른 단계에 비해 상대적으로 낮다.

③ **소극적 집단참여** : 집단원들의 집단참여가 대체로 소극적이다.

④ **높은 불안감** : 불안감이 높은 집단원들은 마치 집단참여를 주저하거나 꺼리는 것처럼 보일 수 있다. 불안의 주요원인은 집단원의 내재적 갈등이다.

⑤ **자신에의 초점 회피** : 집단 내에서 거론되는 내용이 흔히 집단원 자신에 관한 것보다는 집단 외부의 인물, 사건 또는 상황에 초점을 맞춘다는 점이다.

(2) 전환단계(갈등단계, 과도기단계)의 특징

① **불안 고조** : 집단원들의 자기개방 수준이 높아지게 됨에 따라, 다른 집단원들을 의식하게 되는 정도도 높아지면서 나타나는 현상이다.

② **저항 표출** : 저항은 일반적으로 고통을 회피하고자 하는 욕구의 표현으로서, 다양한 형태로 나타난다. 저항의 대표적인 형태는 방어적 태도이다.

③ **갈등 야기** : 다른 집단원들 혹은 집단상담자에 대한 불만이나 비난성 피드백이 잦아진다.

④ **집단상담자에 대한 도전** : 집단상담자에게 적대감을 가지고 도전함으로써 그의 권위와 능력을 시험해 보는 집단원(들)이 나타나는 것이다.

(3) 생산성 단계의 특징

① **깊은 신뢰관계** : 집단원들이 깊은 신뢰를 바탕으로 자기개방적이고 직접적인 방식으로 피드백을 교환하게 되면서 집단응집력은 급격히 높아지게 된다.

② **강한 집단응집력** : 강력해진 응집력은 집단원들의 솔직한 자기개방, 적극적 피드백 교환, 여기－지금 상호 작용에 의한 논의, 직면, 통찰 등의 활동으로 전환되고, 실천지향적 행동들을 촉진한다.

③ **피드백 교환의 활성화** : 이 단계에서는 상호작용하는 방법을 터득한 집단원들이 집단상담자의 요구나 개입 없이도 보다 구체적이고 정교한 피드백을 교환하게 된다.

④ **개인차 존중** : 개개인의 다양성이 권장되는 한편, 개인차와 문화적 차이가 존중된다.

⑤ **집단규범의 적극적 실천** : 각자의 문제를 해결하기 위해 어떤 행동을 할 것인가를 결정하는데 스스로 책임이 있다는 점을 받아들인다.

⑥ **갈등의 불가피성 인정과 적극적 해결** : 집단원들이나 집단상담자 사이의 갈등이 인식되고, 토의되며, 해결된다.

(4) 마무리 단계의 특징

① 집단원들과 작별을 하고 각자의 자리로 흩어지는 단계이다.

② 집단경험을 통해 변화되고 학습된 것을 총체적으로 정리하고 견고히 하며, 효율적으로 적용할 수 있도록 돕는 시기이다.

③ 분리감이나 상실감 외에도 실생활에 새로운 행동을 적용할 것에 대한 의구심과 두려움 그리고 그 동시에 집단 경험을 통해 얻은 성취감, 기대감 등의 복합 감정을 갖는다.

④ 집단의 종결을 예상하여 집단 활동과 참여에 소극적인 자세를 취한다.

⑤ 피드백을 통해 집단원의 친밀감과 독립적인 평가를 제공하는데, 이때 긍정적 피드백은 적절한 행동을 강화한다. 교정적인 피드백보다는 긍정적인 피드백을 하도록 하며, 지도자는 효과적인 피드백의 모델이 되어준다.

(5) **추수단계의 특징** : 추수단계에서의 작업은 추수 집단회기 혹은 개별 추수면담을 통해 이루어진다. 추수 집단회기는 일반적으로 집단종결 2~6개월 후에 갖는다. 이 회기에서는 집단이 종결되면서 계약을 맺은 행동 변화와 관련되어 설정한 목표의 성취정도가 평가된다는 점에서 목표달성과 유지를 위한 촉매 역할을 한다.

5 집단원들의 문제점 및 대처방안

(1) **대화독점하는 집단원** : 그 행동을 통해 얻고자 하는 점과 관련된 역동을 탐색할 기회를 제공하고, 자신의 대화 독점 행동이 초래하는 결과에 대해 통찰할 기회를 제공한다.

(2) **소극적 참여자(침묵하는 집단원)** : 회기 마지막에 집단경험을 나누는 시간에 참여를 독려하고, 비언어적 반응에도 관심을 표현하며, 침묵의 의미가 무엇인지 탐색할 기회를 제공한다. 집단원 고유의 방식이 있는지 알아본다.

(3) **습관적 불평** : 만성적으로 나타나면 초점을 다른 사람이나 주제로 돌리고, 개인면담을 제공하여 집단의 긍정적 가치를 깨닫도록 한다.

(4) **일시적 구원** : 그 고통에 대한 느낌과 생각을 탐색할 기회를 제공한다. 미해결 감정을 회피하거나 억압했던 집단원의 경우라면 안전하고 우호적인 환경에서 교정적 정서체험을 제공한다.

(5) **사실적 이야기 늘어놓기** : '여기 – 지금'에 초점 맞추고, 감정을 진솔하게 표현하도록 한다.

(6) **질문공세** : 질문 속에 포함된 핵심내용을 자신을 주어로 해서 직접 표현해 보게 한다. 다른 집단원에게 연속적인 질문을 던지게 된 행동의 원인과 자신의 감추어진 욕구를 탐색해 볼 수 있다.

(7) **충고 일삼기** : 그의 문제에 대해 깊이 탐색하고 자신의 문제와 갈등을 탐색하도록 도움을 준다. 섣부른(공허한) 충고보다는 보다 깊은 수준의 문제탐색과 자기탐색 기회를 제공한다.

(8) **적대적 태도** : 다른 집단원들이 적대적 태도를 보이는 집단원에게서 받는 영향과 느낌에 대해 솔직하게 나누고, 적대적 태도를 보이는 집단원에게는 그 이면의 이유를 탐색하도록 한다.

(9) **의존적 자세** : 집단원 자신이 문제를 올바르게 인식하도록 돕고, 타인에게 의존해서 얻을 수 있는 욕구 충족의 고리를 끊고 독립성을 갖도록 한다.

(10) **우월한 태도** : 그 집단원이 자신의 느낌이나 집단을 통해 얻고자 하는 점을 탐색할 기회를 제공한다.

(11) **하위집단 형성** : 하위집단 형성에 따른 문제점을 직접적이고 개방적으로 다룬다.

(12) **지성화** : 자신이 말하는 내용과 관련된 감정을 인식하고 직접 경험하고 정리하여 표현할 수 있는 기회를 제공한다.

(13) **감정화** : 이러한 행동이 고통스러운 사건의 결과인지, 주위 사람들의 동정을 얻기 위한 것인지 파악한다.

질문 01

청소년에게 집단상담이 필요한 이유가 무엇인지 말해보시오.

모범답변

① 청소년기는 중요한 타인(significant others)이 부모나 교사에서 또래, 친구들로 변화되어 또래의 영향을 많이 받게 되는 시기이므로 집단상담이 필요하다.
② 청소년기는 또래와 관계하는 방법이나 또래들과 공유하는 것에 관심이 많으며, 또래의 모델링이 가장 많이 일어나는 시기이므로 집단상담이 필요하다.
③ 또래들이 주는 피드백에 매우 민감하며 또래 속에서의 소속감과 안정감을 찾으려 노력하는 시기이기에 집단상담이 필요하다.
④ 청소년은 자신들 생활의 대부분을 또래와 지내고 있기에 또래에 대한 친밀감이 높아서 집단상담이 필요하다.

질문 02

청소년에게 집단상담이 도움되는 점이 있다면 무엇인가?

모범답변

① 집단상담은 청소년이 또래집단에서 감정과 경험을 나누게 함으로써 '자신만이 특이하다.'는 생각에서 벗어나게 한다.
② 집단상담은 상담자가 제공하는 안전한 구조 속에서 독립적 행동을 연습한다.
③ 집단상담은 개인상담 시 성인과의 관계에서 오는 불편함을 감소시켜 준다. 일대일 관계는 청소년에게 불편할 수 있다. 그 반면 집단상담은 권위적인 어른과 좋은 관계를 맺지 못하는 청소년에겐 위협적일 수 있는 상황을 해소할 수 있다는 장점이 있다.
④ 성인 집단상담자와의 새로운 관계형성 및 힘의 균형을 경험하면서 성인과의 효과적인 상호작용 기술을 학습할 수 있다.
⑤ 집단상담은 청소년기의 자의적 사고에 도전하게 한다. 자기중심적이며 타인에 대한 배려가 적은 청소년의 행동을 변화하도록 한다.
⑥ 집단상담은 청소년에게 새롭게 터득한 사회기술을 연습할 수 있는 공간을 마련해 줌으로써 청소년이 새로운 사회 기술을 배우는 장이 된다.
⑦ 외부적 위협을 느끼지 않으면서 현실적 문제상황에 대한 자기 나름대로의 적응 및 대처 방안을 체득할 수 있다.
⑧ 부모나 교사의 일방적인 요구나 기대에서 벗어나 자신이 정말 원하는 것과 자신의 삶의 목표는 무엇인지, 자신이 가장 중요하게 생각하는 가치는 어떤 것인지 등을 찾을 수 있으며, 다양한 사람들과의 만남이나 경험을 통해서 견고해질 수 있다.

질문 03

집단상담을 진행하는 가운데 한 집단원이 다른 집단원에게 물리적인 폭력을 행사했다면 그 이후 어떻게 개입해야 할지 과정을 설명해 보시오.

모범답변

① 집단상담자는 일단 흥분된 감정을 진정시키도록 하며 두 집단원을 분리하고 맞은 집단원 상태를 확인하여 적절한 조치를 취하도록 한다.
② 물리적 행사를 한 집단원을 개별적으로 면담하여 감정을 진정시킨 뒤, 합리적으로 상황에 대한 인식을 하게 한다. 물리적 행사가 얼마나 잘못되고 심각한 일인지에 대해 자각하도록 하며 이에 대한 대처를 하도록 한다. 예 진심어린 사과, 치료비용 지불 등
③ 맞은 집단원이 폭력을 행사한 집단원과 같이 만나는 것에 대해 허락한다면 집단상담자를 포함한 3인이 함께 상황에 대해 이야기를 나누고 대처방법을 의논하여 문제를 해결하도록 한다. 맞은 집단원이 만나는 것을 허락하지 않은 경우에는 각자 의논을 통해 합의된 사항을 이행하며, 물리적 힘을 행사한 집단원은 집단상담에 참석하지 않도록 한다.
④ 합의된 해결방법에 대해서 집단 안에서 다른 집단원에게 이야기하고, 각 집단원들의 심정을 이야기하도록 하여 감정의 해소를 하도록 한다.
⑤ 물리적 힘을 행사한 집단원을 계속 집단원으로 받아들일지는 의논을 통해 합의한다.

질문 04

집단상담을 진행하는데 한 학생이 저항을 보이고 있다면 집단상담자로서 어떻게 하겠는가?

모범답변

① 저항이라는 것이 집단상담에 있어서 자연스러운 일부분임을 내담자에게 이해시키고 저항에 대해 이해와 수용의 태도를 보인다.
② 다른 집단원에게도 저항하는 구성원의 태도나 행동에 대해 자연스럽게 받아들이고 다룰 수 있도록 한다.
③ 저항의 원인이 무엇인지 탐색하고 이에 대응하는 적절한 조치를 취하도록 한다.
④ 내담자의 저항이 집단이나 상담자에 대한 불만으로 인한 것이라면 이에 대해 설명 및 개선을 꾀하도록 하지만, 내담자 개인이 집단을 방해하려는 태도를 보이는 것이라면 모두에게 도움이 되지 않으니 하지 않도록 제지한다.
⑤ 만일 그럼에도 불구하고 저항의 태도가 지속되면 집단전체에 방해되지 않도록 개인상담으로 바꿀 수 있다. 또는 집단에서 제외될 수 있음을 경고하고 차기 집단에서 제외하도록 한다.

질문 05

집단프로그램을 진행하는데 구성원 중 한 명을 대하는 것이 너무 힘들어서 어떻게 해야할 지 모르겠다고 개인적으로 상담을 요청해 왔을 때, 상담자로서 어떻게 하겠는가?

모범답변

① 힘든 마음을 혼자만 가지고 있지 않고 해결해 보고자 도움을 요청한 것에 대해서 공감하고 지지한다.
② 구성원의 어떤 점이 힘든지에 대해서 탐색한다.
　㉠ 내담자의 역동으로 인해 힘들어한다면 친구를 사귀는 패턴, 행동양식 및 대화방법에 대해서 탐색하여 자신에 대해 이해하도록 한다.
　㉡ 실제적인 관계에서 문제가 있어서 어려움을 느낀다면 이에 대해 탐색한다. 상황에 대한 인지 및 타인에 대한 자각 등을 통해 문제를 해소할 수 있도록 한다.
③ 다른 멤버에 대한 감정을 정리하도록 돕는다.
④ 기회가 되거나 준비가 되면 집단 안에서 자연스럽게 이야기해 보도록 하여 서로에게 성장의 기회가 되도록 한다.

질문 06

친한 지인이 집단상담에 들어오는 멤버 중 한 명이 자신의 자녀라며 특별히 부탁하고 집단 안에서 무슨 말을 하는지 이야기도 좀 해달라고 요구한다면 상담자로서 어떻게 하겠는가?

모범답변

① 집단에 들어온 자녀에 대해 충분히 관심을 가지겠다고 이야기하고, 뿐만 아니라 모든 집단원 한 명 한 명에게도 충분히 관심을 가지고 있다고 말한다.
② 자녀가 집단상담을 통해 자신을 이해하고 다른 구성원과의 관계와 피드백을 통해 자신의 문제를 스스로 잘 해결해 나가게 될 것이라고 집단상담의 효과에 대해 충분히 설명한다.
③ 또한 집단상담의 기본원칙이 비밀보장이며 자녀도 이에 대해 안내받을 것임을 말하고, 만약 비밀보장 예외사항이 발생하면 즉각적으로 부모님의 도움을 청할 것이라고 이야기한다.
④ 아울러 상담자로서 최선을 다할 것을 이야기한다.

질문 07

집단상담에서 구성원들의 지적, 인지적 수준이 큰 차이를 보여서 집단응집력이 잘 생기지 않는다면 집단의 리더로서 어떻게 하여야 하는가?

모범답변

① 지적, 인지적 차이를 극복하기 위하여 신체적 활동을 내용으로 하는 공동체 게임을 시도하여 친밀감을 형성한다.
② 진행과정에서는 지적, 인지적 수준이 뛰어난 집단원과 낮은 집단원을 서로 파트너가 되게 하여 도움을 주고받을 수 있도록 지도하며, 서로 협의하고 협력하는 상태를 가지도록 한다.
③ 느끼는 대로 감정을 표현하는 활동을 통해 각자 감정을 알아차리고 피드백을 하도록 하여 정서적 일치감을 가지도록 한다.
④ 인지적 차이가 나도 함께 활동할 수 있는 매체(미술, 음악 등)를 사용하여 활동함으로써 공통된 점을 찾아 집단의 응집력을 키우도록 한다.

질문 08

집단상담을 진행하는 중에 침묵하고 말을 하지 않는 구성원과 지속적으로 다른 사람의 말에 질문을 던지는 구성원으로 인해 집단상담이 방해를 받고 있다면 집단의 리더로서 어떻게 하여야 하는가?

모범답변

① **침묵하는 구성원에 대한 개입**

㉠ 구성원이 지속적으로 침묵을 지키며 회기 중에 말을 하지 않으면 그 이유에 대해서 탐색한다.

예 말을 하고 싶지만 기회가 없어서 침묵하는지, 무슨 말을 해야 할지 몰라서 침묵하는지, 침묵으로 다른 사람의 관심을 끄는지 등

㉡ 회기 마지막 집단경험을 나누는 시간에 참여를 독려하고, 이야기하는 것에 긍정적 지지를 한다.

㉢ 비언어적 반응에도 관심을 표현하고 침묵의 의미가 무엇인지 스스로 탐색할 수 있도록 기회를 제공한다.

② **지속적으로 질문을 던지는 구성원에 대한 개입**

㉠ 구성원이 지속적으로 질문을 던지는 이유에 대해서 탐색한다.

예 다른 사람의 말이 궁금해서인지, 단지 정보나 자료를 탐색하는 수단인지, 자신의 이야기를 하지 않으려는 방어적 태도인지 등

㉡ 다른 구성원이 질문으로 인해 대답을 해야 한다는 부담감을 가질 수 있으므로 질문보다는 자신의 느낌이나 생각을 표현하도록 격려한다.

㉢ 자신이 질문하는 것이 무엇 때문인지 스스로 탐색할 수 있는 기회를 제공한다.

질문 09

집단상담 참여자가 집단상담에 대해서 불만을 토로하고 상담자에 대해서 반대의사를 표현하며 지루하고 의미가 없다고 한다면 집단의 리더로서 어떻게 하여야 하는가?

모범답변

① 집단상담자는 집단 안에서 부정적인 감정을 표현할 수 있도록 수용성을 가지고 조급해하거나 방어하는 자세를 취하지 않도록 한다.
② 만성적으로 나타나면 초점을 다른 사람이나 주제로 돌리고 개인면담을 시도한다.
　㉠ 리더는 개인면담을 통해 구성원이 불편해하는 부분이 있는지 탐색한다. 구성원의 이유인지, 리더자의 이유인지, 운영의 문제인지 검토한다.
　㉡ 구성원의 이유라면 집단원의 심리검사를 실행하여 해석을 해 줄 수 있으며 자신에 대해 이해하도록 해석한다.
　㉢ 리더의 문제라면 개인적으로 라포를 형성하여 친밀감을 향상시키도록 하며, 리더의 약점 및 한계점에 대해서 솔직하게 이야기하고 도움을 요청한다.
　㉣ 운영상의 문제라면 검토하여 재조정한다.
③ 다양한 조처에도 상황이 나아지지 않으면 개인면담으로 전환하거나 수퍼비전을 통해 도움을 받는다.

사례

집단상담을 진행하는데 집단원 중 박 양은 집단에 대해서 지속적으로 불만을 토로하며 예의 없는 행동을 한다. 집단장소가 너무 좁고 사람이 많아서 냄새가 나서 견딜 수가 없는데 아무도 말을 하지 않아서 자신이 대신 이야기하는 것이라고 한다. 또한 다른 집단상담을 할 때는 리더가 간식도 많이 사 주고 해서 좋았는데 이번 집단상담 리더는 돈이 없어서인지 아무것도 사주지 않는다고 투덜대는 등 대부분 집단과 상관없는 자신의 불만이며, 불만을 표현하는 태도도 예의가 없어서 집단원들이 불편해 한다.

집단 안에서 집단리더는 이런 박 양의 불만에 대해서 표현하는 것을 수용하고 적절하게 처리했지만 지속해서 집단 안에서 불만의 소리가 잦아들지 않는다. 심지어 박 양은 다른 집단원 모두 다 불만이 있지만 이야기하지 않을 뿐이고 대신 자신이 용기 있게 이야기하는 것이어서 집단원들이 다 고마워한다며 자신의 행동이 매우 영웅스럽다는 듯이 생각하였다.

이에 대해 집단원들의 이야기를 들어보니, 박 양이 말하는 것에 대해 동의하지 않지만, 불만이 없다고 하면 박 양하고 갈등이 일어나게 될까봐 이야기하는 것이 좀 조심스럽다고 하였다.

질문

집단리더는 박 양에 대해서 어떻게 하겠는가?

모범답변

① 박 양이 부정적인 이야기라도 표현하는 것에 대해서는 수용적인 태도를 취하지만 불만을 토로하는 것은 집단상담에 도움이 되지 않으므로 회기가 끝난 후 박 양과 개인적인 면담을 실행한다.
② 개인면담 시 다음과 같은 사항에 대해서 이야기한다.
　㉠ 불만은 전염병 같아서 잘 인지하지 못하더라도 누군가 계속 이야기를 하면 그런가 하는 생각이 들게 되므로 박 양에게 불만이 있으면 전체 앞에서 이야기하기 전에 리더에게 개인적으로 이야기해 줄 것을 요청한다.
　㉡ 집단에서 지속적으로 불만을 이야기하면 불만 사항을 들어보고 집단의 성장을 위해 수정할 사항이면 수정하되 집단과 관계없는 개인의 불만이라면 집단에서 개인의 문제로 다룬다는 것을 이야기한다.
　㉢ 그럼에도 지속적으로 집단의 분위기를 저해하면 집단상담에서 제외가 될 수도 있다는 것에 대해 이야기한다.

나만의 정리노트

PART 4

2급 면접 기출문제

Section 01 2021년 20회
Section 02 2020년 19회
Section 03 2019년 18회
Section 04 2018년 17회

Section 01 2021년 20회 기출문제

1 사례 질문

사례 01

대학교 2학년에 재학 중인 김 양(만 21세, 여)은 자신의 얼굴에 불만이 많아서 성형수술을 하고 싶어 했다. 고등학교 3학년에 올라가면서 쌍꺼풀 수술을 한 이후로 성형에 점차 빠져들게 되었다. 처음에는 어머니에게 받은 용돈의 대부분을 모아서 성형을 하다가, 부족한 돈을 채우기 위해 책을 산다면서 어머니의 돈을 가져갔다. 자신의 얼굴이 좀 더 예뻐질 수 있다면 돈을 빌려서라도 성형수술을 받고 예쁜 얼굴로 변하기를 바라고 있다고 이야기하였다. 처음에는 김 양의 행동을 나무란다거나 조언을 해주며 성형을 자제시키는 사람은 없었다. 어머니의 경우, 성형을 통해 예뻐지는 딸이 보기 좋았기에 가벼운 거짓말도 웃어 넘겼다. 그러다보니 성형 횟수가 더 많아지고 비용도 늘어나서, 대출까지 받으며 성형을 하는 상황에 이르렀다. 김 양은 고등학교 3학년 때부터 현재까지 총 4번의 성형수술을 하였다. 그러나 여전히 자신의 얼굴에 불만을 가지고 있어서 외출도 하지 않고 학교에도 잘 나가지 않고 있다.

내담자의 가족은 다음과 같다.

- 아버지 : 어머니보다 4살 연하인 아버지는 대학생 시절 내담자의 어머니를 만나 임신을 하게 되자 아버지의 권유로 결혼을 하게 됐었다. 내담자가 유치원 때, 젊은 여자와 눈이 맞아서 집을 나갔다. 이혼은 하지 않았으나 10년 전 외국으로 떠난다는 연락을 마지막으로 현재까지 연락두절 상태이다.
- 어머니 : 미용사로 일하며, 남편이 젊은 여자와 떠난 것으로 인해 김 양에게 항상 "여자는 예뻐야 한다."와 같이 외적인 부분을 많이 강조했다. 그러나 지금은 딸이 외적인 부분에 지출하는 비용이 과다한 것에 대한 불만을 가지고 있다.

김 양은 자신만을 사랑해 줄 남자를 간곡히 원하고는 있지만 사귀는 남자는 없으며 사귀려는 노력도 하지 않고 있다. 김 양은 종종 어머니와의 갈등이 있을 때마다 자신의 외적인 부분이 변하면 온전히 자신을 아껴주는 남자친구를 만날 수 있다고 주장한다. 그러나 김 양은 종종 자신이 남자를 사귀게 되면 그로부터 버림을 받을지도 모른다는 생각에 미리 불안해하고 있다. 김 양의 어머니는 주말에 우연히 김 양의 팔에서 자해흔적을 발견하고 놀라서 김 양을 설득하여 상담소를 방문하였다.

내담자의 심리검사 결과

- MMPI-2
  - 타당도 척도

F	L	K	S
44	65	58	68

– 임상 척도

Hs	D	Hy	Pd	Mf	Pa	Pt	Sc	Ma	Si
52	64	60	45	44	55	65	64	38	60

• SCT 주요 내용

– 나는 버림받는 것이 가장 두렵다.

질문 01

청소년 내담자를 만났을 때 가장 필요하다고 생각되는 상담기술을 한 가지 이야기해 보시오.

모범답변

★Tip

본인이 청소년 내담자에게 가장 필요하다고 생각되는 상담기술을 서술하면 된다. 하지만 면접 시 자신보다 앞선 면접자가 자신이 생각한 상담기술을 이야기했을 때 반복된 대답보다는 다양한 대답을 할 수 있도록 한다. 아래는 예시이다.

① **경청의 기술** : 모든 내담자에게 다 필요하지만 특히 청소년 내담자에게는 그들이 하고 있는 말을 귀담아 듣고, 더 나아가 말하는 내용뿐 아니라 심정까지 정성들여 들어주는 경청의 기술이 가장 필요하다고 생각한다.

② **공감의 기술** : 청소년 내담자의 이야기를 듣고 그들이 경험하는 세계 속으로 들어가 그들의 감정을 느끼고 그들의 시각으로 바라볼 수 있는 공감의 기술이 가장 필요하다고 생각한다. 그래야 청소년 내담자가 자신을 충분히 이해하고 있다고 생각할 수 있을 것 같다.

③ **감정반영** : 청소년 내담자는 아직 자신이 말하는 것에 대해 충분히 인지하지 못할 수 있으므로 내담자가 표현한 기본적인 감정이나 태도 등을 상담자가 거울에 비친 듯이 그대로 되돌려 주면서 자신을 알아가도록 하는 감정반영의 기술이 중요하고 필요하다고 생각한다. 이를 통해 탐색뿐 아니라 정서적 정화와 스스로 명료화를 할 수 있을 것으로 보인다.

✎ 그 외 상담기술

- 재진술 : 내담자가 표현한 말을 상담자의 언어로 뒤바꾸어 표현해 주면서 자신이 말한 것을 확인하고 명확하게 인지하도록 하는 기술이다.
- 해석하기 : 내담자가 명확하게 인지하지 못하는 것을 상담자가 해석을 통해 통찰을 촉진하도록 하는 기술이다.
- 초점화 : 내담자가 이야기 방향을 산만하게 가져가거나 주제를 바로잡지 못할 때 내담자의 특정한 관심이나 주제에 주의를 집중하도록 돕는 기술이다.
- 자기개방 : 상담과정에서 상담자가 자신의 생각, 감정, 경험, 생활 철학 등을 내담자에게 드러내면서 관계 촉진을 가져올 수 있는 기술 중 하나이다.

질문 02

사례와 관련하여 내담자가 이성관계를 가지거나 결혼을 했을 때 중요하다고 생각되는 점은 무엇이라고 생각하는가?

모범답변

① 내담자가 이성관계 또는 결혼에서 가장 중요하게 생각하는 점은 '자신이 사귀는 대상자가 자신을 버릴 것인가 아닌가.'인 것으로 보인다. 내담자는 어릴 적 자신의 아버지가 어머니를 버린 것으로 생각하고 있으며 자신도 남자에게 버림받는 것에 대해 심한 불안을 가지고 있는 것 같다. 그렇기에 내담자는 자신이 사귀는 대상이 자신을 버리지 않을까 하는 점을 가장 중요하게 생각하는 것으로 보인다.

② 내담자는 이성관계나 결혼에 있어서 외모를 매우 중요하게 생각할 것으로 보인다. 여자로서 자신이 이쁘지 않으면 버림받을 수밖에 없다는 생각을 가지고 있어서 지속적으로 버림받지 않는 방법으로 성형을 해야 한다는 생각을 가지고 있을 것 같다. 어릴 적 아버지가 어린 여자와 떠난 상황에 대해 어머니가 "여자는 예뻐야 한다."라고 말한 것이 원인이 되어 '여자가 예쁘지 않으면 버림받는구나.'라고 생각을 하게 된 것으로 보인다.

질문 03

위 사례의 심리검사에 대해서 해석해 보시오.

모범답변

① MMPI-2 검사에서 타당도가 V의 형태로 L, K가 높고 F가 50점 이하인 것으로 보아 바람직하지 못한 감정이나 충동 또는 문제를 부인하거나 회피하고 자신을 가능한 좋게 보이려고 애쓰는 사람일 가능성이 높은 것으로 보인다.

② MMPI-2 검사의 임상척도에서 2-7-8번이 비교적 높은 것으로 보아 우울, 불안, 긴장과 같은 정서적 고통감과 심한 강박적 특징이 있다. 걱정과 생각이 많고 우유부단하며 위축되어 있고, 자기반추적인 사고를 보이며 자살에 대해 집착한다. 이들은 꼼꼼하고 완벽주의적인 성향을 가지고 있는데 자신과 타인에 대해 높은 기준을 부과하고, 이 기준에 부합되지 못할 경우 강한 죄책감을 가지며, 과도한 내성과 스스로에 대한 압력을 가함으로써 우울과 불안을 가중시킨다. 자존감이 낮고 자기개념이 불안정하며 정서적으로 몰입하는 데 두려움이 많고 사회적으로 고립되어 있다.

때로는 주의집중과 사고의 어려움을 호소하고 사고장애의 가능성이 있을 수 있으며, 불안장애, 강박장애, 우울장애의 진단이 내려지는 경우가 흔하고 정신증적 요소가 잠재되어 있는 경우가 많으므로 주의를 요한다.

③ SCT에서 버림받는 것을 가장 두려워하는 것으로 보아 타인과의 관계를 맺을 때 매우 불안하고 관계에 대한 위축 및 왜곡이 있을 가능성이 높다.

질문 04

내담자가 자꾸 거짓말을 할 때 상담자는 어떻게 할 것인가?

모범답변

① 상담자는 내담자가 거짓말을 하는 것에 대해서 정확하게 확인을 하는 것이 필요하므로 탐색을 통해 내담자가 거짓말을 하고 있음을 확인한다.
② 내담자가 거짓말을 한 것을 확인하고 비난하거나 훈계를 하는 것은 상담 장면에서 부적절한 행동이므로 거짓말을 한 것에 대해서 보다 적절한 교육을 시도한다.
③ 또한 거짓을 말했다는 것은 내담자가 그렇게 할 수밖에 없는 이유가 있다는 뜻이므로 그 이유를 잘 탐색하여 내담자의 진실을 파악하도록 하며, 진실을 말하는 것이 불리하더라도 솔직하게 이야기하는 것이 더 필요함을 깨닫도록 돕는다.

사례 02

고등학교 2학년인 박 군(18세, 남)은 같은 반 친구들을 종종 때리는 바람에 피해자 학생들의 학부모들이 박 군을 다른 학교로 전학시켜 달라고 요구하고 있다. 그러나 다른 학교로 전학하기 힘든 가정형편이어서 피해자 학생들의 부모에게 박 군의 어머니가 사죄하는 선에서 마무리되곤 했다. 사실 박 군이 친구들을 재미삼아 폭행하는 것이 아니어서 친구들 사이에 기피대상이 되는 것은 아니다. 오히려 박 군이 키가 크고 몸이 뚱뚱한 편이지만 내성적인 성격 탓에 친구들 간에 놀림의 대상이 되는 일이 많았으며, 중학교 시절 따돌림을 당한 경험이 있다. 박 군은 친구들이 놀리면 그것을 참지 못하여 놀리는 친구들의 얼굴을 갑자기 주먹으로 때리거나, 머리카락을 잡아 당기곤 했다.

내담자의 가족은 다음과 같다.

- 박 군의 아버지는 여러 지방으로 상품을 팔러 다니는 트럭장수 일을 하면서 어렵게 가족을 부양하고 있다. 그렇기에 내담자(아들)와는 소원한 관계를 유지 중이다.
- 박 군의 어머니는 가정 주부로 지내다 코로나로 인한 경제불황으로 보험영업을 시작하셨지만 실적이 저조하다. 그렇기에 일을 통해 오는 스트레스를 내담자에게 잔소리로 푸는 편이다. 대부분의 지출이 자식들의 교육비로 쓰일 만큼 교육에 대한 관심이 많다. 박 군의 어머니는 속으로는 아들을 격려하고 있지만, 박 군의 형처럼 박 군 아버지의 뜻을 따라서 서울 소재 대학 법학과에 입학하기를 바라고 있다.
- 박 군의 형은 명문대 법학과 2학년에 재학 중이다. 박 군은 형을 칭찬하는 아버지에게 분노를 느끼고 있고, 자기 편을 들지 않는 어머니에게도 서운함을 느끼고 있다. 또 자기보다 공부를 잘하고, 부모님의 마음에 드는 모범생 형을 경쟁 상대로 인식하며 미워하고 있다.

내담자의 MMPI-A 결과

- 타당도 척도

VRIN	TRIN	F1	F2	F	L	K
55	59T	68	65	66	52	53

- 임상 척도

Hs	D	Hy	Pd	Mf	Pa	Pt	Sc	Ma	Si
69	69	48	43	41	43	39	40	32	68

질문 01

학교폭력 가해자가 자기 잘못을 인정하지 않기 때문에 상담도 원하지 않는 상황에서 어떻게 상담을 진행하겠는가?

모범답변

① 학교폭력 가해자일지라도 원하지 않는 상담을 받으러 온 것이 얼마나 불편했을지에 대해 알아주고 상담자와의 라포를 형성하여 자신이 수용되고 있다는 것을 느끼도록 한다.
② 상황에 대한 감정을 탐색하고 그 상황에서 느낀 감정을 수용한다.
③ 그러나 학교폭력 가해 상황에 대해 새로운 시각을 탐색하도록 한다.
　㉠ 구체적으로 폭력상황에 대한 탐색을 시도한다.
　㉡ 피해 학생의 입장에서 어떻게 느꼈을지에 대해서 폭력행동을 재해석해 보도록 한다.
　㉢ 피해 학생이 폭력 당시 느꼈을 고통과 괴로움, 우울과 자괴감, 무서움과 공포 등의 감성에 대해서 생각해본다.
④ 자신의 감정에 대해서 적절하게 표현하지 못하고 폭력적인 행동으로 표현한 것은 처벌받을 행동임에 대해서 확인하고 상황의 심각성을 인지하도록 한다.
⑤ 자신의 행동을 올바르게 표현하는 방식과 대처방법에 대해서 탐색해 본다.

질문 02

위 사례에서 주호소문제는 무엇이며 어떻게 접근하겠는가?

모범답변

① **주호소 문제** : 친구들이 자신을 놀린다는 생각이 들면 폭력적인 행동을 한다.
② **접근법** : 친구들이 자신을 놀리는 상황에서 자신의 행동을 올바르게 표현하는 방식과 대처방법을 다양하게 나누어보도록 한다.
㉠ 분노가 일어날 때 신체적인 폭력보다 언어로 표현한다.
㉡ 상황에 대해서 참을 수 없다면 피하도록 한다.
㉢ 분노일지를 통해 감정을 표현하여 해소한다.

질문 03

위 사례를 행동주의 가족치료로 접근 시 가능한 기법에는 무엇이 있는지 설명해 보시오.

모범답변

① **정적강화** : 내담자가 친구들에게 놀림을 당했을 때 폭력적인 행동 대신 적절한 대처방법을 시도한다면 지지와 보상을 줌으로써 지속적으로 적절한 대처방법의 빈도가 높아지도록 하는 기법이 있다.

예 친구들에게 놀림을 당했을 때 폭력적인 행동 대신 적절한 방식으로 표현한다면 칭찬과 지지를 해주거나 내담자가 원하는 물건을 선물한다.

② **부적강화** : 내담자가 친구들에게 놀림을 당했을 때 폭력적인 행동 대신 적절한 대처방법의 빈도를 높이기 위해 적절한 행동을 하면 내담자가 매우 싫어하는 것을 하지 않도록 하는 기법이다.

예 친구들에게 놀림을 당했을 때 폭력적인 행동 대신 적절한 방식으로 표현한다면 내담자가 싫어하는 과제 또는 청소 등을 하지 않도록 한다.

③ **행동형성** : 표적행동에 대한 접근을 할 수 있도록 차별적으로 강화하여 주는 것으로, 적절한 대처방식(표적행동)을 할 수 있도록 단계적으로 강화를 주는 것이다.

예 친구들에게 놀림을 당했을 때 폭력적인 행동 대신 적절한 방식으로 표현하도록 한다(표적행동).
친구들과의 관계에서 놀림당했을 때 피한다. → 칭찬(강화) → 피하지 않고 놀림상황을 참는다. → 칭찬(강화) → 상황에 대해서 피하지 않고 폭력행동 대신 큰 소리로 화를 낸다. → 칭찬(강화) → 상황에 대해서 피하지 않고 폭력행동 대신 적절한 방식으로 표현한다.

그 외 행동주의 가족치료 접근 시의 기법

- 모델링 : 상황에 대처하는 행동을 보여주고 비슷하게 행동하도록 한다.
- 정적 처벌 : 행동 후 결과에 대해서 행동의 빈도를 줄이기 위해 싫은 자극을 주는 것이다.
- 부적 처벌 : 행동 후 결과에 대해서 행동의 빈도를 줄이기 위해 좋은 자극을 제거하는 것이다.

질문 04

집단 상담 도중에 집단원들끼리 몸싸움이 발생했을 때 어떻게 하겠는가?

모범답변

① 집단상담자는 일단 흥분된 감정을 진정시키도록 하며 두 집단원을 분리하고 맞은 집단원 상태를 확인하여 적절한 조치를 취하도록 한다.
② 물리적 행사를 한 집단원을 개별적으로 면담하여 감정을 진정시킨 뒤, 합리적으로 상황에 대한 인식을 하게 한 후 물리적 행사가 얼마나 잘못되고 심각한 일인지에 대해 자각하도록 하며 이에 대한 대처를 하도록 한다.
  예 진심어린 사과, 치료비용 지불 등
③ 맞은 집단원이 같이 만나는 것에 대해 허락한다면 집단상담자를 포함한 3인이 함께 상황에 대해 이야기를 나누고 대처방법을 의논하여 문제를 해결하도록 한다. 만약 맞은 집단원이 만나는 것을 허락하지 않은 경우는 각자 의논을 통해 합의된 사항을 이행하며 물리적 행사를 행한 집단원은 집단상담에 참석하지 않도록 한다.
④ 합의된 해결방법에 대해서 집단 안에서 다른 집단원에게 이야기하고 각 집단원들의 심정을 이야기하도록 하여 감정의 해소를 하게 한다.
⑤ 물리적 행사를 한 집단원을 계속 집단원으로 받아들일지 의논을 통해 합의한다.

사례 03

중학교 2학년 박 군(15세, 남)은 학교시험이나 자기 자신과 부모님을 생각하면 매번 몸이 아프고 두통증세가 심하게 찾아온다. 요즘 자꾸만 자기 자신이 버림받은 존재이며, 아무런 가치가 없다고 생각하여 집에 들어가기 싫어진다. 아버지는 가족에 대한 책임감이 투철하지만 한편으로는 가족들에게 무심한 편이다. 집에 들어와서는 어머니에게 박 군과 형을 제대로 양육하지 못한다며 야단을 치거나 사사건건 어머니를 비난하고 있다. 박 군에게는 "학생은 공부를 열심히 해야 한다. 너는 머리가 나쁘다. 내가 어떻게 하는데 네가 그 모양이냐. 질이 나쁜 친구들과 어울려 다닌다."라고 큰소리로 나무라고 소리를 지르며, 이럴거면 집에서 나가라고 호통을 친다. 아버지와 어머니는 거의 매일 말싸움과 몸싸움을 벌이는데, 그럴 때마다 어머니는 박 군을 야단치셨다.

최근 박 군은 친구들과 밤늦게까지 게임을 하다가 늦잠을 자버려서 다음날 제출해야 하는 수행평가 자료를 집에 놔두고는 그냥 학교에 와버렸다. 서둘러 다음날 선생님께 제출해봤지만 수행평가점수가 깎인 후였다. 그 수행평가는 박 군이 일주일 전부터 완성해놨던 과제였다. 박 군은 어머니의 꾸중과 아버지의 불호령이 떨어질까봐 불안하고, 부모님이 자신으로 인해 부부싸움을 할까봐 괴롭다.

박 군은 얼마 전부터 이러한 일이 있을 때마다 게임을 하게 됐다. 게임 어플을 깔아 게임을 하는 바람에 핸드폰 요금이 10만 원이 넘게 나와버렸다. 어머니에게는 열심히 공부하겠다는 약속을 지키지 않았다며 꾸중을 들었고, 아버지에게는 엎드려 뻗쳐 자세로 20대를 맞았으며, 어머니와 아버지의 말다툼이 더욱 심해졌다.

박 군은 '과연 내가 이 집안에서 필요한 존재인가? 내가 있어서 가족들은 불행한가?'와 같은 강한 의구심이 들면서 죽고 싶다는 생각이 든다.

질문 01

위 사례의 내담자에 대해서 사례개념화를 해보시오.

모범답변

★Tip
사례개념화 시 모든 것을 너무 상세하게 이야기하면 시간이 길어질 수 있으므로 모든 것을 다 이야기하기보다 좀 더 핵심적으로 이야기하도록 하는 것이 바람직하다.

① **내담자의 주호소문제**
㉠ 자신 때문에 부모님이 싸우는 것이 심리적으로 괴롭고 자신이 불필요한 존재이며 버림받은 것 같다고 생각한다.
㉡ 그런 자신에 대해 무가치하게 느끼며 심지어 죽고 싶다는 생각을 한다.
㉢ 이로 인해 행동적으로도 게임을 하면서 문제가 일어나고 학교생활도 문제가 생긴다.

② **내담자의 특징**
㉠ 내담자의 인지적 특징 : 자신으로 인해 가족이 불행하며, 부모님의 부부싸움도 자신으로 인해 일어난다고 여기는 등 자신은 가족에게 버림받았다고 생각한다. 그리고 이런 자신에 대해서 가치가 없으며 죽고 싶다고 생각한다.
㉡ 내담자의 정서적 특징 : 부모님에게 혼이 나는 것에 대해 불안하고, 자신으로 인해 부부싸움이 일어나는 것에 대해 괴로워하며, 자신의 존재에 대해서 무가치하게 느낀다.
㉢ 내담자의 신체적 특징 : 학교시험이나 부모님을 생각하면 몸이 아프고 두통이 심해진다.
㉣ 내담자의 행동적 특징 : 게임으로 인해 핸드폰 요금이 10만 원이 넘게 나오기도 하고, 밤늦게까지 게임을 하고 늦잠을 자서 수행평가를 챙기지 못해 제출을 하지 못하기도 한다.

③ **내담자의 문제 촉발요인 및 유지요인** : 아버지는 가정에 무관심하면서 어머니에게 자녀양육을 제대로 하지 못한다고 심하게 비난하고 거의 매일 말싸움과 몸싸움을 하신다. 또한 그럴 때마다 어머니는 내담자를 야단치고 꾸중하신다.

④ **상담목표**
㉠ 내담자가 가지고 있는 심리적 고통을 해소하도록 한다.
㉡ 자신에 대해 가지고 있는 무가치한 생각을 수정하도록 한다.
㉢ 부모님에 대한 심리적인 영향으로부터 벗어나 독립적으로 자신을 바라보도록 한다.
㉣ 행동문제를 수정하도록 한다(게임문제, 학업문제).

⑤ **상담이론 및 전략**
㉠ 다세대 가족상담모델 이론을 통해 내담자의 불안감소와 자기분화수준을 향상하며, 탈삼각화를 하도록 한다.
㉡ 인간중심이론을 통해 내담자를 무조건적으로 수용하여 있는 그대로의 자신을 수용하도록 한다.

사례개념화
사례개념화란 내담자에 대한 정보를 모아 조직화하여 상담을 안내하고 초점을 맞추어서 성공적인 종결을 준비하도록 하는 것이다.
- 내담자의 문제 및 증상
- 내담자의 특징(신체적, 인지적, 정서적, 행동적 특징 등)
- 상담의 목적 및 목표
- 상담 개입방향 및 전략, 기법 등

질문 02

내담자에게서 보이는 방어기제는 무엇인지 설명해 보시오.

모범답변

① **신체화** : 내담자는 학교시험이나 자기 자신, 부모님 생각 등 심적으로 불편한 갈등의 생각을 할 때마다 몸이 아프고 두통증세가 심하게 찾아오는 것으로 보아 신체화 방어기제를 사용하고 있다.
② **회피** : 두려움이나 갈등이 있는 상황이 있을 때 이를 마주하기보다는 게임을 통해 갈등상황을 회피하는 방어기제를 사용하고 있다.

질문 03

청소년상담의 어려운 점이라고 생각하는 것에 대해서 이야기해 보시오.

모범답변

① 청소년 내담자들은 대부분 비자발적인 내담자이기 때문에 상담관계를 맺기도 어려우며 상담에 비협조적일 수 있다.
② 청소년의 특성상 정서적으로 기복이 심하여 약속을 어기는 경우가 많으며 상담자에 대해 저항을 가지는 경우가 많으므로 상담 중단이 빈번히 일어나는 경우가 많다.
③ 청소년은 언어만으로 상담을 진행하는 것이 어렵기 때문에 문제에 대해 다양한 접근법이 필요하다.
④ 인지적으로 형식적 조작기에 접어들기는 했지만 조망능력이 떨어지고 통찰력이 부족하여 문제에 대한 심각성이나 영향력에 대해서 잘 깨닫지 못하는 경우가 많다.

질문 04

비행청소년에게서 밤에 전화가 온다면 어떻게 대처하겠는가?

모범답변

① **전화를 한 상황이 위기상황일 경우**
- ㉠ 전화를 한 시점이 혹시 위기상황이 아닌지에 대해서 상황을 탐색한다.
- ㉡ 위기상황일 때는 위기에 대처할 수 있는 여러 기관과 연계 가능하다는 것도 알려주어 비상시, 위험 시 대처할 수 있도록 돕는다.
- ㉢ 또한 상담자도 위기상황(자신이나 타인의 신변에 위험이 있는 경우 등)일 때는 비밀보장 예외사항이므로 보호자나 연계기관에 연락하여 도움을 요청하여 신속하게 대처한다. 비밀보장 예외사항이 아닐지라도 위급 시 내담자를 설득하여 보호자나 도움을 받을 수 있는 곳에 연락을 취하도록 하여 신속하게 대처하도록 한다.

② **전화를 한 상황이 위기상황이 아니고 사적으로 전화를 할 경우**
- ㉠ 전화를 한 이유가 무엇인지 탐색한다. 인간적인 관심의 표현일 경우, 타인에게 관심을 갖고 친밀하게 표현하는 것은 건강한 것이고 신뢰의 첫 발걸음이기 때문에 우선은 고마움을 표현한다.
- ㉡ 하지만 상담 관계에서 사적 만남은 상담 효과를 오히려 감소시킨다는 사실을 알려주고, 인간적 관심이 커져서 개인적으로 연락하는 것은 사생활을 침해하는 것이고, 상담 이외의 시간에 만나는 것은 상담을 이끌어 나가는 효과에서도 부적절하다고 설명해 준다.
- ㉢ 상담 시간을 통해 충분히 친밀함을 유지하며 내담자가 더 만날 기회를 얻길 원한다면 횟수를 늘려 상담하도록 조정한다.
- ㉣ 내담자가 인간관계를 이런 식으로 형성하는 경우라면 이 주제를 상담으로 연결시켜 보는 것도 필요하다.

사례 04

올해 고등학교 2학년에 재학 중인 정 군(18세, 남)은 학교에서 최근 실시한 정서행동특성검사 결과, 우울과 자살 가능성이 높은 학생으로 분류되어 인근 청소년상담복지센터로 상담이 의뢰되었다. 상담실에 들어선 정 군은 상담사와 눈 맞춤을 어려워하였으며 상담사의 질문에 겨우 "예, 아니오"로 대답하였고, 목소리도 낮아 겨우 알아들을 정도였다.

또한 정 군은 상담을 하면서 허공을 바라보다가 눈물을 흘리면서 말을 잇지 못하는 경우가 허다하였다. 상담사가 눈물을 흘리는 연유를 묻자 그냥 슬픈 생각이 들어서 그렇다고 대답하였다. 정 군의 손목 윗부분에 커터 칼로 약하게 그은 자국이 있음을 상담사가 발견하고 자살시도를 걱정하자 그냥 한번 흉내를 내보았다고 이야기하였다. 또한 부모님도 모르는 사실이라고 말하지 말라고 하였다. 담임 선생님은 정 군의 친구관계에 문제가 없으며, 성적도 상위권이라고 하였다. 정 군은 특별히 유별난 행동을 보이지는 않았지만, 얼마 전부터 죽고 싶다는 말을 하고 누군가 자신을 찔러줬으면 한다고 말하고 다닌다. 그 이유를 물으면 그냥 현재 살아야 할 의미를 모르겠고, 삶의 가치가 없다고 느껴진다고 하며 다른 사람들이 자신을 인정해 줄 때만 살고 싶다고 말했다.

정 군의 어머니는 결혼 전부터 다니던 회사에 지금도 다니고 있지만, 회사생활에서 오는 스트레스로 술을 즐겨 마시며 눈물을 흘리면서 내담자(아들)에게 살기 힘들다고 하소연한다. 이를 보는 남편은 목소리를 높여 야단치지만 내담자는 어머니의 고달픈 생활을 생각하면서 같이 힘들어 한다. 정 군의 아버지는 가전제품 수리공으로 서비스센터에서 근무하고 있는데, 지방출장과 야근이 잦아 가족과는 휴일에도 이야기할 겨를이 없다.

내담자의 MMPI-2 결과

• 타당도 척도

F	L	K
44	62	58

• 임상 척도

Hs	D	Hy	Pd	Mf	Pa	Pt	Sc	Ma	Si
52	70	60	45	68	52	49	58	45	66

• 보충척도 : 불안(66), 억압(67), 내향성/낮은 긍정적 정서(69)

질문 01

위 내담자의 심리검사를 해석해 보시오.

모범답변

★Tip
심리검사 해석 시 단정적인 말투보다는 잠정적인 말투를 사용하는 것이 바람직하다.

MMPI-A 결과는 다음과 같다.

① 내담자는 임상척도에서 우울척도(70)가 가장 높게 상승되어 있는 것으로 보아 자신에 대해 비하하고 불안정하며 무력감과 더불어 자신에 대해 비관적인 생각을 할 가능성이 높을 것으로 보인다. 또한 우울척도가 높을 경우, 의욕이 없고 미래에 대한 희망이 상실되어 있으며, 심지어 자살에 대한 사고와 이를 실행에 옮길 가능성도 높다.

② 남성성/여성성 척도(68)가 높게 상승되어 있는 것으로 보아 내담자가 남성이지만 자신의 성과 이탈되어 여성적이고 의존적이며 수동적 자세를 취할 가능성이 높을 것으로 보인다.

③ 내향성척도(66)가 높게 상승되어 있는 것으로 보아 과민성과 대인관계의 불편감을 겪고 있을 것으로 보이며, 사회적 접촉이나 책임으로부터 멀어지고 자신감이 부족하며 다른 사람의 눈에 띄지 않으려고 할 경향이 높다.

④ 보충척도에서 불안과 억압수준이 상당히 높고, 병리요인에서 내향성/낮은 긍정적 정서성의 점수 역시 높아 자신이 경험하는 상황을 부정적 시각으로 보며 자신과 연계시켜 슬픔을 느낄 가능성이 높다.

⑤ 종합적으로 내담자는 자신에 대해 비하하고 비관적인 생각을 할 가능성이 높으며, 정서적으로 불안정, 우울, 무기력을 경험할 가능성이 높다. 대인관계에서도 소심하고 자신감이 부족하여 수동적인 자세를 취하며 의존성이 높을 것으로 보인다. 이런 상태를 고려했을 때 심각하게 자살사고 및 시도를 할 가능성이 높다고 할 수 있다.

질문 02

위 내담자에게 어떻게 개입하겠는가?

모범답변

① 자살위험에 대해 일차적으로 탐색한다.
  ㉠ 자살로 이어질 수 있는 위험성이 있는지를 먼저 파악하고 상태에 따라 자살 금지 계약서를 작성한다.
  ㉡ 이 사실은 비밀보장 예외사항이므로 부모님에게 알려야 함을 이야기한다.
② 내담자의 감정에 대해 수용한다. 내담자의 우울, 무기력에 대해서 충분히 수용하여 라포를 형성한다.
③ 인지치료적 접근을 시도한다. 자신에 대해, 세상에 대해, 미래에 대해 비관적인 인지삼제의 사고를 인지치료를 통해 수정하도록 한다.
④ 타인과의 관계를 개선한다. 다른 사람들과 어떻게 관계하고 있는지 탐색하고 건강하게 관계형성을 할 수 있도록 관계훈련을 하며, 훈련한 것을 실생활에서 실행할 수 있도록 격려한다.

질문 03

내담자가 상담 이후에 자신과 데이트를 하자고 이야기한다면 어떻게 하겠는가?

모범 답변

① 윤리적으로 상담자는 내담자와 이중관계를 맺어서는 안 된다. 상담자가 상담자이면서 연인관계를 맺는 것은 이중관계이므로 윤리적으로 어긋나는 관계가 된다.
② 그러므로 상담 이후 데이트를 하자는 내담자의 말을 분명하게 거절하여야 한다.
③ 하지만 공감을 통해 내담자가 인격적 모독을 느끼거나 자존감이 상하지 않도록 하며, 더 나아가 상담자와 내담자의 역할과 책임에 대해서 상기할 수 있도록 충분히 설명해 준다.

질문 04

단답형으로 대답하는 내담자를 어떻게 상담할 것인가?

모범 답변

① 내담자가 단답형으로 대답하는 이유에 대해서 탐색한다.
② **내담자가 대인관계에서 말을 하는 것이 어려워서 단답형으로 대답하는 경우** : 단답형으로 대답을 하는 것에 대해서 충분히 격려하고 지지하면서 천천히 이야기할 수 있도록 기다린다. 그리고 상담자와 라포가 형성된 후 자신의 이야기를 천천히 해 나갈 수 있도록 여유 있고 편안하게 기다리며 안심할 수 있도록 한다.
③ **내담자가 상담이나 상담자에 대해 저항함으로 인해 단답형으로 대답을 할 경우** : 단답형으로 대답하는 것에 집중하기보다 내담자가 저항하는 이유에 대해서 탐색하며 저항의 원인을 통찰하도록 한다. 저항을 통찰하는 것은 그러한 내담자를 수용하고 라포를 형성하면서 저항의 원인을 제거하여 충분히 자신을 자유롭게 드러낼 수 있도록 한다.

사례 05

중학교 2학년에 재학 중인 장 양은 집에서나 학교에서나 자신은 투명인간 같다고 느끼며 마음의 상처를 받았다. 어머니에게 이러한 고충을 말하고 전학을 가고 싶다고 말했지만 강력한 반대에 부딪혀 어쩔 수 없이 학교에 다니고 있다. 쉬는 시간에도 혼자 책상에 앉아 멍하니 허공만 쳐다보는 행동을 하고 있어, 담임선생님이 걱정이 되어 학교 상담소에 의뢰하였다. 장 양의 성적은 1학년 때까지만 해도 상위권이었지만 현재는 하위권이며, 평소에는 힘이 없고 위축된 상태이다. 장 양은 집에 있을 때도 자기 방에서 잘 나오지 않으며, 평소 가족과 대화가 없고 핸드폰만 만지작거린다. 친구를 사귀는 것도 다른 사람과 대화를 하는 것도 불편하고 어렵다고 이야기하며, 자신에게는 아무런 희망이 없다고 말하고 있다.

장 양의 가족사항은 다음과 같다.

- 아버지(34세, 대졸, 회사원) : 공부를 잘하지도 못하면서 학원을 다니는 장 양을 나무라며, 오빠처럼 공부를 잘하지 못한다고 핀잔을 주기도 한다. 부모의 말에 무조건 순종해야 한다고 생각하고 있으며, 전교 10등 안에 들지 않을 거면 학교를 다니지 말고 일을 하라고 얘기할 정도로 장 양에게 완벽을 요구하고 있다. 장 양의 성적이 떨어지면서 아내와 장 양에게 셀 수 없이 트집을 잡으며 화를 내고 있다.
- 어머니(36세, 고졸, 보험설계사) : 내담자에게 지시적이고 엄한 어머니이며, 바쁜 보험설계사의 일로 인해 내담자와 대화할 기회가 거의 없다. 딸이 어떤 수를 쓰든지 1등을 해서 SKY 중 한 곳을 들어가야 사람 구실을 한다고 생각하고 있다. 딸이 지금까지 고분고분하게 자신의 말을 잘 듣다가 최근에 자신의 말을 듣지 않고 제멋대로 행동하였기 때문에 성적이 떨어진 것이라 생각하고 있다. 딸에 대해 불편하고 화가 나 있다.
- 오빠(19세, 고3) : 전교 10등 안에 드는 우등생으로, 외향적이고 활발하다. 가정 내 상황에 대해 관심이 없다. 내담자의 심리적 문제를 눈치채지 못하고 있다.

내담자의 MMPI-A 결과

- 임상 척도

Hs	D	Hy	Pd	Mf	Pa	Pt	Sc	Ma	Si
40	87	60	48	66	55	64	48	50	82

질문 01

위 사례의 내담자의 호소문제와 욕구는 무엇이며, 상담의 목표를 세운다면 무엇으로 하겠는가?

모범답변

① **호소 문제** : 다른 사람들이 자신을 투명인간 취급한다고 느끼며 가족이나 친구와 관계를 맺고 대화하는 것조차 불편하다.

② **내담자의 욕구**

㉠ 부모님이 성적이 아닌 자신의 고통에 대해 관심 갖고 이해하고 수용해주길 바라는 욕구가 클 것으로 보인다.

㉡ 학교에서도 친구들과의 관계를 맺으면서 관심과 수용을 받고 싶은 욕구가 있을 것으로 여겨진다.

㉢ 성적만 신경 쓰시는 부모님을 보면서 성적이 떨어지는 것에 대해서 불안해하면서 좋은 성적을 받고 싶은 욕구가 있을 것으로 보인다.

③ **상담 목표**

㉠ 내담자가 타인과의 관계(부모님, 친구들)에서 심한 불편함을 느낄 수 있음을 인정하고 관계 형성을 시도하도록 한다.

㉡ 인지치료를 통해 정서적 우울과 불안을 해소하도록 한다.

질문 02

위 사례에서 내담자에게 더 탐색하고 싶은 사항은 무엇인가?

모범답변

① 타인(부모님, 친구들, 교사 등)과 관계 맺는 방식을 탐색한다.
② 타인(부모님, 친구들, 교사 등)과 의사소통하는 방식을 탐색한다.
③ 내담자의 인지적 왜곡에는 무엇이 있는지 탐색한다.
④ 성적이 1학년 때 상위권에서 2학년 때 하위권으로 떨어진 이유에 대해 탐색한다.
⑤ 혼자서 주로 무엇을 하고 있는지 탐색한다.

질문 03

청소년 내담자와 어머니의 상담목표가 다를 때 어떻게 접근하겠는가?

모범답변

① 청소년 상담에서 주내담자는 청소년임을 인지하고 청소년이 원하는 상담목표에 대해서 더 확인하고 접근하도록 한다.
② 하지만 청소년 상담의 대상으로 청소년, 부모, 기관 모두 포함되어 있으므로 부모님의 상담목표를 무시하기보다 의논을 통해 조율을 시도하도록 한다. 조율을 시도할 때에는 부모님이 자녀를 사랑하고 있는 마음에 대해서 공감하면서, 자녀가 원하는 것에 대한 수용과 이에 대한 목표를 인정하고 수용하도록 한다.

질문 04

상담자가 수퍼비전을 받기 위해 사례를 소개하겠다고 하니 내담자가 싫다고 거부한다면 상담자로서 어떻게 대처하겠는가?

모범답변

① 윤리강령에는 전문적인 상담을 위해 수퍼비전을 받아야 하는 경우 내담자의 동의를 받은 후에 가능하다고 되어있다. 그러므로 내담자가 동의하지 않으면 수퍼비전을 받기 위해 다른 사례를 사용해야 한다.
② 하지만 내담자에게 더 전문적으로 돕기 위한 한 방법임을 충분히 설명하고 내담자에 대한 모든 기록(이름, 나이, 가족사항 등)을 타인이 알 수 없도록 바꾼다는 것을 알리며, 상담자와 내담자를 위해 최대한 설득한다.
③ 그럼에도 거부하면 내담자의 의견을 존중하고 수퍼비전 사례로 사용하지 않으며 내담자를 위해 도움받을 사항에 대해서는 다른 사례를 통해 받도록 한다.

2 기타 질문

질문 01

대국민 오디션 프로그램이 청소년에게 미치는 영향에 대한 자신의 의견을 말해보시오.

모범답변

★Tip

각자 생각하고 있는 의견을 제시하면 된다.

① 긍정적인 영향과 부정적인 영향 두 가지 측면이 다 있을 것으로 생각된다.

② **긍정적인 측면**

㉠ 자신의 배경이나 상황보다는 순수한 실력이나 노력으로 인정받을 수 있으며, 자신의 꿈을 키우는 데 자극이 될 수 있다.

㉡ 또한 대중성을 얻게 되어 관심과 주목을 받음으로써 자신감과 희망을 가질 수 있고, 자신의 끼를 충분히 발산할 수 있는 통로가 열릴 수 있다.

㉢ 최근에는 학교폭력에 대한 이슈가 사회적으로 조명받고 있는데, 만약 자신을 대중적으로 노출할 경우 자신의 모습을 긍정적으로 돌아보도록 하는 성찰의 기회가 될 수 있다.

③ **부정적인 측면** : 심각한 경쟁으로 인한 스트레스와 서열로 인한 상실감을 느끼고 낙담할 수 있으며, 원하지 않는 자신의 모습을 노출해야 하는 문제점이 있다.

질문 02

아동학대 피해아동이 있을 때 어떻게 조치할 것인가?

모범답변

★Tip

윤리강령에 의하면 아동학대에 대한 부분은 내담자 개인 및 사회에 임박한 위험이 있다고 판단되는 사항이므로 내담자에 관한 정보를 사회당국이나 관련 당사자에게 제공해야 한다.

① 상담자는 아동학대 문제를 충분히 인식하고 작은 것이라도 의심징후에 주의를 기울이도록 한다.
② 기관에 소속되어 있는 경우라면 기관장에게 이 사실을 보고하고 기관의 지침과 규정에 의거하도록 한다.
③ 아동학대라고 의심되는 경우 가능한 많은 정보를 기록하여 즉시 아동학대 신고전화를 한다.

아동학대

- 아동학대란 보호자를 포함한 성인에 의하여 아동의 건강, 복지를 해치거나 정상적인 발달을 저해할 수 있는 신체적, 정신적, 성적 폭력 또는 가혹행위 및 아동의 보호자에 의해 이루어지는 유기와 방임을 말한다(아동복지법 제3조 7호).
- 아동학대 신고
  - 아동학대 신고전화는 국번 없이 112
  - 신고자의 이름과 연락처
  - 아동의 이름, 성별, 나이, 주소
  - 학대행위자로 의심되는 사람의 이름, 성별, 나이, 주소
  - 아동이 위험에 처해있거나 학대받고 있다고 여겨지는 이유
  - 아동과 학대행위자의 정보를 가능한 많이 확보하여 알린다.

질문 03

가출계획을 말한 내담자에게 상담자로서 취해야 할 조치는?

모범답변

① 내담자가 가출을 할 수밖에 없는 상황과 심정에 대해서 공감한다.
② 가출을 하는 것이 취할 수 있는 최선의 방법인지에 대해서 이야기를 나눈다.
③ 가출 후 일어날 수 있는 다양한 상황에 대해서 설명하고 내담자에게 얼마나 힘들 상황이 벌어질 수 있는지 예측하도록 한다.
④ 가출 이외에 상황을 해결할 수 있는 방법에 대해서 의논한다.

질문 04

상담자로서 상담을 약속한 시간과 자신이 속한 기관의 행사시간이 겹친다면 어떻게 하겠는가?

모범답변

① 상담시간은 내담자와의 약속이기 때문에 상의를 통해 시간 이동이 가능한 부분이다. 그러나 기관의 행사는 변경이 상당히 불가능한 부분이기 때문에 내담자와의 전화통화를 통해 상담일자나 시간을 변경해 보도록 한다.

② 내담자가 이 시간 외에는 어렵다고 할 경우에는 한 주 상담을 미루는 방식도 고려하도록 하지만, 내담자의 상황이 매우 위급하고 상담자와의 관계에서 신뢰가 깨어질 수 있는 상황이라면 기관장에게 보고하여 상황에 대한 공론화를 한다. 그리하여 상담자가 행사에 참석하지 못하더라도 기관장과 동료의 동의를 받을 수 있도록 한다.

Section 02 2020년 19회 기출문제

1 사례 질문

사례 01

올해 대학에 입학한 권 양은 학교에만 가면 가슴이 두근거리고 숨을 쉬기 어려워 휴학을 고민 중이다. 학교에 가는 것은 기대가 되고 친구들과의 관계에도 문제가 없지만 학교 안에서의 증상으로 인해 권 양은 현재 학교에 자주 빠지고 집에서 매일 컴퓨터 게임만 하면서 지내고 있다.

권 양의 아버지는 평소 인자하고 권 양을 위해 무엇이든 해주려고 하지만 자신의 뜻대로 되지 않거나 자신의 의견이나 말에 반한다고 여겨지면 폭력적으로 변한다. 이런 상황에 처할 때마다 아버지는 권 양과 언니를 폭행했으나 현재는 조금씩 줄어들어 거의 폭력을 행사하지 않는다. 권 양의 어머니는 내담자가 3살 때 집을 나가서 연락 두절된 상태이며, 언니와 권 양의 관계는 좋지 않다.

권 양은 자신에게 나타나는 증상의 원인과 해결을 위해 상담센터를 방문하였다.

• 권 양의 MMPI-2 척도

F	F(B)	F(P)	FBS	L	K	S
58	51	62	53	61	59	41

Hs	D	Hy	Pd	Mf	Pa	Pt	Sc	Ma	Si
68	71	51	49	58	53	64	49	65	50

• SCT 유의미한 항목

- 나에게 이상한 일이 생겼을 때 날 도와줄 사람은 아무도 없다.
- 내가 어렸을 때는 불행했다. 내가 불쌍하다.
- 다른 가정과 비교해서 우리 집안은 가족 같지 않다.

질문 01

위 사례의 내담자에 대해 심리검사 결과를 토대로 설명해 보시오.

모범답변

① MMPI-2에서 척도2(71T)가 높은 것으로 보아 매사가 우울하고, 비관적이고, 근심이 많고, 무기력하고, 지나치게 억제적이고, 쉽게 죄의식을 느낄 수 있다. 척도7(64T)이 같이 상승한 것으로 보아 정서적으로 고통이 크고 긴장과 불안이 높을 것으로 보인다. 또한 척도1(68T)도 높은 것으로 보아 모호한 여러 신체 증상을 호소하고 있을 수 있으며, 불행감을 느끼고 있을 가능성이 높다.

② 이러한 정서적 고통과 우울, 불안, 신체화 증상이 나타나는 것의 원인으로는 가족 안에서 자신을 보호하고 있는 사람이 없다는 것이다. 아버지의 폭력과 언니와의 관계가 좋지 않은 점 등으로 인해 가족이지만 가족 같지 않다고 인식하고, 어릴 적부터 자신을 불행하고 불쌍하게 인식하고 있는 것으로 보인다(SCT).

질문 02

욕구이론에 근거하여 사례개념화를 해보시오.

모범답변

① **욕구이론에 근거한 내담자의 문제**
㉠ 내담자의 2단계 안전의 욕구가 훼손된 부분
ⓐ 자기의 뜻에 맞지 않으면 폭력을 행사하는 아버지의 위협
ⓑ 어릴 적 어머니의 가출로 인한 연락 두절과 언니와의 관계 불안으로 인해 정서적으로 보호해주고 지지해 줄 만한 대상이 있지 못함
ⓒ 학교를 자주 빠지면서 안전감과 소속감을 가지고 있지 못함
② **내담자의 증상적 특징**
㉠ 행동적 특징 : 학교 안에서 신체적으로 가슴이 두근거리고 숨을 쉬기 어려워지는 신체화 증상이 드러나며, 학교에 자주 빠지고 컴퓨터 게임에 몰두함
㉡ 정서적 특징 : 자신이 불행하다고 느끼고 있음
㉢ 인지적 특징 : 자신을 도와줄 사람이 아무도 없으며, 자신에 대해 불쌍하다고 생각함
③ **상담자 자원**
㉠ 장점 : 학교에 대해 기대가 있으며, 친구 관계는 비교적 잘 하고 있음
④ **상담목표**
㉠ 정서적인 우울과 불안으로 인해 신체화가 일어나고 있음에 대해서 인정하기
㉡ 가족 안에서 정서적인 유대감과 안정감을 가지지 못하고 있는 부분에 대해서 인정하기
㉢ 아버지, 언니와 새로운 관계 형성하기

Maslow의 욕구 5단계 이론
사람은 태어나면서부터 5가지 욕구를 가지고 있으며, 하위의 욕구가 충족되면 다음의 욕구로 옮겨 간다고 본다.
- 1단계 – 생리적 욕구 : 수면, 음식섭취, 배설 등의 생리적인 욕구
- 2단계 – 안전욕구 : 신체적, 정서적, 경제적 위협으로부터 보호받고 싶은 욕구
- 3단계 – 사랑과 소속의 욕구 : 누군가로부터 사랑받고 싶고 어딘가에 소속되고 싶은 욕구
- 4단계 – 존중의 욕구 : 타인으로부터 존중받고 싶어 하는 욕구로 자신감, 권력욕, 독립에 대한 욕구
- 5단계 – 자아실현의 욕구 : 자신의 발전을 이루고 자신의 잠재력을 극대화하고 싶은 욕구

질문 03

내담자에 대해 더 탐색해 보고 싶은 점이 있다면 어떤 것이 있는가?

모범답변

① 신체적인 이상을 느끼는 학교에서의 특별한 장소나 시간
② 교우 관계
③ 부모에 대해 느끼는 정서적인 상태
④ 언니에 대해 느끼는 정서적인 상태

사례 02

중학교 3학년 김 군은 공부를 잘해 선생님들과 친구들에게 평판도 좋고, 예체능 분야에서도 뛰어난 감각을 보인다. 하지만 김 군은 좋아하거나 하고 싶은 일이 없으며, 삶의 의욕도 없어 매우 무기력한 상태이다. 가족 간의 큰 문제도 없고, 학교생활에서도 아무 문제가 없지만 온 몸에 힘이 빠진 듯 축 처진 것 같은 기분을 느낀다. 김 군의 누나도 이와 비슷한 경험을 하였으며, 그 때 상담을 받고 좋아져 누나의 추천으로 상담 신청을 하였다.

김 군의 아버지는 평소 무뚝뚝하시고 말이 없어 가족과의 대화가 거의 없는 편에 속하지만 자녀의 공부에 관심이 많아 누나와 김 군의 성적표를 매번 확인하신다. 김 군은 이럴 때마다 너무 답답하고 숨이 막히는 기분이 들지만 아버지에게 따로 말은 하지 않는다. 김 군의 어머니는 조용하고 소심한 편으로 남편과의 대화는 거의 하지 않으며, 남편이 자녀들의 성적에 관심을 가지고 혼을 낼 때도 나서지 않는다. 김 군의 누나는 우수한 성적에도 항상 더 높은 결과를 원하는 아버지가 짜증나고 답답하게 느껴지며 성적표를 보여드릴 때마다 두통을 호소하였지만 상담을 받아 상태가 많이 호전되었다.

김 군의 MMPI-2 척도는 다음과 같다.

Hs	D	Hy	Pd	Mf	Pa	Pt	Sc	Ma	Si
61	73	56	51	50	59	61	55	49	71

질문 01

내담자의 핵심감정과 위험요인, 보호요인은 무엇인지 이야기해 보시오.

모범답변

① 핵심감정
㉠ 성적이 좋지 않으면 아버지로부터 혼이 날 것이다.
㉡ 아버지는 성적 이외에 나에 대해 다른 것에는 관심이 없을 것이다.
㉢ 자신이 혼이 나도 아무도 자신을 도와주지 않을 것이다.
㉣ 아버지에게 자신의 상태에 대해서 말해도 들어주지 않을 것이다.

② 위험요인
㉠ 가족들이 대화를 거의 하지 않고 있으며, 내담자도 자신의 상태에 대해서 이야기하지 않는다.
㉡ 삶의 의미가 없고 무기력을 느끼고 있다.
㉢ 온 몸에 힘이 빠진 듯 축 처진 것 같은 기분을 느낀다.
㉣ 아버지가 성적을 확인할 때마다 너무 답답하고 숨이 막히는 기분이 든다.

③ 보호요인
㉠ 공부도 잘하고 예체능에서도 뛰어나다.
㉡ 선생님과 친구들로부터 평판이 좋다.
㉢ 가족 간에 큰 문제가 없다.
㉣ 학교생활도 문제없이 잘 지낸다.
㉤ 비슷한 느낌을 가진 누나로 인해 상황에 대한 안내를 받을 수 있다.

질문 02

MMPI검사만 제시되어 있는데 이것 외에 추가로 해 보고 싶은 심리검사를 이야기해 보시오.

모범답변

① 내담자는 언어로 자신을 표현하는 것이 서툴 수 있기 때문에 투사적인 검사를 실시한다.
   ㉠ SCT(문장완성검사) : 자신이 생각하는 것을 글로 표현하도록 하며, 더불어 아버지와 어머니에 대해서 어떤 감정과 생각을 가지고 있는지 확인해 보도록 한다.
   ㉡ 그림검사(HTP, KFD) : 가정에 대한 생각과 가족구조를 파악해보도록 한다.
② **의사소통 유형검사** : 내담자가 어떤 방식으로 의사소통을 하고 있는지 확인하고 가족 간의 의사소통을 원활히 할 수 있는 방법을 고안한다.

질문 03

위 사례에서 가족 상담이 필요하다고 생각하는가? 그렇다면 그 이유는 무엇인가?

모범답변

가족 상담이 필요하다고 생각한다. 그 이유는 다음과 같다.
① 아버지가 무뚝뚝하시고 다른 것에는 말이 없으시다가 성적에 대해서만 관심을 갖고 확인하시는 것으로 인해 누나와 내담자도 비슷한 증상이 일어나고 있다. 그러므로 아버지의 태도 및 관계를 확인해 볼 필요가 있다.
② 가족 안에서 서로 의사소통이 일어나지 않는 것으로 보이며, 이로 인해 내담자도 자신이 해야 할 말을 하지 않고 있는 것으로 보인다. 그러므로 가족 간의 의사소통에 대해 확인해 볼 필요가 있다.
③ 부모님이 서로 이야기를 하지 않고 있는 부분이 자녀에게 부정적인 영향을 미치고 있을 것으로 보이기에 가족 상담의 개입이 필요하다고 보인다.

사례 03

올해 고등학교에 입학한 양 군(17세)은 친구들과 잘 어울리고 금방 친해지며, 자연스레 그 무리의 주도권을 갖게 되었다. 그러던 중, 학교 복도에서 다른 반 친구와 부딪혀 말싸움을 하게 되었는데, 다른 반 친구의 미안하다는 사과에도 화가 가라앉지 않아 자신의 친구 무리를 불러 집단폭행을 하게 되었다.

집단폭행 가해자가 된 양 군은 평소에도 기분이 상하거나 자신의 눈에 거슬리는 행동을 보면 분노를 참지 못하고 화를 내는 모습을 자주 보였으며 결국 담임선생님의 권유로 상담실을 내원했다.

양 군의 주호소는 집에서 남동생의 행동 때문에 화가 나고 가족과 얘기하고 싶은데 아버지가 무서워 이야기하기가 꺼려진다는 것이다. 양 군의 키는 182cm로 키가 크고 체격이 좋으며, 상담 시 중언부언하고 산만하며 고개를 숙이는 행동을 자주 보였다.

양 군의 아버지는 집안에서 매우 권위적이고 폭력적이며, 아내와 자식들에게 주로 지시적이고 억압적인 언행을 자주 보인다. 또한, 어머니는 감정 조절이 어려워 자주 감정폭발을 하고 만성 우울증 치료를 받고 있으며, 남동생은 현재 ADHD 치료 중이다.

• 양 군의 MMPI-2 임상척도 점수

Hs	D	Hy	Pd	Mf	Pa	Pt	Sc	Ma	Si
45	61	59	65	55	71	66	50	45	51

• SCT의 유의미한 항목

– 내가 어렸을 때는 가족 간의 대화가 많았다.
– 나의 아버지는 자기 맘대로이며, 나에게 관심이 없다.
– 나의 어머니는 너무 힘들어서 우리를 보호해 줄 수 없다.

질문 01

위 사례에서 내담자의 장점은?

모범답변

① 친구들과 잘 어울리고 금방 친해지며, 자연스레 그 무리에 주도권을 갖는다는 점
② 어릴 적 가족 간의 대화를 많이 가졌다는 점

질문 02

위 사례에서 내담자를 더 탐색해 볼 필요가 있는 것은 무엇인가?

모범답변

① 내담자의 가족 환경
  ㉠ 부모님의 양육방식과 의사소통 패턴
  ㉡ 부모님과의 애착 형성 과정
  ㉢ 남동생의 행동 양상과 그에 따른 내담자의 분노형태
  ㉣ 부모님과 남동생과의 관계 패턴
② 내담자의 탐색
  ㉠ 친구들과의 관계 패턴 탐색
  ㉡ 내담자의 감정에 대한 처리 양상 탐색(특히 분노에 대한 감정 처리 양상 탐색)
  ㉢ 내담자의 행동에 대한 처리 양상 탐색

질문 03

학교폭력 가해자로 온 내담자가 자신은 잘못이 없다고 이야기할 때 어떻게 상담하겠는가?

모범답변

① 가해자일지라도 내담자의 호소에 대해 경청하며 심정을 이해하고 공감해 주도록 한다.
② 학교폭력 상황에 대해서 구체적으로 탐색하고 질문을 통해 자신의 모습을 상기하도록 한다.
③ 폭력적인 행동에 대한 원인이 무엇인지 탐색을 통해 규명해 보도록 한다.
　㉠ 부모님의 양육방식의 태도　　㉡ 가정 안에서의 폭행 학습 유무 등
④ 자신의 분노에 대해서 조절하고 통제할 수 있는 방법에 대해서 찾아보도록 한다.
　㉠ 숫자세기　　㉡ 심호흡하기
　㉢ 결과 상상하기 등
⑤ 폭력의 원인을 찾아보고 해결해 보도록 하며, 피해자 학생의 입장에 대해서 입장을 바꾸어 타인 공감 훈련을 해 보도록 한다.

질문 04

위 사례의 내담자에 대해 기술된 내용과 심리검사를 연계하여 이야기해 보시오.

모범답변

① 내담자의 MMPI-2에서 척도6(71T)이 높은 것으로 보아 타인에 대해서 비난하고, 원망하고, 적대적이고, 타인을 믿지 않고 불신이 높으며, 왜곡된 지각을 가지고 있을 가능성이 높다. 그러므로 타인과의 관계에서 사과를 받았음에도 이를 수용하지 않고 적대적인 행동을 취하고 있는 것으로 보인다.
② SCT에서 아버지의 권위적이고 폭력적인 모습에 대하여 '나의 아버지는 자기 맘대로 하는 사람'으로 인식하고 있으며, 이런 아버지가 자신에 대해서 애정을 가지고 있지 않을 것이라는 타인 불신적인 태도를 취하고 있다.
③ 어머니도 만성적인 우울과 감정폭발로 인해 어머니 스스로 고통스럽다고 보이며, 지시적이고 폭력적인 아버지로부터 자신들을 보호해 줄 수 없는 분으로 인식하고 있는 것 같다.
④ 내담자의 가족들의 표현방식을 살펴보면, 화가 날 경우 아버지는 폭력적인 행동으로, 어머니는 감정폭발로, 동생은 adhd이므로 충동적이고 주의력이 부족한 형태로 드러나는 것으로 보인다. 내담자도 가족의 이러한 표현양식과 비슷하게 가족 이외의 대인관계에서 자신이 화가 날 경우 타인에게 분노 폭발을 하고 있다.

2 기타 질문

질문 01

청소년 상담자로서 어떤 계획을 지니고 있는가?

모범답변

★Tip

아래의 모범답변처럼 각자의 계획에 대해서 잘 정리하여 이야기하면 된다.

① 청소년 관련 상담 기관이나 학교에 취직하여 지속적으로 청소년들을 상담하고 싶다.
② 상담을 통해 청소년들이 정서적 안정을 취하고 건강한 성인으로 성장할 수 있도록 심리적 어려움을 해결하며, 원만한 인간관계를 맺도록 도움을 주고 싶다.
③ 청소년들을 상담하는 것이 어려울 뿐더러 많은 공부가 필요하다고 생각되어 앞으로도 여러 경험을 쌓는 것에 더하여 청소년들에 대한 이해를 위해 공부를 계속하고 싶다.
④ 상담을 하면서 실제적인 부분에 있어서 여러 가지가 변해야 한다는 것이 느껴져 청소년들을 상담하면서 실제적인 도움을 줄 수 있는 청소년활동가로 활동하고 싶다.

질문 02

본인이 상담하기에 까다로운 내담자의 유형은 어떤 것이 있는가?

모범답변

★Tip

아래의 모범답변처럼 개인적으로 까다로운 유형에 대해 잘 정리하여 이야기하면 된다.

① 아무 의욕이 없이 반응을 거의 하지 않는 내담자가 오면 매우 당황스럽고 상담을 어떻게 진행해야 할지 난감하고 어렵기 때문에 이런 내담자가 매우 까다로운 내담자라고 생각한다.
② 상담을 할 때 매우 당돌하고 거침없이 자신의 의사표현을 하는 정도가 지나쳐서 불쾌함을 유발하면 감정이 매우 상한다. 상한 감정을 잘 처리하려고 노력하지만 감정적인 부분이 상하면 상담을 원만히 진행하기 어려운 점이 있어서 개인적으로 이런 내담자가 까다롭다.
③ 상담을 할 때 여러 가지에 대해서 이야기하고 대처방안도 이야기하며 잘 따라올 것 같이 하는데 결국은 아무것도 하지 않고 말만 하는 내담자를 보면 허탈감이 느껴지고 상담 중 보이는 태도들이 잘 믿어지지 않는다. 개인적으로 상담할 때는 잘 할 것 같이 말만 하고 아무것도 실행하지 않는 내담자가 까다로운 내담자인 것 같다.

질문 03

기성세대가 요즘의 청소년들을 대할 때 변화되어야 한다고 생각하는 부분은 무엇인가?

모범답변

★Tip

아래의 모범답변처럼 개인적인 의견을 잘 정리하여 이야기하면 된다.

① 청소년들은 인내심이 부족하고 자기중심적이므로 협동과 공동체 의식을 가져야 한다고 생각한다.
② 청소년들은 반사회적인 행동을 서슴없이 하고 규율과 규범을 준수하지 않는다고 생각한다.
③ 청소년들은 여러 면에서 미성숙해서 기성세대의 보호와 교육을 받아야 한다고 생각한다.
④ 기성세대의 말을 듣지 않고 자기 멋대로 행동한다고 생각한다.

✎ 청소년은 청소년 발달과정에서 나름대로의 과정을 수행하고 기성세대와 다른 문화적 배경과 특성을 가지고 있으므로 기성세대가 갖고 있는 프레임에 맞춰 청소년을 바라보기보다 그들의 문화적·사회적 배경, 발달적 특성에 맞춰 바라봐야 한다.

질문 04

상담자가 특정 내담자에게 호감을 느끼거나 분노하는 것을 심리학 용어로 무엇이라 하는가? 그리고 그 용어에 대해 설명해 보시오.

모범답변

① 역전이라고 한다.
② 전이는 내담자가 어린 시절 중요한 인물에 가졌던 관계를 상담자에게 무의식적으로 표출하는 것이라면, 역전이는 상담자가 내담자에게 전이현상을 나타내는 것이다. 내담자의 태도와 외형적 행동에 대한 상담자의 개인적인 정서적 반응이자 투사를 말한다.

질문 05

상담자가 기관에 소속되어 일을 하고 있는데 상급자와 의견이 맞지 않을 때 어떻게 대응하겠는가?

모범답변

① 상담자가 기관에 소속되어 있는 한 조직에 속했음을 인식하고 상급자의 의견에 대해 충분히 존중하는 태도를 가진다.
② 그렇다고 자신의 의견을 무시하거나 바로 철회하기보다는 자신의 의견에 대해서도 충분히 설명하고 서로 의견을 조율하는 방법을 시도한다.
③ 의견이 조율되어 합의점을 찾는 과정이 잘 이루어지면 다행이지만 혹시 자신의 의견으로 인해 갈등이 유발된다면 일단은 자신의 의견을 철회하고 다시 한번 돌아보는 기회를 가지도록 한다.
④ 자신의 의견이 모두 옳지 않을 수 있다는 것을 수용하도록 한다.
⑤ 하지만 자신의 의견에 확신이 있고 조직에 더 도움이 된다고 판단되면 기회가 될 때 다시 한번 어필하고 받아들여질 수 있도록 의견을 개진한다.

Section 03

2019년 18회 기출문제

1 사례 질문

사례 01

중학교 2학년 양 군은 최근 부모님의 잦은 싸움과 그로 인해 어린 동생을 혼자 돌보고 있어 힘들고 지친 상태이다. 양 군의 아버지는 완벽하고 깔끔한 일 처리로 회사에서 인정을 받고 있으며, 높은 직급에 올라 자신의 능력 덕에 가족들이 생활할 수 있다고 여긴다. 또한, 집안에서 강압적이고 완벽주의적인 성향으로 인해 아내와 자녀에 대한 통제가 많다.

양 군의 어머니는 조용하고 소심한 성격으로 남편의 강압적인 언행에 기가 죽어있는 상태이다. 부모님의 싸움으로 인해 초등학교 1학년인 여동생의 학교숙제와 준비물, 식사까지 돌보고 있는 양 군은 큰 스트레스를 느끼고 있으며, 최근 기억력 감퇴와 의욕 부진을 호소하고 있다.

양 군은 학교생활 및 학업에 대해서도 흥미를 잃고 점점 자신이 없어지고 있으며, 그로 인해 성적이 떨어지게 되어 고통스러운데 친구들과의 관계에서도 위축되어 모든 게 힘들고 지친다. 하지만 자신이 어린 동생을 돌봐야 한다는 책임감이 커서 모든 상황을 참고 있다고 하였다.

• MMPI-2 척도

– 타당도 척도

F	F(B)	F(P)	FBS	L	K	S
61	63	59	50	53	41	50

– 임상 척도

Hs	D	Hy	Pd	Mf	Pa	Pt	Sc	Ma	Si
71	78	59	51	69	53	73	49	60	55

• MBTI : ISTP

질문 01

위의 사례에서 어떤 목표를 세우겠는가?

모범답변

① **내담자가 정서적으로 고통 받고 있으며, 매우 힘들고 어려움에 대해서 표현하기** : 부모, 교사에게 자신의 정서 상태가 고갈되어 힘들고 지쳐 있으며, 부모를 대신하여 동생의 여러 가지를 챙기는 행위가 버겁다는 것과, 이로 인해 학교에서의 학업성적이 떨어지고 대인관계 위축이 오는 어려움에 대해서 이야기하고 위로받기

② **과하게 동생을 돌보며 부모 역할을 하고 있는 책임감에서 벗어나기** : 어머니에게 동생의 식사와 준비물을 챙겨달라고 이야기하기

③ **학교생활과 친구들과의 관계 회복을 위해 자기표현 및 자신감 찾기**

㉠ 친구와 함께 하는 시간을 통해 유대감 증진 및 관계 회복하기

㉡ 자신에 대한 장점을 찾으며 자신감 회복하기

질문 02

MMPI-2 결과를 해석하시오.

모범답변

① **타당도 척도** : F척도가 다소 높은 것으로 보아 자신의 문제로 고민하고 있음을 알 수 있으며 고통스러운 것에 대해서 도움을 원하는 부분이 있을 것으로 보인다.

② **임상척도**

㉠ 2번 척도와 7번 척도가 높은 것으로 보아 내담자는 주관적인 우울감과 정신운동지체 및 신체적 기능장애, 둔감성, 근심이 많으며, 매사에 무기력할 수 있어 심리적인 고통이 매우 큰 것으로 보인다.

㉡ 1번 척도도 높은 것으로 보아 자신의 심리적인 고통이 신체적인 고통으로 표현되어 나올 가능성이 높으며, 불행감과 모호한 신체 증상을 호소할 수 있다.

㉢ 5번 척도가 높은 것으로 보아 다소 소심하고 예민하며 수동적인 성향을 보이고 있을 가능성이 높다고 할 수 있다.

사례 02

고 군(22살)은 중학교 시절 우수한 성적으로 선생님들의 칭찬을 받으며, 각종 대회의 상도 모두 휩쓸 만큼 모범생으로 유명하였다. 고등학교에 올라가서도 성적이 상위권에 속하여 희망하는 대학에 모두 합격하였지만 집안 형편이 어려워 결국 입학을 포기하였다.

고 군의 아버지는 소심하고 무기력하여 회사에 입사하여도 3개월도 못 가 잘리기 일쑤였으며, 타인에 대한 의존성이 높고 현실감각이 없어 부인의 외벌이로도 다섯 식구가 생활할 수 있다고 생각하고 있다. 고 군의 어머니는 생활력이 강하고 주도적인 면이 있어 현재 다니는 보험회사에서 우수사원으로 뽑혀 승진도 했지만, 혼자 다섯 식구의 생계를 책임지기에는 빠듯하여 지친 상태이다. 고 군에게는 중학생 쌍둥이 동생이 있는데 둘 다 공부에 관심이 없으며, 그중 쌍둥이 형은 친구들과 어울리기를 좋아하고, 충동적이고 공격적인 성향으로 인해 학교에서 문제아로 여겨지고 있다.

고 군은 대학 입학을 포기한 후, 우울감과 분노감으로 자살시도 1회의 경험이 있으며, 현재 아르바이트를 해서라도 대학 입학에 도전하고 싶지만 가족들로부터 취업을 강요받고 가정 내의 가장 역할이 요구되고 있는 상황이다. 이에 고 군은 말을 하지 못하고 의욕이 상실된 상태이다.

고 군의 MMPI-2 척도

• 타당도 척도

F	F(B)	F(P)	FBS	L	K	S
58	60	65	41	40	52	60

• 임상 척도

Hs	D	Hy	Pd	Mf	Pa	Pt	Sc	Ma	Si
62	78	51	75	53	71	68	51	53	47

질문 01

위기개입 관점에서 어떻게 상담을 할 것인가?

모범답변

내담자의 자살 보고가 있으면 제일 우선적으로 위기개입을 시도하여야 한다.

① 자살에 대한 생각을 확인한다.
  ㉠ 자살 사고가 얼마나 자주 일어나고 있는지에 대해서 확인한다.
  ㉡ 실제적으로 자살계획을 세운 적이 있는지, 실제로 행동으로 옮긴 경험이 있는지에 대해서 확인한다.
  ㉢ 최근 자살에 대해 생각하거나 계획 또는 시도한 적이 있는지 확인한다.
② 위험한 생각들에 대해서 정리할 수 있도록 한다.
③ 자살 금지 계약서를 작성하여 서명하도록 한다.
④ 그래도 살아야겠다는 생각이 들게 하는 것(보호요인)은 무엇인지 탐색해 구체화시킨다.
  예 대학입시 희망 등

질문 02

이 사례를 사례 개념화해 보시오.

모범답변

① 내담자의 문제
㉠ 현재 내담자는 심각한 우울 증상을 보인다.
㉡ 환경으로 인해 자신이 피해를 보았다고 생각하여 심한 분노감과 적대감을 가지고 있다.

② 내담자의 특징
㉠ 집안 상황 때문에 자신이 대학을 가지 못했고, 가고 싶어도 가장의 역할을 해야 한다는 것으로 인한 우울감과 분노감이 심하며, 이로 인해 반사회적인 행동도 드러날 것으로 보인다.
㉡ 타인에 대해 불신하고 잘 믿지 못하며, 불안하여 강박성을 가지고 있을 것으로 보인다.

③ 촉발요인
㉠ 매우 우수한 성적으로 대학을 붙었으나 가정형편으로 인해 대학을 포기하였다.
㉡ 취업과 경제적 가장 역할을 강요받았다.

④ 내담자의 장・단점
㉠ 장점 : 우수한 학습능력, 학업에 대한 높은 열정
㉡ 단점 : 자신에 대해 건강하게 표현하는 방식의 부재

⑤ 상담목표
㉠ 부정적인 감정을 해소하기 위해 건강하게 자신 표현하기
㉡ 상황에 대해서 인정할 부분과 극복해야 할 부분 가려내기

질문 03

이 사례를 해결중심상담의 기적질문을 사용하여 상담한다면?

모범답변

상담사 : 만약 당신이 자고 일어났더니 상담을 받으러 온 문제들이 모두 사라졌다고 상상해 보시오. 당신이 잠든 사이에 일어난 일이기에 당신에게 기적이 일어났는지 모릅니다. 하지만 당신이 아침에 일어나서 지난밤에 기적이 일어났다는 것을 알 수 있었어요. 그렇다면 무엇을 보고 당신에게 기적이 일어났다는 것을 알 수 있었을까요?

기적질문은 문제를 제거하거나 감소시키지 않고, 문제와 분리하여 문제가 해결된 상태를 상상해 보게 하여 해결하기 원하는 것들을 구체화하고 명료화하는 데 도움이 된다.

사례 03

중학교 3학년 한 양은 시험이나 가족을 생각하면 두통과 함께 몸이 아픈 느낌이 든다고 한다. 그리고 자신은 버림받은 존재이며, 가치가 없고 학교도 다니고 싶지 않다고 하였다.

한 양의 아버지는 가족에 대한 책임감이 투철하다. 그러나 술을 자주 마시고 어머니에게 집안일로 비난을 하거나 한양에게도 성적이 나쁘고 친구 관계가 좋지 않으니 집을 나가라며 호통을 자주 친다. 아버지와 어머니는 거의 매일 몸싸움을 벌일 만큼 싸우시며, 그럴 때마다 어머니는 집을 나간다.

이런 부모의 갈등을 보면서 괴로워하던 한 양은 초등학교 6학년 때, 옥상에 올라가 뛰어내리고 싶은 생각을 하였고, 어머니는 부부싸움을 한 뒤 자신에게 신세 한탄을 하며 "네가 나의 사는 이유다."라는 말을 자주 한다고 하였다. 중학교에 입학한 후부터 한 양은 아버지에게 저항하였지만 그럴 때마다 어머니는 자신을 버릇없는 딸이라고 칭하였으며, 한 양은 내가 정말 필요한 사람인가 하는 생각이 들어 죽고 싶다는 생각을 자주 하였다.

한 양의 아버지는 요즘 경기가 좋지 않아 술을 마시는 날이 잦아졌고, 그에 따라 부부싸움을 하는 날이 많아졌으며, 한 양은 이런 집안이 싫어 친구들과 늦게까지 어울렸다. 어머니는 한 양에게 "너는 공부는 안 하고 매일 늦게까지 친구들과 놀러 다니면 엄마가 얼마나 속상한지 아니. 네가 자꾸 말을 안 들으면 엄마는 죽어버릴 거야."라는 말을 자주 한다.

• 한 양의 MMPI-A 척도

VRIN	TRIN	F1	F2	F	L	K
55	51F	50	43	58	71	45

Hs	D	Hy	Pd	Mf	Pa	Pt	Sc	Ma	Si
75	70	78	45	59	50	70	54	56	60

• SCT 유의미한 항목
- 나는 아무런 가치가 없고, 아무도 나를 이해해주지 않는다.
- 나의 좋은 점은 하나도 없다.
- 나의 장래는 어둡고 앞이 보이지 않는다.

질문 01

위 사례에서 검사결과를 보고 주로 어떤 상담이론을 적용하고 싶은가?

모범답변

★Tip
이 문제는 면접자의 의견을 물어보는 질문이다. 자신이 가장 잘 활용할 수 있다고 생각되는 이론을 적용하면 된다.

① 이 내담자는 자신의 존재가 수용되지 못하고 존중받지 못함으로 인해 정서적인 고통과 사고의 왜곡 및 신체의 증상이 일어나고 있는 것으로 보인다. 그러므로 상담자로서 내담자를 있는 그대로 수용하고 공감하는 태도를 취하는 인간중심이론을 적용하고 싶다.
② 우리의 행동은 스스로 통제할 수 있으며 자신의 불행과 갈등도 선택할 수 있음을 확인해 주고 싶다. 내담자가 원하는 것이 무엇인지 파악하고 이를 충족시킬 수 있는 효율적인 방법을 찾아 스스로 선택할 수 있는 행동을 하고 이에 책임을 지도록 현실치료를 적용하고 싶다.
③ 내담자는 매우 부정적이고 파국적인 사고를 가지고 있으며, 자기에 대한 비하나 상황에 대한 왜곡이 심한 것으로 보인다. 자기수용과 비합리적인 사고를 합리적으로 바꾸어 자신에 대한 관심과 자기결정, 좌절에 대한 높은 수준의 인내심을 가질 수 있도록 합리적 정서행동(REBT)이론을 적용하고 싶다.

질문 02

MMPI-2 결과를 해석하시오.

모범답변

① 검사의 타당도 척도에서 L(71T)척도가 높은 것으로 보아 자신을 좋게 보이려고 애쓰는 모습을 보이나 이런 시도가 세련되지 못할 수 있다. 더 나아가 자신의 결점을 부인하고, 도덕성을 강조하고, 고지식하며, 억압의 방어기제를 사용할 가능성이 높을 것으로 보인다.
② 임상 척도에서는 1-3척도가 더 높은 것으로 보아 심리적 문제가 신체적 증상으로 전환되어 나타날 수 있고, 심리적인 어려움을 부정할 수 있으며, 2번, 7번 척도가 높아 우울이나 불안감이 클 수 있으나, 부인 방어기제를 사용하여 우울이나 불안감을 드러내지 않으려는 경향을 보일 수 있다.
스트레스를 받을 때 사지의 통증, 두통, 식욕부진, 불면증을 호소할 수 있으며, 다소 자기중심적이고 의존적일 수 있다고 보인다.

질문 03

내담자의 어머니가 찾아와 성적을 올리기 위한 상담을 해달라고 한다면 어떻게 하겠는가?

모범답변

① 자녀의 성적을 올리고 싶은 부모님의 마음에 대해서 충분히 이해하고 공감한다.
② 자녀의 성적 향상보다 먼저 더 중요하게 다루어야 할 문제가 있으며, 이를 해결해야 학습성적이 향상될 수 있음에 대해 말씀드린다.
③ 학습 향상을 위해 상담 도중에 알게 된 내담자의 내적 어려움, 환경적인 요인, 부모의 양육방식 등에 대해 어머니에게 설명해 드린다.
④ 함께 해결해 가야 할 부분이 무엇인지 의논하고 협력하여 내담자의 어려움이 해결되도록 한다.

어머니에 대한 비난의 태도나 책임 전가 식의 이야기는 도움이 되지 않으므로, 가능하면 내담자를 사랑하는 부모의 마음을 환기시켜 내담자의 어려움을 해결하는 데 협력하도록 해야 한다.

2 기타 질문

질문 01

상담사로서 개인분석을 받아야 하는 이유는?

모범답변

① 개인분석을 통해 상담사의 역량을 향상시킬 수 있다.
  ㉠ 청소년상담사 윤리강령에 '상담사는 자신의 전문성을 유지하기 위하여 교육, 자문, 훈련 등의 지속적인 노력을 추구하여야 한다.'고 기록되어 있다.
  ㉡ 상담사는 지속적인 연구와 배움, 개인분석 등을 통해 자신의 전문성과 유능성을 향상시켜 나가기 위해 노력해야 하는 윤리적 책임이 있다.
  ㉢ 또한 상담사는 자신이 상담을 하고 있는 부분에 대한 점검, 즉 상담이론, 상담기법, 상담 시 자신이 했던 실수, 더 좋은 상담의 방법 등을 알 수 있어 상담자의 역량을 꾀할 수 있다.
② 개인분석을 통해 내담자를 보호할 수 있다.
  ㉠ 상담사는 개인분석을 통해 내담자에 대한 이해, 생각, 태도 등을 좀 더 깊이 이해할 수 있어서 내담자에 대한 보호가 가능하게 된다.
  ㉡ 또한 지속적인 개인분석으로 상담사의 소진을 막을 수 있으며 더불어 내담자에게 양질의 상담을 제공할 수 있게 된다.

질문 02

청소년기본법과 청소년 보호법에서 대상으로 삼는 청소년의 나이 차이가 나는 이유가 무엇인지에 대해 자신의 생각을 이야기해 보시오.

모범답변

① 청소년기본법은 청소년의 대상을 넓게 잡아서 청소년의 육성과 권익을 보장하고, 기본적인 복지와 보호를 넓게 적용할 수 있도록 하였다.
② 청소년 보호법은 청소년을 유해한 환경에서 보호하려는 측면에서 고등학교를 졸업하기 전까지의 나이를 청소년으로 보아 연령의 상한선을 낮추었다.

청소년기본법은 청소년을 9~24세로 보고 있으며, 청소년 보호법에서는 청소년을 19세 미만으로 보고 있다.

질문 03

상담의 구조화를 설명해 보시오.

모범답변

① **상담의 구조화의 의미** : 상담을 성공적으로 진행해 나가기 위해서 상담에 대한 이해도를 높이고 지켜야 할 규칙이나 규범 등을 정하는 것으로, 보통은 상담 초기에 이루어진다.
② **상담구조화의 내용**
   ㉠ 상담자와 내담자와의 관계 및 역할
   ㉡ 비밀보장 및 상담윤리 관련 사항
   ㉢ 상담 진행절차 및 방법과 비용, 시간
   ㉣ 상담목표 등
③ 상담 초기에 상담을 구조화하여도 한 번에 끝나지 않으며 필요하다면 상담 중간에도 구조화를 진행할 수 있다.

질문 04

가정폭력을 당하고 있는 내담자가 오면 어떻게 상담하겠는가?

모범답변

① 내담자가 충분히 안심할 수 있도록 편안한 분위기를 조성하고 따뜻하게 라포를 형성한다.
② 심신의 안정을 꾀한 후 가정폭력에 대한 사항을 구체적으로 확인한다.
　㉠ 안전하게 자신의 상황을 말할 수 있도록 신뢰를 형성한다.
　㉡ 신체학대, 정서학대, 언어학대, 성학대 등 어떤 사항인지 파악한다.
　㉢ 구체적인 학대증거가 있는지 확인한다.
③ 가정폭력이 이루어지고 있는 상황에 대해서 신고한다.
　㉠ 상담자는 신고 의무자이기에 폭력 상황이 확인되면 신고한다.
　㉡ 상담자는 폭력 사실을 기관장에게 알리고, 아동보호기관이나 경찰서에 신고하여 조치를 취할 수 있도록 한다.
④ 내담자에게 맞는 적절한 조치를 취할 수 있는 방법을 확인하고 조치를 취한다. 다양한 쉼터 및 보호시설을 알아보고 정보를 제공하며 안정된 상황이 될 수 있도록 조치를 취한다.
⑤ 지속적인 사후관리를 진행한다.
　㉠ 정서적인 지원이 필요하다면 지속적인 상담을 진행하도록 한다.
　㉡ 필요 시 지역과의 연계(병원, 변호사)를 도모하도록 한다.

질문 05

상담 중에 내준 과제를 잘 하지 않는 내담자가 있다면 어떻게 하겠는가?

모범답변

① 현실치료 이론에 입각하여

㉠ 내담자의 행동에 대한 판단을 보류하며, 과제를 하지 않는 무책임한 행동에 대해서는 변명을 허용하지 않고, 또한 과제를 하지 않은 결과에 대해서 비난이나 처벌을 하지 않는 태도를 취한다.

㉡ 내담자가 과제에 관계된 욕구가 무엇인지 탐색하고, 행동에 초점을 맞추어 내담자 스스로 통제할 수 있는 행동인지를 탐색해 보도록 한다.

㉢ 내담자가 과제를 하지 않는 행동이 자신에게 도움이 되는지, 과제가 원하는 것을 얻을 수 있는 방법인지 평가를 해 본다.

㉣ 내담자가 진정 바라는 과제가 무엇인지 확인하고 계획을 세워 책임감 있게 실행할 수 있도록 도와준다.

② 행동주의적 이론에 입각하여

㉠ 내담자가 과제를 해 오지 않는 행동에 대해서 교정할 수 있는 계획을 세운다.

㉡ 과제를 해 올 때마다 내담자에게 합의된 강화물을 제시하여 행동의 교정이 일어나도록 한다.

㉢ 과제를 하는 데 있어서 부정적인 영향을 미치는 요소를 탐색하여 적절하게 소거해 준다.

③ 정신분석적 이론에 입각하여

㉠ 내담자가 과제를 해 오지 않는 이유와 원인을 찾아본다.

예 "과제가 어려웠다.", "친구와 노느라 시간이 없었다." 등

㉡ 다양한 이유에 대해서 이야기하고 원인별로 적합하게 개입을 시도한다.

Section 04 2018년 17회 기출문제

1 사례 질문

사례 01

고등학교 2학년인 강 양은 고등학교 1학년 때 친구들 사이에서 다툼이 일어나 선생님과 어머니의 중재로 친구들과 화해했지만 고등학교 2학년이 되자마자 그때 싸웠던 친구들이 자신을 따돌리고 무시하는 것 같아 굉장히 힘들어하고 있다. 강 양은 이러한 상황을 어머니에게 말했지만 어머니는 "작년엔 엄마가 도와줬지만, 이번엔 스스로 해결해 봐."라고 이야기하였다.

강 양의 아버지는 일반 회사원으로 이성적이고 냉정한 편이라 딸에게 끌려다니는 아내와 감정적이고 친구들과 잘 어울리지 못 하는 딸을 이해하지 못하며, 가족에 관심이 없다. 이에 반해, 어머니는 자녀를 위해 노력하시지만 불같이 화를 내고 울거나 죽고 싶다고 호소하는 딸에게 지쳐가고 있다.

접수면접 시, 강 양은 자신이 이렇게 된 건 모두 어머니 때문이라며, 어머니가 자신을 책임져야 한다는 이야기를 하였다. 평소 작은 일에도 화를 내고 어머니에게 소리 지르는 누나의 모습에 남동생은 누나를 무서워한다.

MMPI-A

• 타당도 척도

F	L	K	S
71	53	51	60

• 임상척도

Hs	D	Hy	Pd	Mf	Pa	Pt	Sc	Ma	Si
50	75	55	78	49	41	72	53	58	70

질문 01

내담자가 죽고 싶다는 말을 하였는데, 자살위기 내담자에 대한 상담 방법에 대해 이야기하시오.

모범답변

① **라포 형성** : 상담자는 내담자가 정말 어려운 상황에 처해 있다는 것을 인정하고, 이 상황을 헤쳐 나가도록 기꺼이 함께 노력할 것이라는 사실을 확인해 주어야 한다.

② **주호소 문제 파악** : 문제에 대해 이해할 때는 내담자의 관점에서 생각하는 것이 중요하다.

③ **자살 위험성 평가**

㉠ 침착한 태도로 진행하며 자살 위험성 평가에서는 사용하는 언어나 방법에 있어서 매우 구체적이고 직접적으로 시행한다.

㉡ 자살생각, 자살계획, 보호요인, 위험요인 등을 파악하고, 높은 위험수준, 중간위험수준, 낮은 위험수준 등 효과적으로 진행할 수 있도록 기록지를 제시한다.

㉢ 자살금지계약서를 작성한다.

④ **스트레스에 대한 완충물 제공**

㉠ 내담자를 위험수준별로 분류한 후에는 현재 상황을 극복할 수 있도록 희망을 제공해야 한다.

㉡ 이 단계는 내담자의 감정과 과거대처방식 탐색의 과정을 포함한다.

⑤ **개입유형 결정** : 탐색을 통해 내담자의 걱정거리에 대해 위기개입자(상담자)가 무엇을 이해하고 있는지 전달하고, 행동계획을 세우며, 안정감을 얻기 위해 무엇이 필요한지 알려 주어야 한다.

자살 위기

- 자살하려는 청소년을 위한 개입의 가이드라인
  - 상담을 시작할 때부터 자살 위기에 처한 사람의 편이라는 것을 분명히 해야 한다.
  - 자살위기 개입자와 자살 위기에 처한 사람의 사이를 막지 않도록 상담실을 배치한다.
  - 상담 중에 비상식적인 일이 일어나지 않도록 해야 한다.
  - 자살위기 개입자와 자살 위기에 처한 사람 사이에 개인적인 공간을 가질 수 있도록 한다.
  - 어떻게 불리고 싶은지 물어 보도록 한다.
  - 신뢰에 대해 진지하게 회기 중에 이야기한다.
  - 첫 회기에는 반드시 자살 위기에 처한 사람의 긍정적인 측면을 찾아낸다.
  - 자살 위기에 처한 사람의 건강하고 긍정적인 부분과 연합한다.
  - 지킬 수 없는 약속은 하지 말아야 한다.
  - 술을 마시지 않은 맑은 정신을 유지해야 한다.

- 자살위기 청소년에게 개입하여 도움을 주기 위해서는 어떤 한 가지 이론적 근거에 중심을 두기보다는 이들의 특성을 충분히 이해하고 청소년에 대한 위험도와 취약성에 따라 개입을 시도하는 것이 자살을 막는 데 효과적이다.
- 자살위기의 청소년을 위해 위기개입자가 가져야 할 태도
  - 위기개입자가 먼저 자살위기에 대해 질문해야 한다.
  - 자살위기는 다른 어떤 위기보다 우선시되어야 한다.
  - 자살위기는 시간제한적이다.

질문 02

위 사례의 내담자에 대해 기술된 내용과 심리검사를 연계하여 이야기하시오.

모범답변

① 2-4-7번의 임상척도가 높은 것으로 보아 만성적 우울증과 불안증을 수반하고 있을 수 있으며 분노감정을 적절하게 표현하지 못하고 수동-공격적으로 표현할 수 있을 것이다. 그러므로 대인관계에 있어서 자신의 분노를 적절하게 표현하지 못하고 감정적이며, 짜증으로 인해 친구관계 및 가족관계가 원만하지 못하다. 이에 더해 자신의 분노를 건강하게 표현하지 못하고 일방적으로 어머니에게만 표현하며 어머니 탓을 하고 있는 것으로 여겨진다.

② 내담자는 자신의 역할을 제대로 해내지 못하는 것에 대한 죄책감과 자신에 대한 열등감과 부적절감이 지나치게 높을 것으로 보이며, 자신의 관계문제를 해결하고 책임질 수 있는 능력이 없으므로 이를 자신이 해결하기보다는 어머니가 해결해 주고 책임지라고 하는 모습을 보이고 있다.

질문 03

내담자에 대해 더 탐색하고 싶은 것은 무엇이며, 이를 위해 실시하고 싶은 심리검사는 무엇인가?

모범답변

투사검사를 실시하여 내담자에 대해서 좀 더 다양한 정보를 파악하도록 한다.

① SCT(문장완성검사) : 가족관계, 대인관계, 자신에 대한 다양한 정보를 글로 표현하도록 하여 구체적인 내담자 상황에 대해서 파악하도록 한다. 특히 아버지나 어머니에 대한 내담자의 생각과 대인관계에서의 태도 등을 확인하도록 한다.

② HTP(그림검사) : 그림검사를 통해 내담자의 가족, 자신의 개념, 대인관계에 대해서 내면의 무의식적인 부분까지 탐색을 해보고 싶다.

③ TAT(주제통각검사) : 그림판을 통해 주인공의 이야기 구성을 알아보고, 이를 통해 내담자와 동일시하고 있는 부분에 대해서 탐색하고 주변에 대한 자세한 사항을 탐색하고 싶다.

사례 02

중학교 1학년 강 군은 요즘 결석일수가 잦아 어머니와 아버지가 학교 앞까지 데려다 주지만 어머니, 아버지의 모습이 보이지 않으면 다시 학교를 빠져나와 자퇴한 친구와 PC방이나 노래방에 가거나 길거리를 배회하다가 늦은 밤이 되어야 집에 들어간다. 이런 경우가 잦아서 아침에 못 일어날 때에는 어머니가 깨우고 출근을 하지만 퇴근 후 돌아왔을 때 그대로 자고 있는 강 군을 발견한 일도 종종 있다.

강 군의 담임은 학교를 자주 빠지는 강 군에 대해 어머니에게 알렸으며, 어머니는 아무리 타일러도 듣지 않는 강 군에게 지쳐 남편에게 말하였다. 이 일을 알게 된 아버지는 버럭 화를 내며 매질을 하였지만 강 군에게 큰 변화는 없었다.

강 군의 아버지는 일처리가 빠르고 정확하여 승진도 빨랐으며, 지방 건설현장의 소장으로 발령이 나서 매주 집에 올라오신다. 성실하고 수행능력이 뛰어난 아버지는 무기력하게 누워있고 학교에 자주 빠지는 강 군이 이해가 되지 않는다.

강 군의 어머니는 자영업을 하시는데 일이 바빠 강 군에게 신경을 써주지 못하는 것에 대해 미안해하며, 현재 강 군의 상태가 자신의 소홀함으로 인해 생긴 것이 아닌지 후회하고 있지만 강 군과의 정서적 교류는 약한 편이다. 이러한 강 군이 걱정되어 청소년 상담센터에 상담을 의뢰하였고, 상담자가 자신의 말에 귀를 기울이고 따뜻한 태도를 보이자 강 군은 눈물을 보였다.

• MMPI-A 척도

– 타당도 척도

VRIN	TRIN	F1	F2	F	L	K
58	54F	66	57	63	50	54

– 임상척도

Hs	D	Hy	Pd	Mf	Pa	Pt	Sc	Ma	Si
49	78	63	45	30	55	70	43	35	75

• SCT 유의미한 항목

– 내가 싫어하는 것은 매일 해야 하는 숙제이다.

– 나의 아버지는 나를 이해하지 못한다.

– 나의 앞날은 깜깜하고 암울하다.

• MBTI : ISFP

질문 01

위 사례에서 내담자에 대해 이해한 것은 무엇인가?

모범답변

① 실제적이고 정서적으로 내담자를 돌봐주고 있지 않는 부모님의 상태
   ㉠ 아버지는 지시적이고 강압적이며 자신의 뜻대로 되지 않으면 폭력도 사용한다.
   ㉡ 어머니는 아들에 대해 자책감을 가지고 있으며, 실제적인 돌봄은 소홀하고 정서적인 지지도 매우 약하다.

② 부모의 무관심으로 인한 학교 부적응

③ 부모님의 따뜻한 사랑의 결핍과 아버지의 통제, 어머니의 방임으로 인한 정서적 우울
   ㉠ 내담자는 우울이 심하고 예민하며 자신에 대해 늘 부족함을 느끼는 강박적 사고가 심하여 모든 면에 있어서 에너지가 거의 없는 편이다.
   ㉡ 이로 인해 자신의 미래나 능력에 대해서 거의 부정적이고 비관적인 사고를 하고 있는 것으로 보인다.
   ㉢ ISFP유형인 것으로 보아 서로 간의 소통과 화합을 중시하며 공감능력과 이해심이 높은 편인데 부모님과의 관계형성이 부족하고 소통이 거의 없음으로 인해 소외감, 외로움을 많이 느낄 수 있다.

질문 02

위 사례의 상담자라면 첫 상담을 어떻게 진행할 것인가?

모범답변

내담자의 심정에 충분히 공감하며 마음으로 지지하고 응원한다는 메시지를 통해 충분한 라포를 형성하는 데 중점을 두고 진행할 것이다. 내담자는 부모님으로부터 정서적 결핍의 원인으로 우울과 강박적 사고 및 무기력, 학교 부적응을 보이고 있으며, 내담자는 소통과 화합을 중시하며 공감능력과 이해심이 높은 편이므로 이에 대한 적절한 확인을 해 줄 때 상담이 훨씬 잘 진행될 수 있다고 보인다.

질문 03

위 사례에서 가족상담이 필요한가? 필요하다면 그 이유는 무엇인가?

모범답변

가족상담이 필요하다고 보인다. 그 이유는 다음과 같다.

① 첫째, 내담자의 상태에 대해 부모님이 아셔야 할 필요가 있다. 내담자의 우울, 강박적인 사고, 학교부적응, 무기력 등의 이유가 정서적인 결핍과 방임이 가장 큰 원인임에 대해서 알려드릴 필요가 있다.

② 둘째, 충분한 부모교육을 실시한다. 원인을 안다고 해도 실행이 지속되는 것은 어려운 일이므로, 교육을 통해 가장 적절한 방법을 찾아 내담자와 관계할 수 있도록 교육을 실시한다.

③ 셋째, 가족상담을 통해 내담자는 사랑과 화합을 이루고 감정적 소외감, 외로움을 해소할 수 있을 것으로 보인다.

사례 03

내담자 김 양은 현재 대학생으로 자신의 얼굴에 대해서 불만이 많아서 여러 번 성형수술을 하게 되면서 성형중독에 빠지게 되었다. 조금만 더 예뻐질 수 있다면 어떻게 해서든 돈을 마련해서 성형수술을 하고 싶어 했다. 처음 수술을 한 것은 고등학교 3학년 방학 때 쌍꺼풀 수술을 한 것이었다. 쌍커플 수술을 하고 나서 예쁘다는 소리를 듣게 되자 계속해서 4차례에 걸쳐 성형수술을 했지만 여전히 자신의 얼굴에 만족하지 못하고 계속 성형을 해서 예뻐져야 한다고 생각하고 있다. 매일 같이 자신의 얼굴을 보면서 어디를 성형해야 할지 어떻게 해야 할지 만을 고민하고 있고, 성형을 못해서 자신이 예뻐지지 않은 거라 생각하여 성형 수술할 생각만 하고 있으며, 학교에도 잘 나가지 않고 외출도 거의 하지 않고 있다.

김 양의 부모님은 김 양이 중학생 때 이혼을 하셨는데 이혼 후 아버지는 젊고 예쁜 여자와 동거를 한다는 소식을 들었으며, 어머니는 항상 김 양에게 "여자는 예뻐야 한다.", "돈이 들어도 얼굴도 가꾸고 옷도 좋은 것을 사 입어야 한다."라고 입버릇처럼 이야기하셨다. 어머니는 딸이 성형수술을 하는 것에 대해서는 크게 반대하지 않으시나 남자도 만나지 않고 외출하지도 않고 학교도 잘 가지 않는 것에 대해서는 크게 화를 내시고 못마땅해 하신다.

김 양은 자신을 사랑해 줄 남자를 원하지만 사귀는 남자는 없고 사귀고자 노력도 하지 않는다. 자신이 남자를 사귀면 버림받을지도 모른다는 불안을 가지고 있다.

• 내담자의 MMPI-2 검사 결과

L	F	K
65	44	58

Hs	D	Hy	Pd	Mf	Pa	Pt	Sc	Ma	Si
60	75	52	45	45	56	55	45	38	78

• SCT 주요내용
- 나는 <u>언젠가는 버려질 것이다</u>.
- 여자는 <u>예뻐야 한다</u>.
- 아버지는 <u>바람둥이고 어머니를 버렸다</u>.
- 어머니는 <u>자기만 아는 불쌍한 사람이다</u>. <u>나에게 요구가 많다</u>.

질문 01

내담자가 성형중독에 빠진 원인은 무엇이라고 생각하는가?

모범답변

① 어머니는 아버지가 배신한 이유가 외모가 예쁘지 않기 때문이라고 생각하고 자녀에게 예뻐야 버림받지 않는다는 잘못된 생각을 전달하였다.
② 내담자는 어머니의 생각을 그래도 받아들인 것으로 보이며, 남자에게 버림받지 않기 위해서 외모가 예뻐야 한다는 생각을 갖고, 예뻐지기 위한 방법으로 성형수술을 선택하였다.
③ 성형수술을 처음하고 예뻐졌다는 소리를 자주 듣게 되자 성형수술에 더 의존하게 되었고, 하면 할수록 만족스럽지 못하고 불안이 해소되지 않으므로 점점 더 성형에 중독되었다.
④ 즉, 내담자는 여자는 예뻐져야 버림받지 않을 것이란 잘못된 인지왜곡으로 인해 점차적으로 성형중독이 된 것이다.

질문 02

위 사례를 개념화하기 위해 탐색해야 할 점은 무엇인가?

모범답변

① 내담자가 성형을 지속적으로 하고자 하는 욕구
② 어머니 양육태도와 방식 및 관계
③ 버림받을까 봐 불안해하는 내담자의 심리 탐색
④ '예쁘다'의 기준과 '예쁘다'는 의미 탐색
⑤ 성형중독으로 인한 장점과 단점 등의 영향 탐색
⑥ 심리검사를 통한 내담자의 인지, 정서, 행동에 대한 분석 및 해석 탐색
⑦ 내담자의 인간관계 형태와 이성에 대한 생각 탐색

질문 03

위 사례에서 어떤 상담 개입방법을 사용할 것인가?

모범답변

① **인지치료이론** : 내담자는 관계에 대한 왜곡된 사고를 가지고 있는 것으로 보인다. 이성과의 관계에서 '자신이 이뻐야만 사랑받을 수 있고, 이쁘지 않으면 버림받을 수 있다.', '외적인 것이 변하면, 이전에 경험하지 못한 온전히 자신만을 사랑하는 대상을 만날 것이다.'라는 왜곡된 사고를 합리적이고 현실적인 사고로 바꾸도록 인지치료이론을 통해 개입해 보려고 한다.
② **인간중심이론** : 내담자는 있는 그대로 수용과 공감을 받지 못하고, 사랑을 받기 위해서는 외모가 이뻐야만 한다는 조건적인 가치를 가지게 된 것 같다. 이런 내담자에게 상담자로서 무조건적인 수용과 공감을 통해 있는 그대로 사랑받을 수 있다는 것을 알려줄 수 있도록 인간중심이론을 통해 개입해 보려고 한다.
③ **정신분석이론** : 내담자가 현재 외모에 집착하고 이성에게 버림받는 것을 극도로 두려워하는 것은, 자신의 과거에 그 원인이 있음을 탐색하여 스스로 자신을 통찰할 수 있도록, 정신분석방법을 통해 개입해 보려고 한다.

질문 04

내담자의 어떤 점에서 우울을 가지고 있는 것을 알 수 있는가?

모범답변

① **타당도 척도** : L척도와 K척도가 비교적 높은 것으로 보아 자신을 방어하고 좋은 인상을 주려고 노력하는 모습을 보이나, 비교적 세련되지 못하여 타인들이 이를 쉽게 알아차릴 수 있다.

② **임상척도**

㉠ 0번 척도가 78T로 매우 높은 것으로 보아 내성적인 성향을 가지고 있고, 수줍고 위축되어 있을 가능성이 높으며, 사회적으로 보수적-순응적이고 지나치게 자신을 억제하고 융통성이 부족하며 무기력한 모습을 보일 수 있다.

㉡ 2번 척도가 75T로 매우 높아 우울하고 비관적이며, 근심이 많고 무기력할 수 있다. 또한 쉽게 죄의식을 느끼고 심한 심리적인 고통을 가지고 있을 수 있다. 이를 뒷받침할 수 있는 것으로는 9번 척도가 38T라는 점이며, 에너지 수준이 매우 낮고 무력할 수 있다.

사례 04

고등학교 1학년인 백 양은 초등학교 때 아버지가 돌아가시던 날을 생각하면 숨이 막히고 두려움이 몰려온다. 다정다감한 아버지에게 사랑을 듬뿍 받고 자란 백 양은 가족끼리 외식을 하던 중 갑작스러운 심장마비로 돌아가신 아버지에 대한 충격으로 인해 그 날 먹은 음식 생각만 해도 속이 매스꺼워지는 기분을 느낀다.

백 양은 활발하고 주도적인 성격과 좋은 성적으로 반장을 도맡아 하며 친구들과 사이도 좋았다. 그러나 친구들은 요즘 들어 은근 자신들을 무시하고 나서는 것 같은 백 양의 태도 때문에 백 양에게서 거리를 두고 있다. 백 양은 이러한 일로 매우 스트레스를 받고 있으며, 종종 복통을 호소하기도 한다.

백 양은 아버지가 돌아가신 것을 주위 사람들에게 알리지 않았으며, 아버지 이야기가 나올 때면 말을 돌리거나 대화에서 빠지려고 한다. 백 양의 어머니는 혼자 아이들을 키우느라 쉴 새 없이 일을 하였으며, 다른 아이들과 비교당하지 않기 위해 학원이나 공부 위주의 다양한 지원을 하고 있는 상태이다. 백 양은 공부와 성적에만 관심을 쏟는 어머니가 원망스럽다.

- MMPI-A 척도
  - 타당도 척도

VRIN	TRIN	F1	F2	F	L	K
68	75T	55	45	50	61	58

  - 임상척도

Hs	D	Hy	Pd	Mf	Pa	Pt	Sc	Ma	Si
70	41	75	55	62	65	50	40	48	41

- SCT 유의미한 항목
  - 나의 아버지는 <u>생각만 해도 눈물이 난다</u>.
  - 나의 어머니는 <u>나를 사랑하지 않는 것 같다</u>.
  - 나를 가장 화나게 하는 것은 <u>아무도 나를 이해하지 않는 것이다</u>.

질문 01

위 사례의 내담자를 어떻게 상담할 것인가?

모범답변

① 내담자인 백 양과 충분하게 라포를 형성하도록 한다.
② 내담자의 주호소문제가 무엇인지 파악하고 이에 대해서 충분하게 공감하며 합의를 통해 상담목표를 정한다.
③ 내담자를 여러 가지 부분에 대해서 탐색한다.
  ㉠ 친구와의 관계에서 오는 어려움 탐색 및 자신의 태도 파악
  ㉡ 자신에게 성적 이외에 관심을 두지 않는 어머니에 대한 감정 및 관계에 대한 탐색
  ㉢ 아버지와의 관계 및 감정 탐색 등
④ 내담자의 호소문제와 관련된 심리적 문제를 파악하고 원인을 찾아본다.
⑤ 원인을 파악했으면 이를 어떻게 변화할 수 있을지 전략을 합의하고 실행한다.
⑥ 목표가 어느 정도 달성되었는지 평가하고 평가에 따른 조치를 취한다.
⑦ 상담을 종결한다.

질문 02

내담자에 대한 이해도를 높이기 위해 더 실시하고 싶은 검사는 무엇이며, 그 이유는?

모범답변

투사검사를 실시한다.
① 그림검사(HTP)를 통해 가족관계, 대인관계, 자기상 등에 대해서 파악하도록 한다.
② 주제통각검사(TAT)를 통해 자기와 환경에 대한 역동적인 측면에 대해서 파악하도록 한다.
③ 반장으로서의 일과 학업에 대한 관심도가 높으므로 홀랜드 검사를 통해 진로에 대한 유형을 파악하도록 한다.

질문 03

내담자의 핵심감정과 보호 요인으로 생각되는 것을 이야기하시오.

모범답변

① 핵심감정
㉠ 아무도 나를 이해하거나 사랑하지 않는다.
㉡ 사랑을 듬뿍 주신 아버지가 돌아가신 것이 매우 슬프다.
② 보호요인
㉠ 성격이 활발하고 주도적이다.
㉡ 좋은 성적으로 반장을 하고 있다.
㉢ 비교적 친구들과의 관계가 좋은 편이다.
③ 위험요인
㉠ 아버지에 대한 이야기는 비밀이어야 하고 말하고 싶지 않다.
㉡ 스트레스를 받을 때마다 신체적인 이상(복통 등)이 나타난다.
㉢ 친구들을 무시하는 태도가 있어서 친구들이 멀리한다.
㉣ 어머니가 성적 이외에는 관심이 없고 내담자를 이해하거나 사랑하지 않는다고 느낀다.

2 기타 질문

질문 01

청소년 상담을 하면서 좌절을 경험했던 순간에 이를 어떻게 극복하였는가?

모범답변

① 예시 1

㉠ 상담 도중 청소년이 부모에게 폭행을 당한 사실을 알고 이를 신고하려고 하자 신고하면 다시는 상담에 오지 않겠다고 하면서 극도로 화를 낸 청소년이 있었다.
기관과 회의 끝에 신고하고 거처할 쉼터를 미리 알아봤지만 갈 곳이 없다는 현실에 매우 크게 좌절하고 낙담했다.

㉡ 쉼터에 갈 수 없었던 청소년은 다시 가정으로 돌아갔고 신고를 당한 부모님은 아동보호기관에서 상담을 받게 되었다. 현실적으로 많은 좌절을 경험하였고 어떻게 처리해야 하는지 암담했지만 다행히 부모님이 5회기 상담을 진행하면서 자녀에 대해 이해하게 되시고 다시는 폭행을 하지 않겠다는 서약을 했다.

㉢ 이후 청소년에게 폭행에 대처하는 방식을 알려주었고 부모님과의 관계를 회복할 수 있도록 도와주는 상담을 진행한 후 종결하였다.

② 예시 2

㉠ 학교에서 자살위험이 매우 높은 고등학생 청소년을 의뢰받아 상담하였다. 매우 심각한 수준이었으며 자살시도까지 했지만 내담자는 부모님에게 자신의 상태를 말하지 말라고 부탁하였다. 하지만 이 상황은 비밀보장 예외사항이므로 부모님에게 자녀에 대한 상태를 알려드려야 함을 말하고 부모님에게 연락드려 오시게 하였다.

㉡ 부모님을 상담하면서 자녀의 상태를 매우 자세히 알려주었다. 자녀의 상태에 대해서 고민하고 정서적으로 어떻게 도울 수 있을지 의논하려 하였으나, 자녀가 고등학교 2학년인데 지금 공부를 하지 못하면 대학 가는 데 지장이 있으니 지금은 공부가 우선이라고 하면서, 고등학교 시절에는 다 힘들다며 대수롭지 않게 여기시는 모습을 보고 너무나 큰 충격을 받았다. 대학교에 입학하는 것이 목숨보다 더 중요한가 하는 생각에 너무 큰 좌절감을 느꼈다.

㉢ 부모님에게 상담자로서 좀 더 단호하게 상황을 정리해서 알려드렸다. 실제적으로 청소년이 했던 행동들까지 이야기하여 학교를 자퇴한 뒤 부모님으로써 어떻게 해야 하는지에 대해서 자세하고 상세하게 교육하고, 이에 따르라고 강력하게 이야기하여 설득하였다.

㉣ 부모님을 설득하여 학교를 자퇴하게 하였고, 매우 힘들었던 상황을 조금 완화시켰으며, 우울, 자살사고를 낮추었다.

질문 02

만약 내담자가 밖에서 사적으로 만나자고 한다면 어떻게 할 것인가?

모범답변

① 밖에서 만나고자 하는 이유가 무엇인지 탐색한다.
② 개인적인 친밀감을 가지려고 한다면, 친밀감을 형성하고 호감과 관심을 가져준 것에 대해서는 감사함을 전한다. 하지만 상담자와 내담자는 상담을 통해서 이루어지는 관계이므로 상담시간 이외에 사적으로 만나고 연락을 취하는 것은 상담자의 사생활을 침범하는 행동임에 대해서 인지시킨다.
③ 사적인 만남을 통해서만 인간관계를 형성하는 패턴이라고 한다면, 상담시간에 인간관계에 대한 내담자의 패턴을 분석하고 적절한 개입을 시도한다.

✎ 내담자가 라포를 형성하기 위해 사적인 연락, 만남, 방문을 요구하는 것은 상담자의 불편함을 야기할 수 있고, 상담자에게 부정적인 감정을 불러일으킬 수 있으며, 내담자의 의존성을 키울 수 있으므로 조심해야 하는 부분이다.

질문 03

우울한 청소년의 특징을 아는 대로 이야기해 보시오.

모범답변

① 위축되어 있고 대인관계를 거의 하지 않는다.
② 매일 피로함을 느끼고 잠을 잘 자지 않거나 너무 과하게 잠을 잔다.
③ 집중력이 떨어져서 학습을 하는 데 어려움을 겪는다.
④ 가족과 거의 말을 하지 않으며 혼자 있으려고만 한다.
⑤ 자신에 대해 부정적인 생각을 하며 가치 없다고 생각한다.
⑥ 밥을 잘 먹지 못하거나 너무나 많이 먹는 등의 현상을 보인다.
⑦ 안절부절못하고 초조해하는 모습을 보인다.
⑧ 별 이유 없이 신체적인 호소를 자주 한다.
⑨ 자살에 대해서 생각하고 "죽고 싶다."라는 표현을 자주 쓴다.

질문 04

동료상담사가 윤리에 어긋나는 행위를 했을 때 어떻게 대처할 것인가?

모범답변

① 청소년상담사 윤리강령에 의하면 다른 상담사가 윤리에 어긋나는 행동을 하였을 때 윤리위원회에 보고하여야 한다.
② 하지만 위반사실에 대한 경중이 너무나 다르고 행동이 포괄적으로 규정되어 있어 일일이 보고를 한다는 것은 어려울 수 있다.
③ 성추행, 성폭력, 부적절한 관계, 내담자의 중요한 사생활 비밀보장 위반 등 그 행위가 매우 중대할 때에는 신고하여 적절한 처벌을 받을 수 있도록 하며 그러한 관계 및 행위가 지속되지 않도록 한다.
④ 내담자 동의 없는 녹화, 녹취 또는 경미한 위반일 때에는, 일차적으로 동료상담자에게 잘못을 이야기하여 자신의 잘못을 인정하고 즉시 적절한 조치를 취하도록 한다. 또한 윤리적 위반이 지속적인 감독을 필요로 할 경우에는 기관의 장에게 보고하여 조치하도록 한다.

질문 05

내담자와 상담 의뢰자의 주호소문제가 다를 때 어떻게 할 것인가?

모범답변

① 내담자와 상담 의뢰자가 호소하는 문제가 다를지라도 이에 대해서 충분히 듣고, 상담자는 다른 두 호소문제를 균형을 가지고 판단해야 한다.
② 하지만 일차적으로 내담자가 호소하는 문제가 내담자의 문제를 해결하는 데 직접적이고 명확하기 때문에 상담자는 이를 우선적으로 충분히 표현하도록 하며, 이에 대해서 다루고 스스로 인식하도록 한다.
③ 그러면서 내담자가 타인의 입장에 대한 수용과 이해를 할 수 있도록 하여 자신의 문제에 대해 좀 더 객관성과 관계성, 확대성을 가질 수 있도록 시각을 확장시킨다.
④ 상담 의뢰자에게도 마찬가지로 자신의 주호소문제만 주장하기보다 내담자에 대한 이해와 수용, 공감을 할 수 있도록 하며 상담의뢰자도 문제에 대해 좀 더 객관성과 관계성, 확대성을 가질 수 있도록 시각을 확장시킨다.
⑤ 이를 통해 공통된 호소문제를 확인하고 가능하면 합의된 상담목표를 도출할 수 있도록 한다.

청소년 내담자일 경우 상담 의뢰자(부모님, 교사 등)와 주호소문제가 충분히 다를 수 있음에 유의한다.

PART 5

3급 면접 기출문제

Section 01 2021년 20회
Section 02 2020년 19회
Section 03 2019년 18회
Section 04 2018년 17회

Section 01 2021년 20회 기출문제

1 사례 질문

사례 01

중학교 1학년 여학생 지영이가 상담센터를 방문했다. 지영이는 6학년 때부터 친했던 친구들이 있었고 매우 잘 지냈었는데 어느 순간부터 멀어지기 시작했다. 학교 친구들도 그랬고, 친했던 친구들과도 그랬다. 학교에는 자신에 대한 좋지 않은 소문도 났다. 담임 선생님께 말씀을 드렸지만 "왜 그러냐? 잘 지내 봐라."라는 한마디만 하신 채 별로 신경을 쓰지 않는 듯한 인상이다. 어머니께도 억울함을 호소했지만 "너네 때는 다 그래. 조금 지나면 괜찮아질 거야."라고 말씀하고는 그만이었다. 늘 공부를 잘 했고, 자신의 옆에는 자신과 함께 하던 사람들이 늘 있었다고 생각했던 지영이었기에 좌절감이 클 수밖에 없었다. 자신의 편을 들어주는 사람은 아무도 없는 것 같고, 특히 가까웠던 친구들이 갑작스레 등을 돌렸기에 외로워졌다. 지영이는 어찌할 바를 몰라 하다가 학교 상담실을 통해 의뢰되었다.

질문 01

위 사례에서 개입할 수 있는 상담 전략은 무엇인가?

모범답변

① **인간중심 상담전략**(상담 관계의 필요충분 조건 6가지)

㉠ 상담자와 내담자가 심리적 접촉을 한다.
㉡ 내담자는 불일치의 상태에 있고 상처받기 쉬우며 초조하다.
㉢ 상담자는 내담자와의 관계에서 일치성을 보이며 통합적이다.
㉣ 상담자는 내담자를 위해 무조건적, 긍정적 존중을 경험한다.
㉤ 상담자는 내담자의 내적 참고틀을 바탕으로 한 공감적 이해를 경험하고 내담자에게 자신의 경험을 전달하려고 시도한다.
㉥ 내담자는 의사소통의 과정에서 상담자의 무조건적 긍정적 존중 및 공감적 이해를 지각하고 경험한다.

이 조건 6가지를 바탕으로 한 핵심적으로 필요한 3가지는 상담자가 내담자의 시점에서 느끼고 함께 할 수 있는 공감적 이해, 내담자의 감정이나 생각, 행동을 좋고 나쁘다는 평가와 판단 없이 수용하고 전달하는 무조건적 긍정적 존중, 상담자가 진실된 자기가 되어 거짓과 꾸밈이 없는 태도로 내담자와 만나는 진실성이며, 이것이 드러날 때 상담의 효과가 나타난다.

➡ 지영에 대한 개입 : 친구들이 갑자기 멀어진 상황에 대한 당황스러움, 억울함, 배신감, 평소 자신에게 지지를 해주던 선생님과 어머니의 반응에 대한 낯설음과 서운함, 아무도 남아 있지 않은 것에 대한 외로움과 고독감, 쓰라림 등을 만나준다.

② **해결중심 상담 전략**

㉠ 내담자의 성공 경험에 초점을 둔다.
㉡ 탈이론적/규범적이며 내담자의 견해를 존중한다.
㉢ 작은 변화부터 시도한다.
㉣ 과거보다는 현재와 미래에 집중한다.
㉤ 내담자의 강점을 발견한다.
㉥ 질문 기법 : 변화 질문, 예외 질문, 기적 질문, 척도 질문, 대처 질문 등

➡ 지영에 대한 개입 : 이전에 친구들과는 어떻게 잘 지낼 수 있었는지 탐색을 통해 새로운 기회를 모색하고, 현재 주변에 새롭게 사귈 친구들을 찾거나 친구들이 돌아올 동안 자신만을 위해 노력할 부분은 무엇인지 탐색하게 한다.

질문 02

위 사례에서 내담자인 지영이의 강점과 개선할 점은 무엇이라고 생각하는가?

모범답변

① 강점
  ㉠ 친구들, 어머니, 선생님과 교류가 원활한 편이다.
  ㉡ 격려와 지지를 해 주는 사람들이 곁에 있다.
  ㉢ 공부를 잘 하는 편이다.
  ㉣ 문제를 해결하려고 노력한다.
  ㉤ 변화하려는 의지가 있다.

② 개선할 점
  ㉠ 선생님과 어머니에게 자신의 힘듦이 무엇인지 더 많이 이야기하고 도움을 구한다.
  ㉡ 학교에 소문을 낸 친구가 누구인지 만나거나 연락해서 자신을 변호하고, 친구들에게도 자신이 억울하다는 것을 알린다.
  ㉢ 이전에 사귀던 친구들에만 매달리지 말고 새로운 친구들을 만나서 친해지도록 한다.

사례 02

사이버 상담으로 의뢰된 남학생의 사연이다.

"초등학교 때도 그렇고 지금도 선생님과 부모님은 저를 믿어주지 않는 것 같습니다. 늘 그래왔기 때문에 저 자신도 사람에 대해 신뢰가 없고 불필요하다고 생각하는 편입니다. 친구들에 대해서도 그다지 필요하지 않다고 생각합니다. 저는 게임을 잘 하고, 게임을 좋아합니다. 게임에서 만나는 친구들은 엄청 많고 활발하게 교류하는 편입니다. 그들이 있어서 괜찮고 나쁘지 않습니다. 이런 제가 이상한 걸까요?"

질문 01

이 학생이 상담을 받을 수 있도록 동기부여할 수 있는 방법을 2~3가지 말해 보시오.

모범답변

① 잘 믿어주지 않는 사람들이 주변에 있어서 좌절했을 텐데 더 잘 해보려고 상담을 신청한 것에 대해 격려한다. 조금 더 도움을 받으면 편안해지고 나아질 수 있음을 독려한다.

② 게임을 잘 하고 게임 친구들이 많은 것에 대해 지지해 준다. 게임 친구들이 도움을 줄 수 있는 부분도 있지만 상담 선생님을 통해서도 도움받을 수 있는 부분이 있을 것이라고 동기부여한다.

③ 자신을 잘 믿어주지 않는 사람들도 있지만 게임 친구들이 있어서 '괜찮고, 나쁘지 않아서' 다행이라고 수용해준다. 그리고 이상한 것은 아니라고 안심시켜 준다. 그런데 도움을 받으면 괜찮은 것보다 더 나아질 것임을 독려한다.

질문 02

이 내담자와 라포를 형성하기 위해 가장 먼저 상담자가 해야 할 것은 무엇인가?

모범답변

라포는 상호신뢰관계를 의미하는 것으로 두 사람 사이에 감정교류를 통한 공감이 형성되어 있는 상태이다. 의뢰된 내담자는 실제로는 자신을 믿어주지 않는 사람들 사이에서 외롭지만 가상공간에서는 친구도 있고, 믿어주는 사람도 있다. 즉, 신뢰를 원하고 실제 연결되어 있는 사람들도 있지만 아직은 의심스럽다. 자신이 이렇게 있어도 괜찮은지 모르겠다. 이런 내담자와 라포를 형성하려면 먼저 익명의 상담자를 믿어주고 자신의 이야기를 해 주어 고맙다는 말로 시작하는 것이 좋다. 신뢰는 서로를 믿을만하다고 생각하는 것이 기본이기 때문이다. 나아가 주변 사람들이 먼저 신뢰하지 않는 모습을 보여주었음에도 이 신뢰를 형성하려고 노력해 온 내담자의 노력에 박수를 보내준다. 내담자를 있는 그대로 믿어주고 함께 하려는 마음이 표현될 때 인터넷 상이지만 신뢰감이 전달되고 상담이 이루어질 수 있을 것이다.

사례 03

이메일 상담으로 의뢰된 고등학교 여학생 내담자의 사연이다.

"저희 아버지는 폭력적이고 다혈질입니다. 술을 자주 마시는데 집에 들어오면 물건을 던지면서 어머니랑 싸웁니다. 부모님이 욱해서 싸울 때마다 가슴이 답답합니다. 학교에 가는 것도 귀찮지만 집보다는 나아서 그나마 가고는 있는데 수업에는 집중도 할 수 없습니다. 사는 것도 의미가 없는 것 같습니다."

질문 01

위 사례에서 내담자에 대해 더 탐색해 볼 수 있는 부분은 무엇인가?

모범답변

① **가정폭력에 노출된 내담자의 상태에 대한 이해**
- ㉠ 가정폭력에 대한 왜곡된 인식과 피해, 상처로 힘들어하는 내담자를 믿어주고 지지해준다.
- ㉡ 무너진 자존감 회복을 돕는다.
- ㉢ 자신이 경험한 가정폭력에 대한 느낌과 생각을 객관적으로 성찰할 수 있도록 돕는다.
- ㉣ 폭력에 대한 대처능력을 향상하도록 돕는다.
- ㉤ 의료적, 법적, 심리적 정보를 제공하고, 필요한 경우 보호시설 등에 연계한다.
- ➥ 내담자에 대한 개입 : 지금까지 수많은 부모님의 싸움을 지켜보면서 무섭고 힘들었던 내담자를 위로하고, 신체적으로 어려움이 없는지 확인한다. 무섭고 두려울 때마다 공황발작이 일어났을 수도 있으니 주의가 필요하다. 오랜 폭력에 노출되어 우울감에 방치되어 있을 수 있어서 학교생활도 교사와 연계해서 돕는 것이 필요하다. 우울감으로 인해 무기력감에 빠지고 자살사고나 행동까지 연결될 수 있음을 염두에 둔다.

② **자살사고나 무기력감에 빠질 수 있음에 대한 대처**
- ㉠ 비교를 한다거나 그 어떤 것이든 내담자의 탓으로 만드는 말이나 제스처를 해서는 안 된다. 그리고 내담자도 스스로 타인과 비교하거나 자신의 탓으로 돌리지 않도록 돕는다.
- ㉡ 아무리 사소하고 작은 것이라도 실천하게 한다. 이메일 상담이라도 좋으니 지속적으로 주고받을 수 있도록 독려한다.
- ㉢ 조금 더 힘을 내면 비대면 상담(온라인 상)이나 대면 상담을 하도록 권유한다.

질문 02

다음 밑줄에 들어갈 공감 표현을 해보시오.

상담자 : 부모님이 자주 싸워서 가슴이 답답하고 수업도 재미없고 집중할 수도 없었구나.
_______________________________________.

....

....

....

....

....

모범답변

① "그런데도 집보다는 나아서 학교에 가려고 노력했구나. 장하다. 무엇이라도 노력하려는 모습이 감동이야."

② "사는 것도 의미가 없을 정도로 많이 낙심했는데 이렇게 메일로나마 사연을 보내주어서 너무 고마워. 엄마, 아빠보다 못하겠지만 그래도 선생님도 너를 도와주고 싶어."

사례 04

이메일로 의뢰된 중학교 3학년 여학생의 사연이다.

"저는 엄마와 갈등을 겪고 있습니다. 엄마는 지난번에 제가 한번 지나가는 말로 했던 '헤어, 메이크업' 쪽으로 고등학교를 가보라고 해요. 저는 너무 싫거든요. 그런 고등학교 애들이 얼마나 센지 엄마는 몰라요. 지금도 학교에서 저를 싫어해서 놀리는 애들이 있는데 그런 학교에 가면 빼박이에요. 엄마는 학원 보내는 것도 어렵다고 하세요. 그런데 그렇다고 제가 공부를 좋아하는 것도, 잘 하는 것도 아니에요. 엄마한테 반발하기는 하지만, 정작 어떻게 해야 할지 모르겠어요. 저는 어떻게 하면 좋을까요?"

질문 01

이 사례를 개입한다면 어떻게 하면 좋겠는가?

모범답변

① 진로 미결정자인 내담자의 특징을 이해
- ㉠ 자신의 모습, 직업 혹은 의사결정을 위한 지식이 부족한 내담자
- ㉡ 다양한 능력으로 지나치게 많은 기회를 갖게 되어 진로 결정을 하기 어려운 내담자
- ㉢ 진로 결정을 하지 못하지만 성격적인 문제는 없는 내담자
- ㉣ 정상적으로 발달하고 있으나, 진로 선택을 구체화할 수 없는 내담자

② 개입방법
- ㉠ 어머니의 강요에 따라 결정하지 않아도 된다고 안심시킨다.
- ㉡ 자신이 실제 무엇을 좋아하는지에 대한 구체적 근거가 부족하니 자료 탐색이 필요하며, 이를 함께 찾아보도록 조언한다.
- ㉢ 이후 메일이나 내방 상담을 통해 더 구체적인 도움을 받을 수 있음을 알려준다.

질문 02

이 사례를 내방 상담으로 진행한다면 어떻게 진행할 것인가?

모범답변

① 내담자가 자신에 대한 이해, 즉 적성과 성격, 개인의 능력을 탐색하도록 돕는다.
② 내담자 자신이 가지고 있는 잠재성을 개발할 수 있는 전략을 사용하도록 돕는다.
㉠ 합리적인 의사결정 능력의 증진
㉡ 정보 탐색 및 활용능력의 함양
㉢ 일과 직업에 대한 올바른 가치관 및 태도 형성
③ 내담자가 원하는 방향으로 진학하여 잘 적응하도록 돕는다.

사례 05

학교 폭력 가해자로 지목된 한 남자 고등학생이 이메일로 상담을 요청했다.

"학교 폭력 가해자로 지목받았습니다. 저는 피해자를 때리지 않았습니다. 그런데 같이 다니는 친구들이 피해자에게 신체적 폭력을 가했습니다. 말리지는 않았지만 그렇다고 폭력을 행사하지는 않았는데도, 같이 있었던 저까지 학교 폭력 가해자로 찍혔습니다. 솔직히 저보다 친구들이 걱정이 됩니다. 솔직히 피해자, 걔는 지 잘난 줄 알고 사는 애예요. 맞을 짓을 했어요. 다음 주에 학교폭력 위원회가 열린다고 해요. 부모님도 난리고요. 저는 하지도 않았는데 학폭위에 가서 벌점을 받고 대학에도 못 가면 어쩌죠?! 제가 불이익 당할까봐 밤에 잠이 안 와요……. 그리고 저는 안 했지만 막상 불려 가면 무슨 말을 해야 하는 걸까요? 무서워요. 선생님들이 내 말은 들어보지도 않고 '다른 애들이 다 했는데 너는 뭐했냐?'고 협박하면 어쩌죠? 제가 어떻게 해야 하는지 알려주세요."

질문 01

이메일 상담의 장점과 한계점에 대해 말하시오.

모범답변

① 이메일 상담의 장점
㉠ 언제, 어디서나 접속이 가능해 접근성이 좋다.
㉡ 피해자나 가해자나 누구든지 자신의 의견을 자유롭게 말할 수 있고 변호할 수 있다.
② 이메일 상담의 한계점
㉠ 비언어적 표현을 볼 수 없기 때문에 내담자의 상황을 종합적으로 이해하는 데 한계가 있다.
㉡ 실시간으로 이루어지는 것이 아니기 때문에 즉시적인 상호 피드백이 어렵다.
㉢ 라포 형성에 대한 한계가 커서 내담자에 대한 존중이 이루어지기보다는 일방적 훈계를 할 가능성이 높다.

질문 02

내담자에게 어떤 '행동'을 하라고 말해 줄 수 있는가?

모범답변

직접 신체적 폭력을 피해 학생에게 가하지 않았다면, 방관적인 '수동적 가해자'임을 명확하게 알려준다. 이런 유형의 폭력도 학교 폭력에서는 다룰 수 있다고 말해준다. 그리고 결국은 어떤 이유로든 내담자가 학교폭력의 가해자이고 가해 행동을 했음을 인식시키며, 피해자에게 사과하고 용서를 구해야 함을 알려준다. 물론 쉽지는 않겠지만 진정으로 사과하고 용서를 구하는 단계가 사적으로나 공적으로 이루어져야 함을 분명히 알려주도록 한다.

2 기타 질문

질문 01

청소년 문제 중에서 무엇이 심각하다고 생각하는가?

모범답변

① 학교 폭력 문제
 ㉠ 가해자, 피해자가 존재하지만 피해자가 나중에는 가해자가 될 수도 있는 특징이 있는 학교 폭력 문제는 제대로 다루어져야 함을 인식한다.
 ㉡ 피해 학생의 경우, 위급성, 피해 사실, 증거물, 도움 요청이 가능한지 여부, 지속적인 폭력 상황 노출 여부 등을 자세히 알아내서 개입하다
 ㉢ 가해 학생의 경우, 어떤 스트레스원이 있고 폭력의 충동을 느끼는지, 폭력의 유형이 무엇이고, 빈도는 어느정도인지 등을 통해 개입한다.
② 공부 문제
 ㉠ 13~24세의 청소년들이 가장 많이 고민하는 문제는 58.9%가 공부와 진로(통계청, 2000.)이다. 다른 문제가 더 상위일 것 같지만 우리나라 청소년들이 제일 많이 고민하는 것은 공부를 어떻게 하고, 앞으로 무엇을 먹고 살아갈지에 대한 걱정이다.
 ㉡ 이 부분을 제대로 고민하고 마음 터놓고 자신의 걱정과 근심에 대해 제대로 탐색해 볼 수 있는 시간을 가지는 것이 필요하다.
 ㉢ 공부도 하고 싶은데 어려운 것이라면 어떻게 하면 잘 할 수 있는지에 대한 구체적인 전략과 방법이 필요하다. 한번 해봤다고 해서 성적이 곧바로 수직상승하는 것이 아님을 아는 과정에서, 좌절하는 것이 아니라 시간이 더 필요함을 알려주며, 목표를 이루기 위해서는 시간과 에너지를 투자할 수 있도록 동기부여하는 것이 필요하다.

상담자가 알아야 할 법률 정보

- '학교폭력'과 관련된 법률 : 「학교폭력예방 및 대책에 관한 법률」(소관부처 : 교육과학기술부)
  〈법률 제3조〉 "학교폭력이란 학교 내외에서 학생 간에 발생한 상해, 폭행, 감금, 협박, 약취・유인, 명예훼손・모욕, 공갈, 강요 및 성폭력, 따돌림, 정보통신망을 이용한 음란・폭력 정보 등에 의하여 신체・정신 또는 재산상의 피해를 수반하는 행위"로 정의하고 있다(「형법」 및 「폭력행위 등 처벌에 관한 법률」의 형사법 적용 – 「소년법」, 「민법」 등).
- '학교폭력'과 관련된 세부적인 내용 확인 방법 : 법제처 홈페이지(http://www.moleg.go.kr) → 현행 법령 검색
- 학교 폭력 가해학생에 대한 조치

〈법률 제 17조〉

① 자치위원회는 피해학생의 보호와 가해학생의 선도・교육을 위하여 가해학생에 대하여 다음 각 호의 어느 하나에 해당하는 조치(수 개의 조치를 병과하는 경우를 포함한다.)를 할 것을 학교의 장에게 요청하여야 하며, 각 조치별 적용 기준은 대통령령으로 정한다. 다만, 퇴학처분은 의무교육과정에 있는 가해학생에 대하여는 적용하지 아니한다. 〈개정 2009.5.8, 2012.1.26, 2012.3.21〉

1. 피해학생에 대한 서면사과
2. 피해학생 및 신고・고발 학생에 대한 접촉, 협박 및 보복행위의 금지
3. 학교에서의 봉사
4. 사회봉사
5. 학내외 전문가에 의한 특별 교육이수 또는 심리치료
6. 출석정지
7. 학급교체
8. 전학
9. 퇴학처분

② 제1항에 따라 자치위원회가 학교의 장에게 가해학생에 대한 조치를 요청할 때 그 이유가 피해학생이나 신고・고발 학생에 대한 협박 또는 보복 행위일 경우에는 같은 항 각 호의 조치를 병과하거나 조치 내용을 가중할 수 있다. 〈신설 2012.3.21〉

③ 제1항 제2호부터 제4호까지 및 제6호부터 제8호까지의 처분을 받은 가해학생은 교육감이 정한 기관에서 특별교육을 이수하거나 심리치료를 받아야 하며, 그 기간은 자치위원회에서 정한다. 〈개정 2012.1.26, 2012.3.21〉

⑥ 제1항에 따른 요청이 있는 때에는 학교의 장은 14일 이내에 해당 조치를 하여야 한다. 〈개정 2012.1.26, 2012.3.21〉

⑦ 학교의 장이 가해학생에 대한 선도가 긴급하다고 인정하여 조치를 한 때에는 가해학생과 그 보호자에게 이를 통지하여야 하며, 가해학생이 이를 거부하거나 회피하는 때에는 「초・중등교육법」 제18조에 따라 징계하여야 한다. 〈개정 2012.3.21〉

⑨ 자치위원회는 가해학생이 특별교육을 이수할 경우 해당 학생의 보호자도 함께 교육을 받게 하여야 한다. 〈개정 2012.3.21〉

⑩ 가해학생이 다른 학교로 전학을 간 이후에는 전학 전의 피해학생 소속 학교로 다시 전학 올 수 없도록 하여야 한다. 〈신설 2012.1.26, 2012.3.21.〉

• 학교 폭력 피해 학생에 대한 조치

〈법률 제 16조〉

① 자치위원회는 피해학생의 보호를 위하여 필요하다고 인정하는 때에는 피해학생에 대하여 다음 각 호의 어느 하나에 해당하는 조치(수 개의 조치를 병과하는 경우를 포함한다.)를 할 것을 학교의 장에게 요청할 수 있다. 다만, 학교의 장은 피해학생의 보호를 위하여 긴급하다고 인정하거나 피해학생이 긴급보호의 요청을 하는 경우에는 자치위원회의 요청 전에 제1호, 제2호 및 제6호의 조치를 할 수 있다. 이 경우 자치위원회에 즉시 보고하여야 한다. 〈개정 2012.3.21〉

1. 심리상담 및 조언
2. 일시보호
3. 치료 및 치료를 위한 요양
4. 학급교체
5. 삭제 〈2012.3.21.〉
6. 그 밖에 피해학생의 보호를 위하여 필요한 조치

② 자치위원회는 제1항에 따른 조치를 요청하기 전에 피해학생 및 그 보호자에게 의견진술의 기회를 부여하는 등 적정한 절차를 거쳐야 한다. 〈신설 2012.3.21〉

③ 제1항에 따른 요청이 있는 때에는 학교의 장은 피해학생의 보호자의 동의를 받아 7일 이내에 해당 조치를 하여야 하고 이를 자치위원회에 보고하여야 한다. 〈개정 2012.3.21〉

④ 제1항의 조치 등 보호가 필요한 학생에 대하여 학교의 장이 인정하는 경우 그 조치에 필요한 결석을 출석일수에 산입할 수 있다. 〈개정 2012.3.21〉

⑤ 학교의 장은 성적 등을 평가함에 있어서 제3항에 따른 조치로 인하여 학생에게 불이익을 주지 아니하도록 노력하여야 한다. 〈개정 2012.3.21〉

⑥ 피해학생이 전문단체나 전문가로부터 제1항제1호부터 제3호까지의 규정에 따른 상담 등을 받는 데에 사용되는 비용은 가해학생의 보호자가 부담하여야 한다. 다만, 피해학생의 신속한 치료를 위하여 학교의 장 또는 피해학생의 보호자가 원하는 경우에는 「학교안전사고 예방 및 보상에 관한 법률」 제15조에 따른 학교안전공제회 또는 시·도 교육청이 부담하고 이에 대한 구상권을 행사할 수 있다. 〈개정 2012.1.26, 2012.3.21〉

질문 02

상담 약속을 계속 바꾸어 자기 멋대로 통제하려는 내담자에게는 어떻게 접근하는 것이 좋겠는가?

모범답변

① 초반에는 이유를 묻고 두세 번은 내담자가 원하는 대로 변경해 주며 다음에는 시간 약속을 잘 지켜줄 것을 당부한다.
② 다른 내담자들과의 시간 약속도 있기 때문에 거절을 한 후, 상담 시간에 내방했을 때 혹시 상담자와 맞지 않는지를 물어본다. 만약 현재 상담자를 원하지 않을 경우, 상담자를 변경할 수 있음을 고지한다. 그렇지만 그와 동시에 변경했을 때 겪을 수 있는 다양한 불편함(상처 재개방, 초기 상담을 다시 진행해야 하는 어려움, 라포를 새롭게 형성해야 하는 점 등)까지 설명해 주고 선택하도록 돕는다.
③ 상담 시간에 늦는 이유가 상담자 문제가 아니라면, 상담 이슈가 문제인지 알아보고 충분히 노출하기 꺼려하는 주제임을 알아주고 불편할 수 있음을 알려준다. 지금 당장 다루지 않아도 되고 내담자가 준비되었을 때, 결심했을 때 공유할 수 있다고 조언해 준다.

질문 03

청소년 상담사로서 중요하다고 생각하는 자질은 무엇인가?

모범답변

① 청소년 내담자를 선호하는 태도
② 청소년이 겪을 수 있는 어떤 문제든지 열린 마음으로 들어줄 수 있는 태도
③ 비난하거나 혼내는 것이 아니라 함께 해주고자 하는 협력의 태도
④ 함부로 연민하지 않고 동등하면서도 도움을 줄 수 있는 넉넉한 모습
⑤ 성인으로서 정서적인 대리부모의 역할을 해주는 기능

질문 04

3년 전 성폭력 사건을 이야기하면서 내담자가 "선생님한테만 이야기해요."라고 말할 때 어떻게 하겠는가?

모범답변

① 공감의 마음 표현
  ㉠ 꺼내기 힘든 이야기를 꺼내준 것에 대한 고마움
  ㉡ 상처 자체에 대한 무한 공감과 치료적 태도
  ㉢ 함부로 불쌍해하거나 지나치게 개입하려는 태도는 주의할 것
② 현실적 문제에 대한 접근
  ㉠ 신고자의 의무에 대해 언급
  ㉡ 어렵겠지만 함께해 줄 수 있음을 제시
  ㉢ 실제로 해 볼 수 있는 방법을 함께 탐색

질문 05

성폭력 사건에 대한 신고자 의무는 무엇인가?

모범답변

① 아동학대범죄의 처벌 등에 관한 특례법에 따라 아동학대 신고의무자 직군에 청소년시설 및 청소년단체, 청소년 보호·재활센터 관련자도 포함되어 있다.

② 2013년부터는 친고죄가 전면 폐지됨에 따라 피해자의 고소 없이도 수사가 가능해졌고, 합의를 하더라도 처벌이 가능해졌다. 특별히 아동, 청소년 성폭력 범죄에 대한 처벌이 엄중(아동, 청소년 성보호에 관한 법률 제7조~제10조)해졌고, 특히 피해자가 13세 미만일 경우 피해자의 동의가 있었어도 강간, 강제추행으로 처벌 가능해졌다(성폭력범죄의 처벌 등에 관한 특례법 제 7조).

질문 06

청소년 내담자와 친밀한 관계를 형성하는 데 방해되는 상담사의 태도는 무엇인가? 그리고 그 이유는?

모범답변

① **자신이 지나 온 시기이기 때문에 그 시기를 잘 안다고 생각하는 태도** : 발달단계상 겹치는 부분이 일반적으로 있겠지만, 자신이 처했던 상황이나 환경에 대해 제한적으로 경험했을 뿐이다. 이 내담자는 자신만의 고유한 경험을 겪고 있다. 제대로, 잘 들어야 한다.

② **경청하지 않는 태도** : 앞의 태도와도 연결되는 것으로 해 줄 말이 더 많은 상담사의 모습은 청소년 내담자의 입을 막는다. 자신을 이해해 주지 않는 사람들 때문에 답답해서 상담을 받으러 왔는데 '상담사도 똑같구나.'라는 생각을 하게 된다.

③ **새로운 이슈**(성 정체성, 공부의 어려움, 코인 등 재테크 수단 등)**에 대해 닫혀 있는 태도** : 이전 세대의 청소년들과는 달리 요즈음의 청소년은 정보도 많고, 많은 것에 관심을 두며, 개방적이다. 이들의 가치관에 동의하지는 않더라도, 이 시대를 대표하는 청소년들의 모습에 대해 항상 관심을 가지고 열린 태도를 지향해야 한다. 상담자의 열린 태도를 느끼면, 내담자는 어떤 이슈든지 말할 용기를 갖게 될 것이다.

질문 07

학교폭력 가해자가 상담에서 진술하는 내용이 자신에게 불리할 것으로 생각해 침묵을 보인다. 어떻게 할 것인가?

모범답변

학교 폭력의 유형은 다음과 같음을 인식시킨다. 본인이 자백하지 않아도 피해학생이 다음과 같은 유형의 진술을 상세하고 지속적으로 진술할 때 처벌받을 수 있음을 상기시킨다.

유형	예시상황
신체폭력	• 신체를 손, 발로 때리는 등 고통을 가하는 행위(상해, 폭행) • 일정한 장소에서 쉽게 나오지 못하도록 하는 행위(감금) • 강제(폭행, 협박)로 일정한 장소로 데리고 가는 행위(약취) • 상대방을 속이거나 유혹해서 일정한 장소로 데리고 가는 행위(유인) • 장난을 빙자한 꼬집기, 때리기, 힘껏 밀치기 등 상대학생이 폭력으로 인식하는 행위
언어폭력	• 여러 사람 앞에서 상대방의 명예를 훼손하는 구체적인 말(예 성격, 능력, 배경 등)을 하거나 그런 내용의 글을 인터넷, SNS 등으로 퍼뜨리는 행위(명예훼손) ※ 내용이 진실이라고 하더라도 범죄이고, 허위인 경우에는 「형법」상 가중 처벌 대상이 됨 • 여러 사람 앞에서 모욕적인 용어(예 생김새에 대한 놀림, 병신, 바보 등 상대방을 비하하는 내용)를 지속적으로 말하거나 그런 내용의 글을 인터넷, SNS등으로 퍼뜨리는 행위(모욕) • 신체 등에 해를 끼칠 듯한 언행(예 "죽을래?" 등)과 문자메시지 등으로 겁을 주는 행위(협박)
금품갈취 (공갈)	• 돌려줄 생각이 없으면서 돈을 요구하는 행위 • 옷, 문구류 등을 빌린 다음 되돌려주지 않는 행위 • 일부러 물품을 망가뜨리는 행위 • 돈을 걷어오라고 하는 행위
강요	• 속칭 빵 셔틀, 와이파이 셔틀, 과제 대행, 게임 대행, 심부름 강요 등 의사에 반하는 행동을 강요하는 행위(강제적 심부름) • 폭행 또는 협박으로 상대방의 권리행사를 방해하거나 해야 할 의무가 없는 일을 하게 하는 행위(강요)
따돌림	• 집단적으로 상대방을 의도적이고, 반복적으로 피하는 행위 • 싫어하는 말로 바보 취급하기, 놀리기, 빈정거림, 면박주기, 겁주는 행동, 골탕 먹이기, 비웃기 • 다른 학생들과 어울리지 못하도록 막는 행위
성폭력	• 폭행·협박을 하여 성행위를 강제하거나 유사 성행위, 성기에 이물질을 삽입하는 등의 행위 • 상대방에게 폭행과 협박을 하면서 성적 모멸감을 느끼도록 신체적 접촉을 하는 행위 • 성적인 말과 행동을 함으로써 상대방이 성적 굴욕감, 수치감을 느끼도록 하는 행위
사이버 폭력	• 속칭 사이버모욕, 사이버명예훼손, 사이버성희롱, 사이버스토킹, 사이버음란물 유통, 대화명 테러, 인증놀이, 게임부주 강요 등 정보통신기기를 이용하여 괴롭히는 행위 • 특정인에 대해 모욕적 언사나 욕설 등을 인터넷 게시판, 채팅, 카페 등에 올리는 행위, 특정인에 대한 저격글이 그 한 형태임 • 특정인에 대한 허위 글이나 개인의 사생활에 관한 사실을 인터넷, SNS 등을 통해 불특정 다수에 공개하는 행위 • 성적 수치심을 주거나, 위협하는 내용, 조롱하는 글, 그림, 동영상 등을 정보통신망을 통해 유포하는 행위 • 공포심이나 불안감을 유발하는 문자, 음향, 영상 등을 휴대폰 등 정보통신망을 통해 반복적으로 보내는 행위

※ 출처 : 교육부, 「2021년도 학교폭력 사안처리 가이드북」, 24면.

질문 08

상담사에게 수퍼비전이 필요한 이유는 무엇인가?

모범답변

① 내담자 보호가 필요하기 때문이다. 내담자에게 믿을 수 있고 효과적인 상담서비스를 제공하기 위해 수퍼비전을 함으로써 내담자가 진정으로 얻고자 하는 상담 효과를 제공하여 내담자를 도와줌과 동시에 상담 수행 실패로부터 상담자를 보호하는 역할을 한다. 상담자가 전문가로서 기능을 적절하게 수행하지 못하는 경우 중 하나가 소진(burn out)인데, 이때 상담자의 소진에 주의를 기울이고 소진을 예방할 수 있는 것이 바로 수퍼비전의 순기능이다.

② 사람을 치료하는 상담자 자신의 발달을 위해 필요하다. 상담 및 심리치료 이론에 따라 각 이론이 제시하는 상담자의 기술에는 차이가 있지만, 일반적으로 상담 능력과 기술은 크게 상담 과정 기술, 내담자의 문제 진단, 심리치료 계획에 대한 개념화 영역, 개인화 영역으로 나뉜다. 상담 과정 기술 영역은 치료적인 상담 기술과 그 기술이 활용을 말하고, 내담자 문제 진단 및 심리치료 계획에 대한 개념화 영역은 내담자의 사례를 분석하는 인지적 기술을, 개인화는 상담자의 인격적 성숙, 개성과 상담 기법의 조화를 말한다(Bernard, 1979). 사람을 치료해야 하는 상담자는 이렇듯 복잡하고 체계적인 기술 습득이 너무나 절실하다. 학교에서의 학습뿐 아니라 수퍼바이저의 도움을 통해 지속적으로 실제 상담 현장에서의 상담 기술과 개념화를 배우고 상담자 개인의 인격 성숙을 이룰 수 있다.

Section 02 2020년 19회 기출문제

1 사례 질문

사례 01

이혼 가정에서 성장한 초등학교 5학년 여학생이 상담실에 찾아왔다. 내담자는 현재 아버지와 사는 중이다.

- 상담사 : 오늘 우리가 해 볼 것은 소원을 적어보는 거야. 많이 있겠지만 그 중에서 3가지만 뽑아서 적어보는 거지.
- 내담자 : 전 엄마가 보고 싶어요. 엄마를 볼 수 있다면 뭐든 할 거예요.
- 상담사 : (　　　　　　　　　　　　　　　　　　)
- 내담자 : (시무룩하게) 네, 엄마는 제 이야기를 잘 들어주거든요. 선생님처럼….

〈다른 날〉
내담자가 엄마와 신나게 지내다 왔다.

- 상담사 : 엄마랑 놀다 왔구나.
- 내담자 : 네. 정말 신났어요. 엄마가 놀이공원에 데려가 줬어요. 정말 어떻게 시간이 지나갔는지 모르겠어요(갈수록 표정이 어두워지고 말이 없어진다.).
- 상담사 : 그런데 기분이 별로 좋지 않아졌네? 엄마랑 지낸 게 어땠는데?
- 내담자 : 너무 좋았지요. 엄마는 나를 사랑하니까…. 그런데 왜 나하고 같이 안 사는지 모르겠어요. 내가 미운 건지…. 아, 모르겠어요. 슬퍼요…. 쌤, 오늘은 상담하기 싫어요. 그냥 그림을 그리고 싶어요. 괜찮을까요?(종이를 달라고 해서 그림을 그리기 시작한다.)

질문 01

빈칸에 들어갈 공감하는 말을 해보시오.

모범답변

① 엄마를 못 본 지 오래된 것에 공감해 준다. "엄마를 보지 못해서 힘들었구나…."
② 엄마를 보고 싶어 하는 것에 공감해 준다. "엄마가 보고 싶구나…. 네 말을 잘 들어주니까…."
③ 당장 엄마를 볼 수 없다는 사실에 공감해 준다. "엄마를 보고 싶은데 곁에 없으니까 외롭겠다."

질문 02

이혼가정의 자녀를 상담할 때 어떤 점에 유의해야 하는가?

모범답변

① 부모 모두에 대해 중립적인 태도로 이야기한다.
② 이미 결정된 사안에 대해서는 확실하게 이야기한다.
③ 자녀가 감정을 있는 그대로 표현하게 한다. 자녀들은 이혼에 대한 원망과 분노를 드러내지 않는 경우가 많으므로, 들어주려는 태도를 가지면 부모에게 참았던 감정이나 분노, 억울함, 불안과 두려움 등을 차차 이야기할 것이다.

질문 03

이 학생을 게슈탈트로 치료할 때 어떻게 해야 하는가?

모범답변

① 아버지와 살고 있는데 어머니와 살고 싶어 하는 욕구의 충돌이 일어나고 있음을 자각시켜준다.
② 당연히 함께 살아야 했는데 부모님이 이혼하셔서 아버지와 어머니가 함께 살지 못한다는 사실을 위로해 주고 공감해 주면서 내담자가 자신의 현실을 인식하도록 한다.
③ 이렇게 살게 한 아버지를 미워하고 원망하고 싶지만 죄책감에 시달리는 내담자의 감정을 만나준다.
④ 당분간은 함께 살 수는 없지만, 그럼에도 불구하고 가끔이라도 만나서 행복한 시간을 보낼 수 있음을 알려주고 위로해 준다.

게슈탈트 심리치료

문제의 출현, 외적 대립, 내적 대립, 통합 단계로 이루어진다.

- 첫째 단계인 문제의 출현은 지금–여기에서 주요한 갈등의 강도가 높아지면서 내담자가 문제를 자각하는 것이다.
- 둘째 단계인 외적 대립은 내담자가 증가하는 긴장을 수용하고 외적 대화로 탐색하는 것이다.
- 셋째 단계인 내적 대립은 내담자의 인격에 존재하는 중요하면서도 상충되는 두 가지 면을 직면시키는 것이다.
- 넷째 단계인 통합은 내담자의 인격에 분리되어 있던 요소가 통합되며, 새로운 게슈탈트의 출현이 시작되는 것이다.

사례 02

이혼 가정에서 자란 내담자는 고등학생인 오빠와 차별하는 엄마를 참을 수 없다고 상담을 의뢰하였다.

- 내담자 : 엄마는 오빠랑 저를 차별해요. 오빠는 아무것도 못 하게 하고 저한테 죄다 시켜요. 엄마가 일하느라 늦게 오시니까 저한테 밥 차려줘라, 빨래해라…. 이제는 오빠도 저한테 다 시켜 먹어요.
- 상담사 : 엄마가 오빠와 ○○이를 차별하는구나. 오빠는 집에서 아무 것도 안하고 ○○이만 일하라고 하네. 밥도 차려줘야 되고, 심지어는 빨래까지 해 줘야 되네. 이제는 오빠마저 ○○이를 시켜 먹고….
- 내담자 : 정말 싫어요. 내가 무슨 가정부예요? 오빠 시다바리나고요! 진짜 몇 번이나 싫다고 말했는데도 엄마는 내 말은 귓등으로도 안 들어요!
- 상담사 : 계속 집안일을 시키니까 가정부나 오빠 뒷바라지하는 것처럼 느껴지겠다. 안 한다고 말을 했는데도 엄마는 말을 안 들어주시네….
- 내담자 : 학교 끝나고 집에 가면 나도 쉬고 싶은데…. 가면 집안일 해야 하니까 들어가기 싫어요. 어제도 늦게 들어갔어요. 친구네 집에 있다가 밤에 들어갔는데 그때까지 밥도 안 먹고 있다가 밥 차리라고 야단하는 거 있죠? 오빠가 꼴도 보기 싫어요.
- 상담사 : (   )

질문 01

비자발적 내담자가 왔을 때 우선적으로 고려해야 할 것은 무엇인가?

모범답변

① 비자발적인 내담자는 상담에 왔다는 사실만으로도 지지와 인정, 감사한 마음을 표현하는 것으로 시작한다.
② 내담자가 상담 자체에, 또 상담자에 대한 신뢰가 낮음을 알고 라포 관계를 잘 형성하기 위해 많은 에너지를 들여야 한다. 지나치게 내담자 마음에 들려고 할 필요는 없지만 초반 상담(1~2회기)에서 라포 형성이 잘 되지 못하면 이후 상담은 원활하게 진행되기 어렵기 때문이다.

질문 02

위 사례의 내담자에게 적용할 상담 목표는 무엇인가?

모범답변

① **표면적으로 드러난 오빠에 대한 원망과 분노, 적대감 해소** : 감정적 부분으로 상담 장면에서 충분히 해소할 수 있도록 공감과 격려를 많이 해 준다.

② **근본적으로는 어머니의 차별적 사랑에 대한 원망, 분노, 적대감 해결** : 어머니와의 관계에서 생긴 애착에 대한 좌절과 분노감을 해결하기 위해서 가족 상담으로 전환하여 어머니와 내담자를 함께 상담하도록 한다.

질문 03

위 사례의 내담자를 집단상담에 참여시킨다면 프로그램에 어떤 내용이 포함되어야 도움이 되겠는가?

모범답변

① **분노 조절/감정 표현 프로그램** : 오빠나 어머니에 대해 화가 나고 감정이 상했다는 것을 인식하고 이를 건강하게 표현할 수 있는 방법을 가르쳐 줄 수 있는 상담 내용이 포함되어야 한다.

② **자기 주장하기 프로그램** : 어머니가 가정에서 자녀에게 일방적으로 무엇인가 하도록 요구하는 상황에서 위축된 자녀가 자신을 잘 표현하고 이야기할 수 있도록 준비시키는 내용이 포함되어야 한다.

질문 04

내담자의 마지막 말에 공감 반응을 해보시오.

모범답변

"너도 집에 와서 쉬고 싶은 마음이 있는데, 집에 오면 쉬지 못하고 일을 해야 된다고 하니 얼마나 힘들고 속상하겠니? 그래서 어제는 일부러 늦게 들어갔는데도 오빠가 기다렸다는 듯이 밥 차려달라고 하니까 너무 얄밉고 꼴도 보기 싫었겠다. 이래저래 집에 들어가기가 정말 싫고 힘들겠다."

사례 03

내담자는 상담실에 들어오자마자 울음을 터트렸다. 전날 밤, 공부하다가 잠시 쉬려고 TV를 보기 시작했는데, 그때 딱 아버지가 들어오셔서 공부하지 않는다고 잔소리를 한 것이다. 짜증이 난 내담자는 TV를 끄고 방으로 들어가려는데 리모컨이 바닥에 던져진 것처럼 되고 말았다. 그것을 본 아버지는 더 화가 나서 욕설과 폭언을 하시면서 물건을 집어던지기 시작했다. 난리가 나자 어머니가 나와서 아버지를 말리려다가 결국 부부싸움으로 번졌다. 집안은 난리가 났고 내담자는 대죄를 저지른 것 같아 아침에 몰래 학교로 도망쳤다. 상담자가 내담자에게 그때 기분이 어땠느냐고 묻자, 아버지가 너무 무서웠고 화가 몹시 났으며, 억울하고 짜증스러웠다고 대답했다.

• 상담자 : ( ).

질문 01

이 사례에서 시도할 수 있는 심리검사 2가지와 그 이유를 각각 설명해 보시오.

모범답변

① KFD(동적가족화투사검사) : 주관적이고 심리적으로 느끼는 가족 구성원들에 대한 내적인 상이 시각적으로 표현되는 검사로 의식적, 무의식적 투사기법의 일종이다. 내담자의 무의식에 영향을 미치는 인물, 가족성원 내 힘의 분포, 친밀감이나 단절감, 부모와 형제와의 관계, 대인관계, 가족 내 자신의 위치 등을 살펴볼 수 있다.

② MBTI 검사 : 가족 구성원들 각각의 성격유형을 통해 가족 내 역동이 어떤 식으로 일어나고, 어떻게 갈등이 발생하며, 어떻게 대처해야 하는지를 살펴볼 수 있다.

✎ 내담자의 상황을 살펴보기 위해 객관적 검사, 투사적 검사를 사용할 수 있다. 객관적 검사에는 MMPI-A, PAI-A, MBTI 등이 있고, 투사적 검사에는 HTP, SCT, TAT, KFD 등이 있으며, 이를 통해 내담자의 심리적 상태와 가족과의 역동 및 관계성을 파악할 수 있다.

질문 02

상담자가 마지막에 내담자를 공감해 준 말을 해보시오.

모범답변

① 아버지가 자신을 제대로 대해 주지 않는 것에 대한 마음을 만나준다. "공부하다가 잠깐 쉬려고 했던 건데 아버지가 그것도 이해해 주지 못하고 무조건 화를 내서 많이 속상하고 마음이 상했겠다."
② 어머니와 싸움으로 번진 것에 대해 미안한 마음을 만나준다. "의도한 것도 아닌데 어머니와 아버지 싸움으로 번져서 불안하고 무섭고 엄마한테 미안했겠다."
③ 아침까지도 가족들 분위기가 좋지 않은 것에 대한 죄책감, 억울함 등을 알아준다. "별 것도 아닌 것으로 아버지한테 혼나고, 부부싸움으로 번진데다가 아침까지 무서운 분위기였으니 얼마나 마음이 안 좋았을까? 아버지가 화내는 게 무섭고 한두 번 당한 일이 아니어서 더 속상했겠다."

2 기타 질문

질문 01

본인이 상담하기에 까다로운 내담자의 유형은 무엇인가?

모범답변

① **비자발적 내담자** : 성인 내담자도 마찬가지이지만 내담자 스스로가 원하지 않는데 부모님에게 끌려온 경우에는 라포 형성이 매우 힘들어서 까다롭다.
② **지나치게 통제적인 청소년 내담자의 부모** : 청소년 내담자의 경우, 부모 상담을 해야 하는데 부모가 내담자에게 지나치게 통제적인 경우에는 상담자까지 자신이 원하는 방향으로 주도하고, 통제하려는 경우가 있어서 어렵다.
③ **순응적인 내담자** : 순응적이고 잘 따라서 정서적으로 번아웃되어 상담하러 온 건데 상담자에게도 순응적으로 대하는 내담자의 경우, 속으로는 내적 갈등이 있음에도 불구하고 겉으로는 상담을 잘 따라오는 것처럼 보여서 문제가 장기화되기도 하고 상담 효과가 떨어지는 경우가 많다.

질문 02

청소년상담사가 하는 일 중 가장 중요한 일은 무엇이라 생각하는가?

모범답변

심리적으로 어려움을 겪고 있는 청소년들의 마음을 위로하고 격려하며 자신의 중심성에서 벗어나도록 하여 건강한 사회인이 되도록 돕는 일이 중요하다고 생각한다.
학교폭력, 가출, 학업중단, 왕따, 집단 괴롭힘, 약물남용, 청소년 성매매 등 다양화되고 심각해지는 청소년문제에 대해 현실적으로 대처하기 위한 전문성을 가지는 것이 중요하다고 생각한다.

청소년상담사는 청소년의 발달적 과정을 이해하여 그들의 정서적 어려움에 대해 공감하고 지지하며, 그들이 문제를 해결하는 데 있어서 함께 나아간다. 청소년들의 예방적인 차원을 위해 교육 및 프로그램 진행을 할 수 있다.

질문 03

가해자 대상 집단 상담 준비 시 신경 써야 할 부분은 무엇인가?

모범답변

가해자 교정 치료의 방향은, 가해자의 역할 태도와 분노표출방식, 갈등해결방식을 중점적으로 다루어 줌으로써 가해자의 태도변화와 행동변화를 통해 폭력재발방지가 가능하도록 구성된다. 앞으로의 폭력 재발을 방지하기 위해 기본이 되어야 할 전제는 "폭력은 자신이 선택한 행동이므로 자신에게 책임이 있다. 폭력은 지배하기 위한 수단으로 제재되어야 하고, 폭력은 상대방을 무시하고 존중하지 않는 태도에서 비롯된다. 폭력은 학습된 행동이므로 고쳐질 수 있다. 분노는 조절할 수 있는 감정"이라는 사실이며, 이와 같은 사실이 교육 내용에 포함되어야 한다.

질문 04

상담 초기에 내담자의 부모님에게 상담자의 전문성을 보여주기 위해 어떻게 할 수 있는가?

모범답변

① 부모에게 상담자의 전문성이 느껴지지 않는 원인은 주로 상담자의 나이와 성별 및 상담자의 태도 등일 수 있다.

② 하지만 상담자는 전문 교육과 자격증을 통해 전문적인 자격을 갖추었음을 알리고, 이제까지 청소년들을 상담하면서 어떤 식으로 라포 형성을 해왔고, 어떻게 관계해 왔으며, 구체적으로 어떤 문제해결을 해 왔는지에 대해 상세하게 설명하도록 한다.

질문 05

첫 상담부터 내담자가 눈을 맞추지 못한다면 어떻게 할 것인가?

모범답변

① 눈을 맞추지 못하는 것에 대해 특별히 언급하거나 아는 체를 하지 않는 것이 좋다.

② 내담자가 가장 힘들어하거나 어려워하는 부분 중에 하나일 수도 있으니 처음부터 언급하기보다는 내담자 스스로 자연스럽게 이야기하도록 내버려 두는 것이 좋다. 동시에 내담자와 비슷한 태도를 취해주는 것이 좋기 때문에 얼굴을 뚫어지게 쳐다보지 않는 것이 좋다.

③ 눈맞춤으로 얼굴을 쳐다보는 것은 짧게, 시선은 아래나 머리 위로 유지하는 것이 좋다.

④ 상담을 진행하면서 자연스럽게 될 때까지 기다리며, 시간이 지나 라포가 형성되고 자연스러워졌을 때 조금씩 시간과 횟수를 늘려가도록 한다.

Section 03 2019년 18회 기출문제

1 사례 질문

사례 01

중학교 3학년인 소미는 공부를 하지 않고, 주로 집에서 게임만 하며 시간을 보내 의뢰되었다. 어머니와 함께 방문한 소미는 자신은 아무 문제도 없고 친구들과도 잘 지내 상담이 필요하지 않다고 하였다. 하지만 상담을 시작하고 얼마 지나지 않아 소미는 같은 반 친구들은 이기적이고 자기밖에 모르며, 담임선생님 또한 성적으로 반 아이들을 차별한다고 하였다.

소미는 초등학교 때 같은 반 친구의 지갑이 없어졌는데 그때 하필 반에 가장 먼저 들어온 자신을 의심하는 눈치였으며, 담임선생님마저 자신을 믿지 않는 분위기라 억울한 경험이 있다고 하였다. 이로 인해 담임선생님이 부모님에게 연락을 취했는데 부모님마저도 자신을 믿어주지 않았으며, 그 이후로 학교에서 도둑이라는 소문이 뒤따랐다고 하였다. 소미는 이전에 부모님의 지갑에 손을 댄 경험이 있어 부모님이 자신을 믿지 않는 것 같다는 이야기를 덧붙였다.

중학교에 올라온 후로도 소미는 친구를 사귀지 않고 선생님들의 지적에 반항하며, 공부도 하지 않고 있다. 소미는 공부보다는 게임이나 SNS에서 자신을 모르는 사람들과 소통하는 것이 더 즐겁다고 이야기하며, 자신의 블로그에 청소년이 흥미를 가지는 것들에 대한 글을 쓰는데 꽤 반응이 좋고 사람들도 긍정적인 댓글을 달아준다고 이야기하였다. 소미의 부모님은 딸이 공부는 하지 않고 매일 게임만 하며, 온라인에서 알게 된 친구들과 어울리는 것에 대해 매우 걱정하고 있다.

질문 01

위 사례에서 상담목표를 무엇으로 설정할 것인가?

모범답변

아래 2가지 정도로 초점을 둘 수 있다.
① 억울했던 과거 사건에서 감정을 재구성함으로써 감정을 해소하도록 하며, 이를 통해 우울감을 완화하도록 돕는다.
② 온라인 친구나 활동뿐 아니라 현재 학교생활도 중요함을 알게 하고 이를 위해 학교생활을 잘 할 수 있도록 방법을 탐색한다. 또한, 친구들과 게임을 함께 하는 방법을 찾아보거나, 점심시간에 급식실에 같이 갈 친구를 사귈 수 있도록 돕는다.

질문 02

비자발적인 내담자와 어떻게 라포를 형성할 것인가?

모범답변

① 비자발적인 내담자는 오는 것만으로도 매우 수고가 많았을 것이므로 와 준 것에 대해서 지지와 감사의 마음을 전하면서 마음을 알아주는 것으로 라포형성을 시작한다.
② 그리고 말로는 상담이 필요 없다고 했지만 금방 친구들이 이기적이라고 호소하는 것으로 봐서는 자신의 마음을 이해해 주는 상담자에게는 마음을 열 수 있다고 생각하기에 그 부분을 잘 파고들어서 공감해 주고, 내담자가 해소하고 싶어 하는 욕구를 만족시켜 줄 포인트에 공감적으로 접근하며 라포를 형성한다.

사례 02

중학교 1학년 경철은 요즘 외롭고 힘들다며 학교상담실에 찾아왔다. 상담을 시작하기 전, 경철은 여기서 말해도 정말 비밀보장이 되는 것인지 거듭 물어봤으며, 꼭 비밀보장을 해달라며 강조하였다.

경철은 최근 들어 부모님이 싸우는 횟수가 많아져 어떻게 해야 할지 잘 모르겠다고 하였다. 처음엔 잘 대화하다가도 사소한 걸로 싸움이 일어나며, 싸운 뒤 아버지는 집 앞 편의점에서 술을 마시고, 어머니는 친정으로 가 며칠이 지나고서야 집에 돌아오신다고 하였다. 부모님이 싸운 날에는 밥을 챙겨 먹을 수도 없어 항상 초등학교 2학년인 동생과 편의점에서 삼각김밥을 사 먹는다고 하였다.

매번 부모님의 싸움을 볼 때마다 서로 똑같이 잘못해놓고 왜 저렇게 으르렁대는지 잘 모르겠으며, 다른 집과는 다른 상황에 놓인 자신과 동생이 너무 불쌍하다고 이야기하였다. 또한, 요즘은 수업시간에 집중도 안 되고, 친구들과 어울리는 것도 귀찮고 어려우며, 언제 엄마가 집에 들어와 또 싸움이 일어날지 불안하다고 하였다.

질문 01

사례를 읽고 상담 개입방법을 이야기하시오.

모범답변

① 부모님의 부부 싸움으로 인해 불안하고 불안정한 정서 상태에 오래 놓여 있었던 것으로 보인다. 주호소 자체가 "외롭고 힘들다."라는 것이기 때문에 이를 안정화시켜 줄 수 있는 부분을 최우선적으로 다루며, 감정을 잘 만나주고, 공감해 주고, 위로해 주며, 지금까지 애써왔음을 격려해 준다.
② 청소년 내담자의 경우, 내담자 본인의 문제보다는 가정의 문제가 더 큰 경우가 많다. 따라서 환경을 바꾸어 주어야 하기 때문에 가족상담을 실시하고, 이를 위해 어머니를 상담에 참여시키도록 한다.

질문 02

부모상담을 실시한다면 어떤 점을 인지하도록 할 것인가?

모범답변

① 부부 관계 갈등으로 인해 자녀들이 정서적으로 방치되고 있거나 거절감을 상당하게 느끼고 있고, 특히 내담자의 경우 우울감과 좌절감이 상당히 높은 것으로 보이기 때문에 이를 위해 부부 관계에 변화가 있어야 함을 강조한다.
② 당장은 부부 관계 갈등을 완화하기 어렵더라도 자녀들을 소외시키지 않도록 교육하고, 이와 함께 부모 상담도 병행한다면 청소년 내담자의 문제에 일정 부분 변화를 줄 수 있을 것으로 기대된다.

질문 03

내담자의 이해를 돕기 위해 실시할 수 있는 검사는 무엇인가?

모범답변

MMPI 등 객관적 심리검사와 함께 문장완성 검사(반투사적 검사)와 투사검사(동적 가족화나 개인 자아상 등을 살펴볼 수 있는 그림 검사)를 실시한다면 현재 내담자의 무의식 상태를 좀 더 깊이 있게 살펴볼 수 있을 것이다.

사례 03

원하지 않는 대학에 입학한 대학교 1학년 정민은 강의를 들을 때마다 숨쉬기가 어렵고, 흉부에 강한 통증을 느끼며 어지러움을 호소한다. 정민은 학교에 가기 싫어 결석하는 날이 점점 많아졌고, 평소 집에 있을 때는 게임을 하거나 고등학교 친구들과 연락해서 만남을 가진다. 정민은 다음 학기에 휴학을 하고 싶은데 화를 내실 아버지를 생각하면 포기하고 만다.

정민은 길을 가다가도 차에 치이지 않을까 걱정하며, 대중교통을 탈 때도 타인이나 문고리에서 병균이 옮을까 염려하여 손수건을 가지고 다닌다. 또한, 요즘 뉴스를 보며 언제 북한과 전쟁이 터질지 모른다는 불안감에 휩싸여 있다.

정민의 아버지는 타지에서 근무하여 오랜만에 집에 오게 되면 집안일로 불같이 화를 내거나 윽박지르며, 어머니는 남편의 폭행으로 인해 참다가 결국 이혼하여 현재 혼자 살고 있다. 정민은 종종 어머니와 통화를 할 때 어머니가 이혼할 수밖에 없던 처지에 대한 신세한탄을 들으면서 부담감을 느낀다. 정민은 이러다 자신이 마치 정신병에라도 걸릴 것 같아 상담사를 찾아갔다.

질문 01

위 사례에서 내담자에 대한 이해요소를 이야기해 보시오.

모범답변

① 불안이 극대화되어 나타나는 공황장애 등 신체 발작 증세에 대한 치료가 필요하다.
② 부모에 대한 부정적 정서, 즉 아버지에 대한 분노, 어머니에 대한 압박감 등을 해결하기 위한 전략이 필요하다.
③ 부모의 이혼에 대해 받았을 상처를 다룰 필요가 있다.

질문 02

위 사례에서 더 탐색해봐야 할 것이 있다면 무엇인가? 또한 그 이유는 무엇인가?

모범답변

아버지의 폭행과 압박이 내담자에게는 어떤 영향을 미쳤는지 자세히 살펴봐야 할 것이다. 성인이 되었음에도 불구하고 자신의 주장을 전혀 펴지 못하는데다가, 그러한 모습이 일반 생활을 제대로 영위하지 못할 정도로 영향력이 크기 때문이다.

2 기타 질문

질문 01

청소년의 문제 중 자신이 자신 있는 분야는 무엇인가?

모범답변

★Tip

자신의 전문 분야를 내세워 자신 있게 설명하면 된다.

① 학교폭력 문제에 대해 자신이 겪었거나 간접적으로 겪은 일들을 예로 들며, 이런 일을 학교 장면에서 겪으면서 많이 고민하게 되었음을 말하고, 청소년들이 가장 쉽게 노출되는 문제임을 설명한다. 또한, 정서적인 부분과 부모와 학교, 법적인 부분 등 도움을 줄 수 있는 부분들을 전략적으로 설명한다.

② 게임 중독인 내담사를 위해 할 수 있는 프로그램 등을 설명해 주고, 이들의 정서적 조절을 도와줄 수 있는 전략도 함께 체크해 주며, 아버지든 어머니든 부모님을 상담 장면에 꼭 참여시켜 가정 내 변화를 이끌 수 있도록 돕는다.

질문 02

청소년 내담자가 "상담으로 돈을 많이 버시나요?", "그냥 얘기만 듣고 대충하시는 건 아닌가요?"라고 질문한다면 어떻게 대답할 것인가?

모범답변

① 상담 업무가 주요한 업무고 직업인은 돈을 받고 일을 하는 것임을 알려준다.
② 당연히 유료로 상담하고 있음을 인식시켜 줄 필요가 있고, 그렇기 때문에 상담에 올 때는 어떤 부분에서 정확하게 도움을 받고 싶은지 생각해서 오도록 한다.
③ 본인이 비용을 부담하는 것은 아니지만 부모님의 돈으로 상담을 받는 것이기 때문에 하루빨리 좋아져서 비용을 절약하는 것이 좋다는 사실도 알려주며, 대충하는 것이 아니라 최선을 다해 상담을 하고 있음을 설명한다.

질문 03

청소년 내담자가 지나치게 반항적으로 나오거나 신체적으로 acting-out을 할 때 어떻게 대처할 것인가?

모범답변

① 신체적 방어를 할 수 있도록 센터 내 안전시설을 설치해 상담실 밖 직원들에게 도움을 요청할 수 있도록 한다.
② 상담 중에라도 상담사가 위협을 느끼면 언제든지 중단할 수 있음을 내담자에게 사전에 고지한다.

질문 04

청소년 내담자를 상담할 때 내담자의 욕구와 내담자를 상담에 데리고 온 부모의 욕구가 상충된다면 상담을 어떻게 진행할 것인가?

모범답변

청소년 내담자의 욕구를 우선적으로 충족시키고자 상담을 진행하지만, 부모 교육 시간을 통해 내담자의 욕구를 수용해 줌으로써 결국 부모가 원하는 것도 이룰 수 있음을 인식시켜 준다.

> 청소년상담에서 내담자는 분명히 청소년이지만 부모님의 욕구가 충족되지 않으면 상담 자체가 취소되어 진행하기 어려울 수 있다. 그러므로 양쪽의 욕구를 잘 수용하고 절충해가는 것이 청소년상담자의 태도라고 할 수 있다.

질문 05

청소년 내담자를 대할 때 가장 주의해야 할 것은 무엇이라고 생각하는가?

모범답변

① 내가 과거에 경험해 온 시기이기 때문에 "나도 잘 알아……."라는 태도를 가지는 것은 위험한 태도이다. 그 시기를 지나기는 했지만 모든 경험은 개인의 독특한 것이기 때문에 그 과정을 지나왔다는 사실 자체만으로 그들을 이해할 수 있고, 어떤 조언이든 할 수 있다고 생각해서는 그들을 공감해 줄 수 없다. 그 시기가 얼마나 불만스럽고, 걱정과 불안이 가득한 혼란스러운 시기인지를 인식하고, 이 내담자는 어떤 문제로 괴로워하고 있는지에 대해 호기심을 가지고 접근하는 것이 훨씬 더 나은 결과를 가져다 줄 수 있다.

② 무엇보다 잘 들어주는 자세가 필요하고, 내담자가 어떤 일을 말하든지 모든 부분에서 놀라거나 쇼크를 받기보다는 중립적으로 수용해 주는 태도가 중요하다. 판에 박힌 조언보다는 걱정스러운 마음을 잘 표현해 주고, 그럼에도 내담자가 '아니'라고 한다면 더 가까이 다가가는 것을 재고해 봐야 한다. 물론 이것은 자해, 자살, 성폭행/추행 등 위험과는 관계가 없다는 한에서 적용되며, 위험한 상황이 확인되면 반드시 외부적 도움이 필요함을 인식하고 있어야 한다.

Section 04

2018년 17회 기출문제

1 사례 질문

사례 01

〈이메일 상담〉

안녕하세요. 저는 중학교 3학년인 여학생입니다. 요즘 저는 정말 하루하루가 너무 살기 싫고 힘들어 메일을 보내게 되었습니다. 요즘 학교에만 가면 시간이 너무 안 가는 것 같습니다. 반 친구들이 제 말에 대답을 안 하고 제가 엎드려 있으면 저에 대해 속닥거리는 소리가 들립니다. 점심시간에는 밥을 같이 먹을 친구가 없어 벌써 일주일째 점심을 안 먹고 있습니다.

제가 얼마 전에 같은 반 친구와 다투었는데, 그 친구가 저에 대한 이상한 소문을 만들어 내며, 제 친한 친구들을 모두 빼앗아 갔습니다. 그 친구에게 말해보았지만 자기는 아니라는 식으로 발뺌하고 있어요. 너무 억울해서 담임선생님에게도 찾아갔는데 "친구들 사이의 오해는 스스로 풀어보도록 노력해야지."라는 말만 들었습니다. 이 말을 들었을 때, 정말 세상에 혼자 남겨진 기분이었어요. 아무에게도 저의 이야기를 할 수 없어 무섭고 죽고 싶은 생각까지 듭니다. 학교에도 가고 싶지 않은데 전 어떡해야 할까요?

- SCT 유의미한 항목
  - 다른 사람들은 내가 필요 없고 사라져도 상관없다고 생각한다.
  - 내가 가장 무서워하는 것은 혼자 남게 되는 것이다.
  - 나의 좋은 점은 없다.

질문 01

위 사례에서 상담사가 가장 먼저 개입할 부분은 무엇인가?

모범답변

① 내담자가 가장 크게 느끼는 것은 모든 사람들이 자신을 이해해 주지 못한다는 것이다. 상담사가 내담자를 이해해 주는 '한 사람'이 되어주는 것이 필요하기에 우선적으로 라포를 잘 형성한다.
② 라포를 형성하는 가장 큰 부분은 그의 말을 잘 들어주는 것이다. 현재 이 학생의 말을 잘 들어주는 사람들이 곁에 없으므로 잘 들어주고 그의 말을 전적으로 신뢰한다.
③ 라포가 형성되면 학교 안에서 문제를 해결하도록 돕는다. 담임선생님 외에 도움을 받을 수 있는 선생님을 찾아가서 이 문제에 개입해 주도록 요청한다.
④ 친구 관계의 경우, 친했던 아이들을 중심으로 한 명씩 찾아가서 오해를 풀고 다시 자기편으로 돌리도록 한다.

질문 02

내담자에게 상담의 기술 중 공감을 사용하여 이야기하시오.

모범답변

"반 친구들이 네 말에 대답도 하지 않고 속닥거리고, 같이 밥을 먹을 친구가 없어 일주일째 굶고 있으니 외롭고, 서럽고, 점점 이렇게 혼자 소외되는 것은 아닌가 두렵고 무서운 마음이 드는구나. 얼마 전 친구와 다투었는데 그 친구가 이상한 소문을 내서 친구들을 빼앗아 간 것 같아 이야기해봤지만 아니라고 하고, 선생님한테 이야기했더니 친구 간의 오해는 스스로 풀라고만 하니 아무도 내 편이 없고, 아무에게도 말을 할 수 없어 무섭고 심지어 죽고 싶은 마음까지 들겠어. 정말 너무 힘들어서 학교에 가고 싶지도 않겠네."

질문 03

내담자에게서 보이는 자살 징후는 무엇인가?

모범답변

① 혼자 남아 있다는 의미의 말들
  ㉠ 상담 내용 본문에서 "요즘 저는 정말 하루하루가 너무 살기 싫고….", "벌써 일주일째 점심을 안 먹고 있습니다.", "정말 세상에 혼자 남겨진 기분이었어요."
  ㉡ 문장 완성 검사에서 "내가 가장 무서워하는 것은 혼자 남게 되는 것이다."
② 죽고 싶다는 직접적인 언급
  ㉠ 상담 내용 본문에서 "아무에게도 저의 이야기를 할 수 없어 무섭고 죽고 싶은 생각까지 듭니다."
  ㉡ 문장 완성 검사에서 "다른 사람들은 내가 필요 없고 사라져도 상관없다고 생각한다.", "나의 좋은 점은 없다."

사례 02

고등학교 1학년인 최 양은 친하게 지내는 친구들 5명이 있는데 최근 그 중에서 리더역할을 하는 한 친구가 다른 친구를 따돌리기 시작하였다. 나머지 친구들도 리더친구를 따라 따돌림에 동참하여 함께 때리고 돈을 뺏으며 무시한다. 따돌림을 당하는 친구는 매일 울면서 집에 가며 별 다른 저항은 하고 있지 않다. 리더친구가 빼앗은 돈으로 떡볶이를 먹고 노래방에 가서 놀 때 다른 친구들은 아무렇지 않아 하지만 최 양은 죄책감을 느끼고 있다.

최 양은 따돌림을 말리고 싶지만 리더친구나 다른 친구들에게 하지 말라고 하면 자신도 똑같이 따돌림을 당할까봐 두려워 말을 하지 못 하고 있다. 차라리 이 상황에서 전학가고 싶은 마음이 크고 괴롭힘을 당하는 친구에게 너무 미안하다. 어머니에게 말하여 도움을 구하고 싶지만 어머니와 리더친구의 어머니가 친한 사이라 부모님에게 말할 수도 없는 상황이다.

질문 01

최 양은 현재 상황에서 어떻게 해야 할지 모르겠다고 호소하면서 상담을 요청했다. 주호소 내용은 무엇인가?

....

....

....

....

....

모범답변

① 친하게 지내는 친구들 내부에서 리더인 친구가 다른 친구를 따돌리는데 세 명의 친구들이 동참하고 있다. 따돌림을 말리고 싶지만 자신도 따돌림을 당할까봐 두려워 말을 하지 못하고 있다.
② 괴롭힘을 당하는 친구에게는 너무 미안하며, 이 상황을 해결하고 싶다.

질문 02

가장 먼저 개입해야 할 부분은 무엇인가?

모범답변

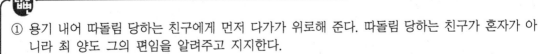

① 이러지도 저러지도 못하는 마음에 충분히 공감해 주며, 이러한 갈등을 겪는 것은 자연스럽고 친구를 생각하는 마음에서임을 확인시켜준다.
② 그러나 자신도 어쩔 수 없이 따돌림에 동참하는 것은 자신도 따돌림을 당할까봐 두려워하는 마음이 있어서임을 인식시켜 준다.
③ 실제로는 미안한 마음과 죄책감으로 이 상황을 해결하고 싶어 하는 모습임을 인식시켜 준다.
④ 자신의 상황에 대해 충분히 수용하고, 어떻게 이 문제를 해결할 수 있을지에 대해서 의논하며, 충분하게 격려하고 지지한다.
⑤ 상황에 대해 용기 내어 문제를 해결하도록 돕는다.

질문 03

문제 해결을 위해 가장 먼저 실행할 것은 무엇인가?

모범답변

① 용기 내어 따돌림 당하는 친구에게 먼저 다가가 위로해 준다. 따돌림 당하는 친구가 혼자가 아니라 최 양도 그의 편임을 알려주고 지지한다.
② 어떻게 해야 할지 함께 의논해서 결정하도록 하며 어쨌든 외부의 도움을 받는 것이 좋다는 것을 설득한다.

사례 03

〈채팅상담〉

- 상담사 : 안녕하세요. OO상담센터입니다. 무엇을 도와드릴까요?
- 내담자 : 안녕하세요. 저는 초등학교 자녀를 둔 39세 엄마입니다. 요즘 제 딸에 대해 걱정이 많아 채팅을 보냈습니다.
- 상담사 : 네, 어떤 일이신가요? 편하게 말씀해 주세요.
- 내담자 : 제 딸은 하루 종일 손에서 스마트폰을 놓질 않습니다. 가족끼리 외식할 때나 밤늦게까지도 핸드폰을 하고, 최근에는 학교 담임선생님에게 전화가 와 제 딸이 핸드폰을 안 냈다가 들켰다는 연락을 받았습니다.
- 상담사 : 네, 속상하시겠네요. 그래서 어떻게 하셨나요?
- 내담자 : 남편에게 딸아이가 늦게 일어나 지각도 자주하고, 성적도 점점 떨어지고 있다고 말하였는데, 남편은 그냥 "우리 딸, 엄마 말 좀 잘 들어줘~"라고 말한 것이 전부라 전혀 도움이 되질 않아요.
- 상담사 : 네, 정말 답답하시겠어요. 따님에게는 말씀해 보셨나요?
- 내담자 : 말로도 혼내보고, 핸드폰도 뺏어봤는데 그 날은 정말 불같이 화내면서 소리를 지르더라고요. 정말 어떻게 해결해야 할지 잘 모르겠습니다.
- 상담사 : (   )

질문 01

위 사례에 답하는 내용에는 어떤 사항이 포함되어 있는가?

모범답변

① 내담자의 고통에 대한 위로와 공감
② 상황에 대한 탐색
③ 문제해결을 위한 사실 인식
④ 관계 갈등을 해결하기 위한 노력

질문 02

위 사례의 내담자를 상담하게 된다면 어떻게 상담할 것인가?

모범답변

① 자녀의 핸드폰 사용이 중독은 아닌지 걱정하는 어머니에게 위로와 공감으로 정서적인 안정을 꾀할 수 있도록 한다.
② 부모와의 갈등이 중독적 행동을 부추긴다는 사실을 인식하실 수 있도록 알려드린다.
③ 무조건 사용 시간을 줄이려는 노력보다는 자녀가 왜 핸드폰 사용을 많이 하려고 하는지 원인을 탐색하고 이를 해결할 수 있는 다양한 방법들에 대해서 찾아보는 대화를 시도한다.
④ 남편도 자녀와의 관계에 대해 관심을 가지고 의논하고 공유할 수 있도록 상담에 함께 참여할 것을 권유한다.

질문 03

위 사례의 마지막에 상담사의 입장에서 '공감'을 사용하여 대답한다면?

모범답변

"혼내도 보고, 핸드폰도 뺏어봤는데 이제는 말도 듣지 않고, 특히 그날은 아이가 불같이 화내면서 소리를 지르니 정말 어안이 벙벙하고 어떻게 해야 할지 잘 모르겠다는 생각이 드셨네요. 답답하기도 하고, 특히 남편은 별 관심이 없어 보여서 속상하셨겠어요."

2 기타 질문

질문 01

청소년 상담자로서 존경하는 롤모델이 있는가?

모범답변

★Tip
이는 개인적인 질문으로, 평소 개인적으로 존경하는 분들에 대해서 생각해 두었다가 왜 존경하는지, 왜 롤모델로 삼았는지 그 이유에 대해서 설명하면 된다.

① 중학교, 고등학교 시절에 좋아했던 선생님들을 종합해 보면, 공부를 잘 할 수 있도록 도와주고, 개인에 대한 관심을 표현해 준 선생님들이었다. 그런 분들로 인해 학교에서 숨을 쉴 수 있었고 공부를 좀 더 열심히 하고 싶은 마음이 들었던 것 같다. 그분들처럼 청소년 내담자 한 사람, 한 사람에게 관심을 가지고 그들이 더 나은 인생을 살도록 도와주고 싶다.
② 중학교 때 교회 전도사님을 존경하였다. 그분은 늘 따뜻하게 관심을 가져주셨으며 뿐만 아니라 사람을 존경하는 태도를 가지고 계셨다. 그분을 보면서 사람을 대하는 마음과 태도를 배울 수 있었던 것 같아서 지금도 그분이 생각나고 존경스럽다.

질문 02

라포를 형성하기는 매우 어려운데 자신만의 어떤 방법으로 라포를 형성할 수 있는가?

모범답변

★Tip
이는 개인적인 질문으로, 라포를 형성하는 데 자신이 가지고 있는 방법이나 노하우가 있다면 나름대로 정리해서 설명하면 된다.

나는 청소년이 관심을 가지는 부분에 대해 먼저 관심을 표현해 주는 편이다. 여학생들의 경우, 아이돌이나 화장 등 외모에 대한 관심을 표현해 주면 자신들과 공감대가 형성된다고 생각하는지 금방 관심을 갖는다. 남학생들의 경우에도 게임이나 운동 등을 좋아하냐고 물어보고, 내가 잘 모르면 그 게임이 어떤 게임인지 설명해 달라고 하고 운동에 대해서도 설명해 달라고 하면 좋아하면서 설명해 준다.

질문 03

이메일 상담에는 어떻게 답변할 것인가?

모범답변

① 이메일은 오래 남는 글이기 때문에 우선 예의를 갖추어 응대하도록 한다. 아무리 나이가 어린 친구라고 해도 지나치게 낮춰 보는 태도는 금물이다. 반존대를 하도록 하며 공감을 중심으로 이야기를 풀어간다. 대부분 내담자들은 자신의 이야기를 제대로 들어주지 않는 부모님이나 선생님들로 인해 피곤해 하고 지쳐있기 때문에 내담자를 있는 그대로 읽어주는 상담사의 역할이 가장 중요하다고 생각한다. 공감을 할 때, 내담자의 좋은 점을 아주 사소한 것이라도 이야기해 주도록 하여 긍정적인 라포를 형성하도록 한다.

② 하지만 지나치게 사적이거나 너무 비밀스러운 부분에 대해서는 오해의 요지가 있을 수 있으므로 각별히 조심해야 한다.

질문 04

어렸을 적 힘들었던 일을 어떻게 극복하였는가?

모범답변

★Tip
개인적인 답변을 요구하므로 자신의 경험으로 답변하면 된다.

나는 주로 친구들과 노는 것으로 풀었던 것 같다. 초등학교 때 어머니가 많이 우울해 하셔서 집에 들어가기 싫었던 것 같다. 그래서 친구들이랑 놀고 맛있는 거 사먹고 그러면서 많이 놀았던 것 같다. 다행히 어머니는 그런 나를 특별히 나무라진 않았고 자유롭게 해 주신 편이셔서 속상하거나 우울한 마음을 날려버렸던 것 같다.

질문 05

눈을 마주치지 못하는 내담자의 경우 어떻게 해야 하는가?

모범답변

① 대인관계가 원활하지 못한 내담자인 경우 너무 똑바로 쳐다보기보다는 약간 시선을 피해 주는 것도 좋다. 다만 눈을 마주치는 것이 상담사의 진심을 전달하는 데 좋기 때문에 시선을 피하다가도 중요한 언급을 할 때는 짧게라도 눈을 마주쳐 주는 것이 좋다.
② 눈을 마주치지 못해도 괜찮다는 태도로 대한다. 눈을 마주치기 힘들어하는 내담자의 경우, 성별이 다르거나 일대일 접촉을 힘들어하는 내담자일 수 있으므로 쳐다보며 이야기하기보다는 매체를 통해 만남을 하는 것도 하나의 방법이라 할 수 있다.

질문 06

청소년상담사가 되고 싶은 이유와 자격증 취득 후 진로계획에 대해서 이야기해 보시오.

모범답변

★Tip
개인적인 자신의 진로계획에 대해 답변하면 된다.

나는 청소년들과 함께 하는 것을 선호하기 때문에 청소년 대상 상담센터에서 일하고 싶다. 그러기 위해서는 자격증이 필수여서 자격증 취득을 계획했고, 청소년 상담센터에서 근무하거나 일반 상담센터에서 청소년 대상 상담을 하려고 한다.

질문 07

내담자가 시험에서 부정행위를 하였다고 고백하고 비밀을 지켜달라고 하면 어떻게 대처하겠는가?

모범답변

① 시험의 부정행위가 비밀보장의 예외사항에 해당되지는 않으나 분명히 위험한 부분이 있으므로 이에 대해 분명히 잘못되었음을 확인한다.
② 거짓말하는 것이 장기적으로 봤을 때 오히려 손해임을 알려주고 더 좋은 결정을 하도록 설득한다.
③ 자신의 잘못을 인정하고 용서를 구하는 것이 정서적으로 가장 안정적으로 가는 방향임을 설득한다.

질문 08

청소년상담사, 의사, 사회복지사, 교사의 차이점에는 무엇이 있는가?

모범답변

① **청소년상담사** : 청소년 문제, 즉 학교폭력, 가출, 학업중단, 왕따, 집단 괴롭힘 등 심각해지는 청소년 문제에 대한 전문성과, 상담과 지도에 있어서의 전문성을 갖추고 있다.

② 의사
- ㉠ 의술과 약으로 병을 치료하고 진찰하는 사람으로, 이들은 진단과 치료를 중심으로 대상을 만나는 경우가 많다.
- ㉡ 아동, 청소년과나 청소년 정신과 의사의 경우, 대상 청소년에 대한 전문성을 가진다고 볼 수 있다.

③ 사회복지사
- ㉠ 청소년, 노인, 여성, 가족, 장애인 등 다양한 대상의 문제에 대한 사정과 평가를 통해 문제해결을 돕고 지원한다.
- ㉡ 어려움에 처한 클라이언트를 만나 이들이 처한 상황과 문제를 파악하고, 문제를 처리하고 해결하는 데 필요한 방안과 대안을 제시한다.

④ 교사
- ㉠ 정한 지식을 매개하는 사람으로 학교교육의 전달자로 보면 된다.
- ㉡ 이들은 대부분 청소년을 대상으로 지식을 전달하는 역할을 하기 때문에 청소년에 대한 전문성을 가지나 교육과 일부 심리적 부분 등에서 제한적일 수 있다.

질문 09

이메일 상담이 대면상담으로 이어진 경우 상담계획에 대해서 이야기해 보시오.

모범답변

① 이메일 상담에서 라포형성이 되어 있기 때문에 대면 상담에서는 내담자가 가진 문제 해결에 집중할 수 있다.
② 이메일 상담의 한계, 공감의 한계(텍스트와 시간적 제한), 장소의 한계(따뜻함과 공간이 주는 안정감) 등을 벗어나 내담자의 목표에 집중한다.
③ 문제 해결은 결국 자신감 향상이 기본이다. 직접 대면을 통해 격려와 강점 탐색을 할 수 있고 이를 통해 문제해결에 더 다가갈 수 있다.

질문 10

내담자가 가지고 있는 문제의 결정적인 원인이 부모에게 있다고 한다면, 부모에게 어떻게 이야기하겠는가?

모범답변

① 상담사에게 오기까지 청소년과 부모는 상당한 기간 동안 고통을 겪었기에 지금까지 겪은 자녀와의 관계에서의 고통을 충분히 이해하고 공감한다.
② 그럼에도 불구하고 청소년보다는 부모의 책임이 더 크고 많다는 사실에 대해서 부모님에게 알려주고, 지금까지는 몰라서 실수했겠지만 더 긍정적인 방향으로 나아가야 함에 대해서 인식하도록 한다.
③ 이 부분을 부모와 자녀만 감당할 수는 없고 도움을 받아야 하며, 특히 청소년 자녀의 경우, 부모와 사이가 좋지 않기 때문에 그 사이에서 상담사가 개입해야 함을 설명한다.
④ 청소년 상담사가 도와줄 테니 청소년 내담자를 앞으로는 더 잘 도울 수 있다는 것에 대해 확신을 준다.

나만의 정리노트

부록

면접자료

Section 01 청소년상담사 윤리강령
Section 02 상담이론 정리
Section 03 MMPI-A

Section 01 청소년상담사 윤리강령

청소년상담사는 청소년의 인지, 정서, 행동, 발달을 조력하는 유일한 상담 전문 국가자격증이다. 청소년상담사는 항상 청소년과 그 주변인들에게 인간으로서의 존엄성을 높이고자 노력하고, 청소년이 스스로 결정할 수 있도록 도와주며, 청소년의 아픔과 슬픔에 대해 청소년상담사의 책임을 다한다. 청소년상담사는 청소년이 사랑하는 가족 및 이웃과 더불어 행복하게 살아갈 수 있도록 지원하기 위해 다음과 같이 윤리규정을 숙지하고 준수할 것을 다짐한다.

1 제정 목적

(1) 청소년상담사의 책임과 의무를 분명하게 제시하여 내담자를 보호한다.

(2) 청소년상담사가 직무 중에 발생하는 문제를 처리할 수 있는 기준을 제공한다.

(3) 청소년상담사의 활동이 전문직으로서의 상담의 기능 및 목적에 저촉되지 않도록 기준을 제공한다.

(4) 청소년상담사의 활동이 지역사회의 도덕적 기대에 부합하도록 준거를 제공한다.

(5) 대한민국 청소년들의 건강과 성장을 책임지는 전문가로서의 청소년상담사를 보호하는 기준을 제공한다.

2 청소년상담사의 전문적 자세

(1) 전문가의 책임

① 청소년상담사는 청소년기본법에 따라 청소년의 권리와 책임을 다할 수 있게 지원해야 한다.

② 청소년상담사는 자기의 능력과 기법의 한계를 인식하고, 전문적 기준에 위배되는 활동을 하지 않도록 한다.

③ 청소년상담사는 검증되지 않고 훈련받지 않은 상담기법의 오·남용을 하지 않도록 주의한다.

④ 청소년상담사는 청소년과 관련된 정책·규칙·법규에 대해 정통해야 하고, 청소년 내담자를 보호하며, 청소년 내담자가 최선의 발달을 이루도록 노력해야 한다.

(2) 품위유지 의무

① 청소년상담사는 전문상담자로서 품위를 손상하는 행위를 하지 않는다.

② 청소년상담사는 현행법을 우선으로 준수하되, 윤리강령이 보다 엄격한 기준을 설정하고 있다면, 윤리강령을 따른다.

③ 청소년상담사는 상담적 배임행위(내담자 유기, 동의받지 않은 사례 활용 등)를 하지 않는다.

(3) 보수교육 및 전문성 함양

① 청소년상담사는 자신의 전문성을 유지·향상하기 위해 법적으로 정해진 보수교육에 반드시 참여한다.

② 청소년상담사는 다양한 사람들을 상담하면서 상담에 필요한 이론적 지식과 전문적 상담 및 연구 능력을 향상시키기 위해 교육, 자문, 훈련 등 지속적인 노력을 기울여야 한다.

3 내담자의 복지

(1) 내담자의 권리와 보호

① 청소년상담사는 내담자의 복지를 증진하고 존엄성을 존중하는 것에 최우선 가치를 둔다.

② 청소년상담사는 내담자가 상담계획 하에 참여할 권리, 상담을 거부하거나 개입방식의 변경을 거부할 권리, 거부에 따른 결과를 고지 받을 권리, 자신의 상담 관련 자료를 복사 또는 열람할 수 있는 권리 등을 보장해 주어야 한다. 단, 기록물에 대한 복사 및 열람이 내담자에게 해악을 끼친다고 판단될 경우, 내담자의 기록물 복사 및 열람을 제한할 수 있다.

③ 청소년상담사는 외부 지원이 적합하거나 필요할 때 의뢰를 요청할 수 있으며, 이를 청소년 내담자 및 보호자(만 14세 미만 내담 청소년의 경우)에게 알리고 서비스를 받을 수 있도록 노력한다.

④ 청소년상담사는 자신의 질병, 죽음, 이동, 퇴직 등으로 인해 상담을 중단해야 하는 경우 이에 대한 적절한 조치를 취해야 한다.

⑤ 청소년상담사는 청소년 내담자에게 무력, 정신적 압력 등을 사용하지 않는다.

(2) 사전동의

① 청소년상담사는 상담을 시작할 때 내담자가 충분한 설명을 듣고 선택할 수 있도록 적절한 정보를 제공해야 하고, 상담자와 내담자 모두의 권리와 책임에 대해 알려줄 의무가 있다.

② 청소년상담사는 내담자에게 상담 과정의 녹음과 녹화 여부, 사례지도 및 교육에 활용할 가능성에 관해 설명하고, 내담자에게 동의 또는 거부할 권리가 있음을 알려야 한다.

③ 청소년상담사는 내담자가 만 14세 미만의 청소년의 경우, 보호자 또는 법정대리인의 상담 활동에 대한 사전동의를 구해야 한다.

④ 청소년상담사는 내담자에게 상담의 목표와 한계, 상담료 지불방법 등을 명확히 알려야 한다.

(3) 다양성 존중

① 청소년상담사는 모든 인간의 기본적인 권리, 존엄성, 가치를 존중하며 성별, 장애, 나이, 성적 지향, 사회적 신분, 외모, 인종, 가족 형태, 종교 등의 이유로 내담자를 차별하지 않는다.

② 청소년상담사는 내담자의 다양한 문화적 배경을 이해하고, 청소년상담사 자신의 고유한 문화적 정체성이 상담 과정에 영향을 주지 않도록 노력해야 한다.

③ 청소년상담사는 자신의 개인적 가치, 태도, 신념, 행위를 자각하고 내담자에게 자신의 가치를 강요하지 않는다.

4 상담 관계

(1) 다중관계

① 청소년상담사는 법적, 도덕적 한계를 벗어난 다중관계를 맺지 않는다.

② 청소년상담사는 내담자와 연애 관계 및 기타 사적인 관계를 맺지 않는다.

③ 청소년상담사는 내담자와 상담 비용을 제외한 어떤 금전적, 물질적 거래 관계도 맺지 않는다.

④ 청소년상담사는 내담자와 상담 이외의 다른 관계가 있거나, 의도치 않게 다중관계가 시작된 경우에는 적절한 조치를 취해야 한다.

(2) 부모/보호자와의 관계

① 청소년상담사는 부모(보호자)의 권리와 책임을 존중하고, 청소년 내담자의 건강한 성장을 위해 부모(보호자)에게 상담자의 역할에 관해 설명하여 협력적인 관계를 성립하도록 노력한다.

② 청소년상담사는 내담자의 성장과 복지에 필요하다고 판단되는 경우, 내담자의 동의하에 부모(보호자)에게 내담자에 관한 최소한의 정보를 제공한다.

(3) 성적 관계

① 청소년상담사는 내담자와 내담자의 가족, 중요한 타인에게 자신의 지위를 이용하여 성적 접촉 및 성적 관계를 가져서는 안 된다.

② 청소년상담사는 이전에 연애 관계 또는 성적 관계를 맺었던 사람을 내담자로 받아들이지 않는다.

5 비밀보장

(1) 사생활과 비밀보장의 의무

① 청소년상담사는 내담자와 부모(보호자)의 사생활과 비밀보장에 대한 권리를 최대한 존중해야 한다.

② 청소년상담사는 상담 기관에 소속된 모든 구성원과 관계자, 슈퍼바이저, 주변인들에게도 내담자의 사생활과 비밀이 보호되도록 주의시켜야 한다.

③ 청소년상담사는 청소년 내담자 상담 시 사전에 상담에 대한 내담자의 동의를 받고 상담 과정에 부모나 보호자가 참여할 수 있으며, 비밀보장의 한계에 따라 정보를 제공할 수 있음을 알린다.

④ 청소년상담사는 청소년 내담자 상담 시, 상담 의뢰자(교사, 경찰 등)에게 내담자 및 보호자(만 14세 미만 내담 청소년의 경우)의 동의하에 정보를 제공할 수 있다.

⑤ 청소년상담사는 비밀보장의 의미와 한계에 대해 청소년 내담자의 발달단계에 적합한 용어로 알기 쉽게 설명해 주어야 한다.

⑥ 청소년상담사는 강의, 저술, 동료자문, 대중매체 인터뷰, 사적 대화 등의 상황에서 내담자의 신원 확인이 가능한 정보나 비밀 정보를 공개하지 않는다.

(2) 기록 및 보관

① 청소년상담사는 내담자에게 전문적인 서비스를 제공하기 위해 상담 내용을 기록하고 보관한다.

② 공공기관이나 교육기관 등은 각 기관에서 정한 기록 보관 연한을 따르고 이에 해당하지 않는 경우도 3년 이내 보관을 원칙으로 한다.

③ 청소년상담사는 기록 및 녹음에 관해 내담자의 사전동의를 구한다.

④ 청소년상담사는 면접기록, 심리검사자료, 편지, 녹음 및 동영상 파일, 기타 기록 등 상담과 관련된 기록을 보관하고 처리하는 데 있어서 비밀을 준수해야 한다.

⑤ 청소년상담사는 원칙적으로 내담자 및 보호자(만 14세 미만 청소년의 경우)의 동의 없이 상담의 기록을 제3자나 기관에 공개하지 않는다.

⑥ 청소년상담사는 내담자와 보호자가 상담 기록의 삭제를 요청할 경우, 법적, 윤리적 문제가 없는 한 삭제해야 한다. 상담 기록을 삭제하지 못할 경우, 타당한 이유를 내담자와 보호자에게 설명해 주어야 한다.

⑦ 청소년상담사는 퇴직, 이직 등의 이유로 상담을 중단하게 될 경우, 기록과 자료를 적절한 절차에 따라 기관이나 전문가에게 양도한다.

⑧ 전자기기 및 매체를 활용하여 상담 관련 정보를 기록・관리하는 경우, 기록의 유출이나 분실 가능성에 대해 경각심과 주의 의무를 가져야 하며, 내담자의 정보 보호를 위해 적극적인 노력을 해야 한다.

⑨ 내담자의 기록이 전산 시스템으로 관리되는 경우, 접근 권한을 명확히 설정하여 내담자의 신상이 공개되지 않도록 조치를 취한다.

(3) 상담 외 목적을 위한 내담자 정보의 사용

① 청소년상담사는 자신의 사례에 대해 보다 나은 전문적 상담을 위해 내담자 및 보호자(만 14세 미만 내담 청소년의 경우)의 동의를 구한 후, 내담자에 대해 사실적이고 객관적인 정보만을 사용하여 동료나 슈퍼바이저에게 자문을 받을 수 있다.

② 청소년상담사는 교육이나 연구 또는 출판을 목적으로 상담 관련 자료를 사용할 때는 내담자 및 보호자(만 14세 미만 내담 청소년의 경우)의 동의를 구해야 하며, 신상정보 삭제와 같은 적절한 조치를 취하여 내담자에게 피해를 주지 않도록 한다.

(4) 비밀보장의 한계

① 청소년상담사는 상담 시 비밀보장의 일차적 의무를 내담자의 보호에 두지만, 비밀보장의 한계가 있는 경우 청소년의 부모(보호자) 및 관계기관에 공개할 수 있다.

② 비밀보장의 한계가 있는 경우는 다음과 같다.

㉠ 청소년상담사는 내담자의 생명이나 사회의 안전을 위협하는 경우, 비밀을 공개하여 그러한 위험의 목표가 되는 사람을 보호하기 위한 합당한 조치를 취하고 안전을 확보한다.

㉡ 청소년상담사는 법적으로 정보의 공개가 요구되는 경우, 내담자에게 그 사실을 알리고 최소한의 정보만을 제공한다.

㉢ 청소년상담사는 내담자에게 감염성이 있는 치명적인 질병이 있을 경우, 관련 기관에 신고하고, 그 질병에 노출된 제3자에게 정보를 공개할 수 있다.

③ 청소년상담사는 아동학대, 청소년 성범죄, 성매매, 학교폭력, 노동관계 법령 위반 등 관련 법령에 따라 신고 의무자로 규정된 경우, 해당 기관에 관련 사실을 신고해야 한다.

6 심리 평가

(1) 심리검사의 실시

① 청소년상담사는 심리검사를 실시하고 해석할 수 있는 능력을 배양해야 한다.

② 청소년상담사는 심리검사 실시 전에 내담자 및 보호자(만 14세 미만 내담 청소년의 경우)에게 사전동의를 받아야 한다.

③ 청소년상담사는 검사 도구를 선택, 실시, 해석함에 있어서 모든 전문가적 기준을 고려하여 사용한다.

④ 청소년상담사는 내담자에게 적절한 심리검사를 선택해야 하며 검사의 타당도와 신뢰도, 제한점 등을 고려한다.

⑤ 청소년상담사는 다문화 배경을 가진 내담자를 위한 검사 선택 시 내담자의 사회문화적 맥락을 신중히 고려해야 한다.

(2) 심리검사의 해석

① 청소년상담사는 심리검사 해석에 있어 성별, 나이, 장애, 성적 지향, 인종, 종교, 문화 등의 영향을 고려하여 검사 결과를 해석한다.

② 청소년상담사는 청소년이 이해할 수 있도록 심리검사의 목적, 성격, 결과에 대한 설명을 제공한다.

③ 청소년상담사는 심리검사 결과를 다른 이들이 오용하거나 외부에 유출하지 않도록 해야 한다.

7 슈퍼비전

(1) 슈퍼바이저의 역할과 책임

① 슈퍼바이저는 사례지도 방법과 기법들에 대한 교육과 훈련을 지속적으로 받음으로써 사례지도 역량을 향상하기 위해 노력한다.

② 슈퍼바이저는 전자매체를 통해 전송되는 모든 사례지도 자료의 비밀보장을 위해서 주의하고 필요한 조치를 취한다.

③ 슈퍼바이저는 사례지도를 시작하기 전에, 진행 과정에 대해 충분히 설명한 후 동의를 받음으로써 슈퍼바이지의 적극적 참여를 독려할 책임이 있다.

④ 슈퍼바이저는 슈퍼바이지에게 전문가적 윤리적 규준과 법적 책임을 숙지시킨다.

⑤ 슈퍼바이저는 지속적 평가를 통해 슈퍼바이지의 한계를 파악하고, 그가 자신의 한계를 인식하고 보완할 수 있도록 돕는다.

(2) 슈퍼바이저와 슈퍼바이지의 관계

① 슈퍼바이저는 슈퍼바이지와 상호존중하며 윤리적, 전문적, 개인적, 사회적 관계를 명료하게 정의하고 유지한다.

② 슈퍼바이저와 슈퍼바이지는 성적 혹은 연애 관계, 그 외 사적인 이익 관계를 갖지 않는다.

③ 슈퍼바이저와 슈퍼바이지는 상호 간에 성희롱 또는 성추행을 해서는 안 된다.

④ 슈퍼바이저는 가족, 친구, 동료 등 상대방에 대한 객관성을 유지하기 힘든 사람과 슈퍼비전 관계를 맺지 않는다.

8 청소년 사이버 상담

(1) 사이버 상담에서의 정보관리

① 운영 특성상, 한 명의 내담자가 여러 명의 사이버 상담자를 만나게 되는 경우 상담자들 간에 정보를 공유할 수 있음을 내담자에게 알린다.

② 사이버 상담 운영기관에서는 이용자가 다른 사람의 신분을 도용하지 않도록 절차를 마련해야 한다.

(2) 사이버 상담에서의 책임

① 사이버 상담자는 만약에 있을지 모르는 위기개입 등의 상황을 대비하기 위해서 내담자의 신분을 확인할 방법을 가지고 있어야 한다.

② 사이버 상담이 내담자에게 부적절하다고 간주될 경우, 상담자는 대면상담 연계 등 적합한 서비스 연계를 해야 한다.

9 지역사회 참여 및 제도 개선에 대한 책임

(1) 지역사회를 돕는 전문가 역할

① 청소년상담사는 경제적 이득이 없는 경우에도 청소년의 최선의 유익을 위해 지역사회의 기관, 조직 및 개인과 협력하고 사회 공익을 위해 전문적 활동에 헌신함으로써 사회에 공헌하도록 한다.

② 청소년상담사는 내담자가 다른 정신건강 전문가와 상담을 받고 있음을 알게 되면, 내담자의 동의하에 그 전문가와 긍정적이고 협력적인 관계를 맺도록 노력한다.

(2) 제도 개선 노력

① 청소년상담사는 청소년 및 복지 관련 법령, 정책 등의 적용과 개선을 위해 노력한다.

② 청소년상담사는 자문을 요청한 내담자나 기관의 문제 혹은 잠재된 사회문제를 규명하고 해결하는 데 도움을 준다.

10 상담 기관 설립 및 운영

(1) 상담 기관 운영자의 역할

① 청소년 상담 기관을 운영하고자 할 경우, 운영자로서의 전문성 및 역량을 갖추도록 노력해야 한다.

② 상담 기관 운영자는 직원이나 학생, 수련생, 동료 등을 교육・감독하거나 평가 시에 착취하는 관계를 가져서는 안 된다.

③ 상담 기관 운영자는 자신과 현재 중시하고 있는 직원의 전문적 역량 향상에 책임이 있다.

④ 상담 비용은 내담자의 재정상태 등을 고려하여 합리적으로 책정한다.

⑤ 상담 기관 운영자는 직원 채용 시 자격 있는 사람을 채용해야 한다.

(2) 상담 기관 종사자의 역할

① 청소년상담사는 자신이 종사하는 기관의 목적과 운영방침을 따라야 하며, 기관의 성장 발전을 위해 노력해야 한다.

② 청소년상담사는 고용기관에 손해를 끼칠 수 있는 상황이나 기관의 효율성에 제한을 줄 수 있는 상황에 대해 미리 알려주어야 한다.

11 연구 및 출판

(1) 연구 활동

① 청소년상담사는 청소년 문제 해결을 위해 윤리적 기준에 따라 과학적인 방법으로 연구를 계획하고 수행한다.

② 청소년상담사는 연구 대상자를 심리적, 신체적, 사회적 불편이나 위험으로부터 보호해야 한다.

③ 청소년상담사는 연구참여자들에게 연구의 본질, 결과 및 결론에 대한 정보를 제공하는 것이 과학적 가치와 인간적 가치를 손상시키지 않는 한, 연구참여자들이 이에 대한 정보를 얻을 수 있는 기회를 제공한다.

(2) 출판 활동

① 청소년상담사는 연구 결과를 출판할 경우에 자료를 위조하거나 결과를 왜곡해서는 안 된다.

② 청소년상담사는 투고논문, 학술발표원고, 연구계획서를 심사할 경우 제출자와 제출내용에 대해 비밀을 유지하고 저자의 저작권을 존중한다.

12 자격 취소

청소년상담사는 청소년기본법 제 21조의 2(자격의 취소)에 해당하는 경우 자격이 취소된다.

(1) 청소년기본법 제 21조의 결격사유에 해당하게 된 경우

① 미성년자, 피성년후견인 또는 피한정후견인

② 파산선고를 받고 복권되지 아니한 사람

③ 금고 이상의 형을 선고받고 그 집행이 끝나거나 집행을 받지 아니하기로 확정된 후 3년이 지나지 아니한 사람(3호)

④ 금고 이상의 형을 선고받고 그 집행유예의 기간이 끝나지 아니한 사람(4호)

⑤ 3호 및 4호에도 불구하고 다음 아래 어느 하나에 해당하는 죄를 저지른 사람으로서, 형 또는 치료감호를 선고받고 확정된 후 그 형 또는 치료감호의 전부 또는 일부의 집행이 끝나거나(집행이 끝난 것으로 보는 경우 포함한다.) 집행이 유예·면제된 날부터 10년이 지나지 아니한 사람

㉠ 『아동복지법』 제 71조 제 1항의 죄

㉡ 『성폭력범죄의 처벌 등에 관한 특례법』 제 2조의 성폭력범죄

㉢ 『아동·청소년의 성보호에 관한 법률』 제 2조 제 2호의 아동·청소년 대상의 성범죄

⑥ 법원의 판결 또는 법률에 따라 자격이 상실되거나 정지된 사람

(2) 거짓이나 그 밖의 부정한 방법으로 자격을 취득한 경우

(3) 자격증을 다른 사람에게 빌려주거나 양도한 경우

13 청소년상담사 윤리강령 제·개정 및 해성

(1) 한국청소년상담복지개발원은 청소년상담사 윤리강령 교육·보급을 위해 노력해야 한다.

(2) 한국청소년상담복지개발원은 청소년상담사 대상 의견수렴 및 전문가 토론회, 자격검정위원회의 보고 등 자문을 통해 청소년상담사 윤리강령 개정안을 수립한 후 청소년상담사 윤리강령을 개정할 수 있다.

(3) 윤리강령과 관련하여 의견이 있거나 공문 등을 통해 윤리적 판단을 요청할 경우, 한국청소년상담복지개발원에서 전문적 해석을 제공할 수 있다.

Section 02

상담이론 정리

1 정신분석 상담 - 프로이트

(1) 인간관 : 생물학적 본능에 지배를 받는 비합리적이고 결정론적이며 자아가 서로 갈등하는 갈등론적 존재

(2) 의식구조 : 의식, 전의식, 무의식

(3) 성격 구조 : 원초아, 자아, 초자아

(4) 성격발달 : 구강기, 항문기, 남근기, 잠복기, 성기기

(5) 자아 방어기제 : 억압, 부정, 투사, 치환, 반동형성, 퇴행, 합리화, 해리, 유머, 승화, 억제 등

(6) 상담목표 : 무의식의 의식화, 자아 강화, 억압된 충동 자각

(7) 상담 과정 : 관계 형성, 전이 단계, 통찰 단계, 훈습 단계

(8) 상담기법 : 자유연상, 꿈 해석, 전이, 해석, 저항

2 개인심리학 - 아들러

(1) 인간관 : 전체적 존재, 사회적 존재, 목표지향적 존재, 창조적 존재, 주관적 존재

(2) 주요개념 : 열등감과 보상, 우월성 추구, 가상적 목표론, 공동체감, 생활양식, 가족구조와 출생순위

(3) 상담목표 : 열등감을 극복하여 우월을 추구, 잘못된 생활양식 수정, 공동체감 향상

(4) 상담 과정 : 관계 형성, 생활양식 탐색, 통찰력 가지기, 재교육하기

(5) 상담기법 : 단추 누르기 기법, 스프에 침 뱉기, 수렁 피하기, '마치 ~ 인 것처럼' 행동하기, 역설적 의도, 즉시성, 격려, 초기기억

3 행동주의 상담 - 스키너, 반두라, 손다이크, 왓슨

(1) 인간관 : 수동적, 중립적, 결정론적

(2) 주요개념 : 고전적 조건형성, 조작적 조건형성, 사회학습이론

(3) 상담목표 : 바람직하지 못한 행동 소거, 바람직한 행동 학습

※ 상담목표는 명확하고 구체적이고, 목표달성 여부를 객관적 확인 및 측정이 가능해야 하며, 상담자와 내담자 간 합의하여 설정

(4) **상담 과정** : 상담 관계 형성, 문제행동 규명, 내담자 현재 상태 파악, 상담목표 설정, 상담기술 적용, 상담결과 평가, 상담 종결

(5) **상담기법** : 강화와 처벌, 소거, 변별, 자극통제, 체계적 둔감법, 홍수법, 토큰 경제, 타임아웃, 조형, 프리맥 원리, 용암법, 모델링, 행동 계약, 주장훈련법 등

4 인간중심 상담 – 칼 로저스

(1) **인간관** : 인간은 선천적으로 성장 가능성을 가지고 태어나서 무한한 성장과 발전이 가능

(2) **성격 구성요소** : 유기체, 자기, 현상학적 장

(3) **주요개념** : 자기실현 경향성, 충분히 기능하는 사람

(4) **상담자 역할** : 무조건적 긍정적 존중, 공감적 이해, 진솔성

5 합리적, 정서, 행동 상담 – 앨리스

(1) **인간관** : 합리적 사고뿐 아니라 비합리적 사고도 할 수 있는 존재

(2) **비합리적 사고요소** : 당위적 사고, 파국화, 낮은 인내심, 자기 및 타인 비하

(3) **ABCDE 모형** : A(선행사건), B(합리적 혹은 비합리적 신념), C(결과), D(논박), E(효과)

(4) **상담목표** : 비합리적 사고를 합리적 사고로 변화

(5) **인지적 기법** : 비합리적 신념 논박, 인지적 과제, 내담자 언어 변화

(6) **정서적 기법** : 합리적 정서 상상, 유머 사용, 부끄러움 제거 연습

(7) **행동적 기법** : 수치심 깨뜨리기, 보상기법, 역할연기

6 인지행동 상담 – 아론 벡

(1) **인간관** : 인간은 자신의 인지 구성에 의해 행동하고 느끼는 방식을 결정하는 존재

(2) **주요개념** : 자동적 사고, 인지 도식, 역기능적 인지 도식, 인지적 오류

(3) **인지적 오류** : 흑백논리, 임의적 추론, 과잉 일반화, 선택적 추상화, 개인화, 과장/축소, 잘못된 명명, 파국화 등

(4) **상담목표** : 부적응적 행동과 정서를 수정하여 적응적 행동과 정서로 변화

(5) **상담기법** : 탈파국화, 재정의, 재귀인, 탈중심화, 인지 재구성

7 실존주의 상담 - 플랭크, 메이, 얄롬, 보스

(1) **인간관** : 인간은 우연히 세상에 던져진 존재로 존엄성과 가치를 지닌 존재, 계속되는 존재

(2) **주요개념** : 죽음, 고립, 자유, 책임, 무의미, 실존적 욕구 좌절

(3) **상담기법** : 직면, 역설적 의도, 탈숙고

8 게슈탈트 상담 - 펄스

(1) **인간관** : 인간은 전체적이고 통합적이며 현재 중심적이고 실존적인 존재

(2) **주요개념** : 게슈탈트, 전경과 배경, 미해결과제, 회피, 알아차림과 접촉, 지금 – 여기, 접촉경계 혼란

(3) **접촉수준** : 가짜층(진부층), 공포층(연기층), 교착층(막다른 골목), 내파층, 폭발층

(4) **알아차림 – 접촉주기** : 배경 - 감각 - 알아차림 - 에너지 - 행동 - 접촉 - 마감

(5) **접촉경계 혼란** : 내사, 투사, 융합, 반전, 자의식, 편향

(6) **상담기법** : 욕구와 감정 자각, 신체 자각, 환경 자각, 언어 자각, 책임 자각, 과장하기, 빈 의자 기법, 꿈 작업, 자기 부분 간 대화 등

9 교류 분석 상담 - 에릭 번

(1) **구조분석** : 어버이 자아(비판적 어버이, 양육적 어버이), 어른 자아, 어린이 자아(자유로운 어린이, 눈치 보는 어린이)

(2) **교류 분석** : 상보 교류, 교차 교류, 이면 교류

(3) **게임분석** : 표면적으로 합리적이나 이면에 속임수 내포
※ 게임 공식 : 속임수 + 약점 = 반응 → 전환 → 혼란 → 결말

(4) **각본분석** : 어릴 적부터 형성한 무의식적 인생계획 각본

(5) **스트로크** : 상대에게 자신의 반응을 알리는 인식의 기본단위(신체, 긍정, 부정, 상징 스트로크 등)

(6) **생활양식** : 자기 긍정 – 타인긍정, 자기부정 – 타인긍정, 자기긍정 – 타인부정, 자기부정 – 타인 부정

(7) **상담 과정** : 계약 - 구조분석 - 교류 분석 - 게임분석 - 각본분석 - 재결단

10 현실치료 상담 – 윌리엄 글래서

(1) **인간관** : 인간은 자신과 환경을 통제할 수 있는 존재

(2) **주요개념** : 선택이론, 기본욕구 5가지(사랑과 소속의 욕구, 힘에 대한 욕구, 자유에 대한 욕구, 즐거움에 대한 욕구, 생존에 대한 욕구)

(3) **상담 과정** : 관계 형성 – 욕구 탐색하기 – 현재 행동초점 두기 – 행동 평가하기 – 계획 세우기

(4) **상담기법** : 질문하기, 동사와 현재형으로 표현하기, 긍정적으로 접근하기, 은유적 표현, 유머, 역설적 기법, 직면

11 해결중심 상담 – 드 세이저

(1) **인간관** : 인간은 자신의 문제를 해결하려는 의지와 능력을 가지고 있는 존재

(2) **기본 규칙** : 문제가 없으면 손대지 말라, 효과가 있으면 계속하라, 효과가 없으면 그만두라

(3) **상담자와 내담자 관계 유형** : 방문형, 고객형, 불평형

(4) **상담목표** : 내담자의 자원과 강점을 활용하여 상담목표를 이루어 감

(5) **상담기법** : 질문기법(상담 전 변화에 대한 질문, 예외질문, 기적질문, 척도질문, 대처질문, 관계성 질문, 악몽질문, 간접적인 칭찬), 메시지 전달기법

12 여성주의 상담 – 길리건, 밀러

(1) **인간관** : 성에 관한 알파편견(남녀를 불평등하게 분리하는 편견), 베타편견(남녀 차를 인정하지 않고 똑같이 취급하는 편견)을 가진 존재

(2) **상담기법** : 성 역할 분석, 힘의 분석, 주장훈련, 의식향상 훈련기법, 독서요법, 재구성

Section 03

MMPI-A

MMPI-A의 특징

- 한국판 다면적 인성검사-청소년용(한국판 MMPI-A)은 1992년 미국에서 개발된 MMPI-A를 우리말로 번역하고 표준화한 검사임
- MMPI-A는 원판 MMPI의 기본 타당도 척도와 임상 척도의 틀을 그대로 유지하여 원판의 연속성을 지닌 검사임
- 청소년에게 부적절한 문항들이 삭제되거나 청소년에게 맞게 수정되었고, 청소년에게 독특한 영역을 다루기 위한 새로운 문항들이 추가됨
- 새로운 타당도 척도, 내용 척도, 보충 척도 및 PSY-5 척도들이 추가되었고, 내용 척도와 보충 척도 중에는 특별히 청소년을 위해 새로이 개발된 척도가 포함됨

1 MMPI-A 문항구성

(1) MMPI-A는 478 문항으로 구성됨

(2) 기본 척도의 모든 문항과 새롭게 개발된 청소년 고유 문항 중 다수가 350번 문항 이전에 나오도록 배열됨

2 검사 실시와 채점

(1) 검사자의 기본 자격

① MMPI-A는 실시와 채점, 적절한 해석을 위해서 높은 수준의 심리 측정적, 발달적, 성격학적, 임상적 지식이 요구될 뿐 아니라 검사 사용의 윤리적 원칙에 대한 강한 책임이 요구됨

② MMPI-A는 관련 분야 전문가의 의뢰를 받아서 실시되며 검사의 해석은 의뢰자의 질문을 감안하여 이루어져야 함

③ 검사를 통하여 얻은 정보와 결론은 의뢰자가 이해하기 쉬운 방식으로 설명되어야 함

④ MMPI-A는 어떤 경우에서든 청소년의 사생활과 비밀을 지켜주는 방식으로 실시함

⑤ 검사 결과를 존중하고 보호하며 청소년의 복지를 증진하는 목적으로만 사용되어야 함

⑥ 한국판 MMPI-A의 경우에도 초등학교 6학년 수준의 독해력에 맞춤

⑦ 피검사자가 다른 어떤 형태로든 감독 없이 검사를 실시하는 것은 용인되어서는 안 됨

⑧ 감독자들은 특정 문항의 내용을 설명해 달라는 요청을 받거나, 어떤 응답이 "맞는지" 또는 "옳은지"를 가르쳐 달라는 질문을 받을 때 단지 단어들의 간단한 정의를 말해 주거나 다른 구어적 표현이나 관용구로 바꾸어 말해 줄 수 있을 뿐, 그 이상의 언급은 피해야 함. 보통 "본인이 생각하는 대로 답하시면 됩니다."라고 말하는 것으로 충분함

3 척도의 구성과 해석

(1) 임상 척도

- MMPI-A의 임상 척도들은 K 교정점수를 사용하지 않음
- T 점수가 65 이상일 경우 임상적으로 의미 있는 상승이라고 간주할 수 있으며, 해당 척도에 대한 기술 내용을 그 개인에게 더 확신 있게 적용
- MMPI-A에서 낮은 점수의 의미는 복합적이며, 척도마다 그리고 실시 장면마다 서로 다름

① 척도 1(Hs : 건강염려증, Hypochondriasis) : 척도 1의 상승은 건강, 질병 및 신체기능에 대한 과도한 집착 반영

② 척도 2(D : 우울증, Depression)

㉠ Hathaway와 Mckinley(1942)는 이 척도를 낙담, 무망감, 사기 저하를 포함하여 자신의 삶에 대한 전반적인 불만족의 지표라고 봄

㉡ 5개의 내용 영역 : 주관적 우울감, 정신운동지체, 신체적 기능장애, 둔감성, 깊은 근심

③ 척도 3(Hy : 히스테리, Hysteria)

㉠ 스트레스에 대해 감각 혹은 운동의 장애를 포함하는 히스테리적인 반응을 나타내는 사람들을 구분하기 위한 것

㉡ 신체적인 관심 그리고 문제나 어려움의 부인, 사회적인 수용과 승인의 추구 두 가지 내용 영역 포함

㉢ 3개의 하위 척도 : 사회적 불안의 부인, 애정 욕구, 권태-무기력, 신체증상 호소, 공격성의 억제

④ 척도 4(Pd : 반사회성, Psychopathic Deviate) : 거짓말, 절도, 성적문란, 알코올 남용과 같은 행동 패턴을 보이는 젊은 남성, 여성의 반응에 기초

⑤ 척도 5(Mf : 남성성-여성성, Masculinity-Femininity)

㉠ 척도 5에서 가장 높은 점수를 보인 여자 청소년들은 이 척도에서 가장 낮은 점수를 보인 사람들에 비해 품행상의 문제나 비행, 정서적인 문제를 보일 가능성이 더 적음

㉡ 여자 청소년들에게서 척도 5의 상승이 학교에서의 정학, 학습부진, 과격행동 등을 포함한 행동상의 문제들과 연관됨

⑥ 척도 6(Pa : 편집증, Paranoia)
㉠ 관계사고, 의심, 피해의식, 완고함, 도덕적인 자기 정당화
㉡ 하위 척도 : 피해의식, 예민성, 순진성
㉢ 척도 6에서 높은 점수를 보이는 일반 청소년들은 타인의 말이나 태도에 민감한 경향

⑦ 척도 7(Pt : 강박증, Psychasthenia)
㉠ 신체적 호소, 불행감, 주의 집중 곤란, 강박적 사고, 불안, 열등감 등의 다양한 증상 영역을 포함
㉡ 높은 점수를 받은 청소년들은 종종 주의집중의 곤란, 우유부단함, 자기 비판적인 모습을 보이고, 실패에 대한 죄책감이 높음

⑧ 척도 8(Sc : 정신분열증, Schizophrenia)
㉠ 기태적인 사고 과정, 특이한 지각 경험, 사회적 고립, 기분과 행동의 장애, 주의집중 및 충동 통제의 어려움 등
㉡ 6개의 하위 척도 : 사회적 소외, 정서적 소외, 자아통합 결여 – 인지적, 자아통합 결여 – 동기적, 자아통합 결여 – 억제 부전, 기태적 감각 경험

⑨ 척도 9(Ma : 경조증, Hypomania)
㉠ 과장성, 흥분성, 사고의 비약, 자기 중심성, 기분의 고양, 인지적·행동적 과잉활동 등의 내용 영역 포함
㉡ 4개의 하위 척도 : 비도덕성, 심신 운동항진, 냉정함, 자아팽창

⑩ 척도 0(Si : 내향성, Social Introbersion)
㉠ 3개의 하위 척도 : 수줍음/자의식, 사회적 회피, 내적/외적 소외
㉡ 척도 0에서 높은 점수를 받는 청소년들은 내향적, 수줍음, 소심하고 친구를 사귀는 데 어려움, 자신감 부족, 감정 억제 경향 등의 특징을 보임

(2) 내용 척도

- MMPI–A의 15개 내용 척도 중에서 4개 척도는 MMPI–A에만 존재. 소외척도(A–aln), 낮은 포부 척도(A–las), 학교문제 척도(A–sch)는 주로 MMPI–A를 위해 새롭게 선정된 문항임
- 품행 문제 척도(A–con)는 MMPI–2의 반사회적 특성 척도(ASP)를 대체하기 위해서 새롭게 개발된 척도임

① 불안 척도(A–anx : Adolescent–Anxiety) : 긴장, 잦은 걱정, 수면장애 등의 불안 증상, 혼란, 주의집중의 어려움, 과제 지속의 어려움

② 강박성 척도(A-obs : Adolescent-Obsessiveness)
㉠ 강박성 척도에서 높은 점수를 보이는 청소년들은 사소한 일에 대해 과도하게 걱정함
㉡ 남자 청소년의 경우 불안·의존적인 행동, 여자 청소년의 경우 자살 사고·시도

③ 우울 척도(A-dep : Adolescent-Depression)
㉠ 우울 척도에서 높은 점수를 보이는 청소년들은 우울증의 많은 증상 보고가 있음
㉡ 불행감/우울의 증상 및 행동, 자살 사고 및 자살 시도

④ 건강염려 척도(A-hea : Adolescent-Health Concerns)
㉠ 다양한 신체 증상 호소, 방과 후 활동을 즐기지 못하며 학교에 자주 결석
㉡ 정상 집단에서 이 척도의 높은 점수는 낮은 학업 수행 및 학교에서의 문제들과 연관

⑤ 소외척도(A-aln : Adolescent-Alienation)
㉠ 타인과의 정서적 거리감에 대한 측정치
㉡ 이 척도는 우울 및 불안과 연관

⑥ 기태적 정신상태 척도(A-biz : Adolescent-Bizarre Mentation)
㉠ 환청, 환시, 환후 등을 포함한 이상한 생각과 경험 보고
㉡ 학교에서 어려움을 겪고 학업 성적이 낮음
㉢ 임상 청소년의 경우, 기태적인 감각 경험, 정신병과 관련된 증상 및 행동 시사

⑦ 분노 척도(A-ang : Adolescent-Anger)
㉠ 분노 조절과 관련된 많은 문제를 보고, 폭행이나 다른 과격행동의 과거력
㉡ 임상 장면에서는 성적인 학대를 당한 경험이 있는 소년들

⑧ 냉소적 태도 척도(A-cyn : Adolescent-Cynicism)
㉠ 염세적인 태도
㉡ 태도와 관련 있음

⑨ 품행 문제 척도(A-con : Adolescent-Conduct Problems) : 절도, 좀도둑질, 거짓말, 기물 파손, 무례, 욕설, 반항적 행동과 같은 다양한 행동적 문제

⑩ 낮은 자존감 척도(A-lse : Adolescent-Low Self-Esteem)
㉠ 자신은 매력이 없고, 자신감이 부족하고, 쓸모없는 존재이며, 능력이 없고, 결점이 많으며, 어떤 일도 잘하지 못한다고 생각하는 등 자신에 대해 부정적인 견해 보고
㉡ 여자 청소년의 경우, 우울증과 연관

⑪ 낮은 포부 척도(A-las : Adolescent-Low Aspirations)
㉠ 높은 점수를 보이는 사람은 성공에 흥미를 보이지 않음
㉡ 저조한 학업 수행 및 학교 활동 참가 회피의 좋은 측정치
㉢ 가출, 무단결석, 성적 표출 행동 등 반사회적 성향과 연관

⑫ 사회적 불편감 척도(A-sod : Adolescent-Social Discomfort)
㉠ 사람들과 함께 있는 것이 힘들다고 보고
㉡ 여자 청소년의 경우 우울증 및 섭식 문제, 공격성 및 과격행동

⑬ 가정 문제 척도(A-fam : Adolescent-Family Problems) : 이 척도에서 높은 점수를 보이는 청소년들은 부모나 다른 가족 구성원들과 많은 문제가 있음을 보고. 비행 및 신경증과 관련한 다양한 행동 및 증상 보고

⑭ 학교문제 척도(A-sch : Adolescent-School Problems)
㉠ 학교에서의 문제들 보고
㉡ 학업문제 및 학교에서의 행동 문제들, 일반적인 부적응 지표

⑮ 부정적 치료 지표 척도(A-trt : Adolescent-Negative Treatment Indicators) : 의사나 정신건강 전문가에 대한 부정적인 태도

(3) 보충 척도

① 불안 척도(A : Anxiety)
㉠ 억제적이고 과잉 통제적임. 결정을 잘 내리지 못하고 주저하며, 순응적이고, 사회적 상황에서 쉽게 동요되는 경향
㉡ 낮은 점수를 보이는 청소년들은 활기차고, 경쟁적이며, 사회적 상황에서 외향적인 모습을 보임

② 억압 척도(R : Repression)
㉠ 관습적이고 복종적인 사람들로서, 불쾌하거나 싫은 상황을 회피하려고 노력
㉡ 낮은 점수를 보이는 청소년들은 외향적이고, 열정적이고, 표현적이며, 억제되어 있지 않고 삶에 대한 열의에 차 있는 모습을 보임
㉢ 다른 청소년들에 비해 더 과잉 통제적이고 억제되어 있으며, 덜 자발적인 경향

③ MacAndrew의 알코올 중독 척도 개정판(MAC-R : MacAndrew Alcoholism Scale-Revised)
㉠ 물질 남용과 관련된 문제, 사회적으로 외향적이고 자기 과시적이며 모험적 경향
㉡ 낮은 점수를 보이는 사람들은 내향적이고 수줍음이 많으며 자신감이 부족한 경향

④ 알코올/약물 문제 인정 척도(ACK : Alcohol/Drug Problem Acknowledgment) : 알코올이나 다른 약물을 사용하고 있으며 관련 증상을 기꺼이 인정하는지 평가

⑤ 알코올/약물 문제 가능성 척도(PRO : Alcohol/Drug Problem Proneness) : 또래 집단의 부정적인 영향, 자극 추구, 규칙 위반, 성취에 대한 부정적인 태도, 부모와의 갈등, 판단력의 문제 등

⑥ 미성숙 척도(IMM : Immaturity)
㉠ 피검자가 더 미성숙하다는 것
㉡ 연령이 증가할수록 IMM 척도 점수는 감소하는 경향
㉢ 학업상의 어려움, 반항적, 반사회적인 행동과 높은 관련

(4) 성격 병리 5요인 척도(PSY-5) : PSY-5 척도는 MMPI-A 검사를 받은 피검자의 성격 특성에 대한 간략한 특징을 제공하기 위해 고안됨

① 공격성 척도(AGGR : Aggressiveness)

㉠ 공격적이고(offensive), 도구적인(instrumental) 공격성을 평가

㉡ 활동의 활성화 또는 과격행동의 가능성과 관련

㉢ 폭행, 공격, 비행을 보이는 경향

② 정신증 척도(PSYC : Psychoticism)

㉠ 현실과의 단절을 평가

㉡ 이상한 감각과 지각의 경험, 현실 감각의 결여, 이상한 믿음이나 태도 등을 평가하는 문항들로 구성

③ 통제 결여 척도(DISC : Disconstraint)

㉠ 위험을 추구하고, 충동적이며 관습에 얽매이지 않는 성향 평가

㉡ 규율 준수 여부

㉢ 약물사용, 성행동, 비행 등과 상관

④ 부정적 정서성/신경증 척도(NEGE : Negative Emotionality/Neuroticism)

㉠ 광범위한 영역의 불쾌한 정서, 특히 불안, 걱정, 죄책감 등의 정서 평가

㉡ 불안, 염려, 죄책감, 어른들에게 지나치게 의지하는 경향 등과 상관

⑤ 내향성/낮은 긍정적 정서성 척도(INTR : Introversion/Low Positive Emotionality)

㉠ 유쾌한 감정을 경험하기 힘들고, 사회생활을 회피하며, 목표를 추구하거나 책임을 완수할 에너지가 부족한 정서적 성향

㉡ 사회적 회피, 수줍음, 친구가 적은 것과 관계되나 불안이나 걱정과는 상관이 없음

4 MMPI-A 코드 유형

(1) 1-2/2-1

① 주요증상 : 신체적 불편감과 통증, 심인성 신체증상, 건강에 대한 지나친 집착, 신체적 고통에 대한 호소, 현기증, 불면증, 허약증, 피로감

② 정서 : 불안, 긴장, 초조감, 분노의 내향화

③ 대인관계 : 수동-의존적이며, 충분한 관심과 지지를 주지 않는다고 느껴지는 타인들에 대해 적개심을 품게 됨

④ 임상진단 : 불안장애, 우울장애, 신체형장애, 간혹 정신분열증 장애

⑤ 방어기제 : 억압, 신체화

(2) 1–3/3–1

① **주요증상** : 고전적인 전환증상, 두통, 흉통, 요통, 사지 떨림, 사지마비 동반(여성>남성, 노인>청년)

② **정서** : 긴장감

③ **대인관계** : 피상적(외향적, 친밀/감정의 깊이 결여, 진정한 인간적 교류 부족)

④ **이차적 이득** : 책임 회피, 사회적 관계 이용, 조종, 극적인 표현

⑤ **임상진단** : 신체형 장애

⑥ **방어기제** : 부정, 투사, 합리화

(3) 1–8/8–1

① **주요증상** : 신체장애에 대한 집착(두통, 불면 포함)이 때로는 거의 망상적인 수준에 이르기까지 함. 혼란하고 산만한 사고

② **정서** : 불행감, 우울감, 대체로 정서가 메마르고 빈곤

③ **대인관계** : 사회관계에서 부적절감을 느낌. 타인에 대한 신뢰감 결여

④ **임상진단** : 정신분열증장애, 불안장애, 정신분열성 인격장애

⑤ **방어기제** : 억압, 신체화

(4) 2–3/3–2

① **주요증상** : 피로감, 허약감, 저하된 활동력, 신체적 증상

② **정서** : 불행감, 우울, 긴장, 불안, 초조, 지나친 감정통제

③ **대인관계** : 충분한 인정을 못 받는다고 느낌. 사소한 비난에도 쉽게 상처받음

④ **임상진단** : 우울장애, 드물게 반사회적 인격장애

⑤ **방어기제** : 부정

(5) 2–4/4–2

① **주요증상** : 충동적인 행동화로 알콜과 연관

② **정서** : 행동화 후에 우울 및 불안을 경험하고, 무가치감/진지함 결여

③ **겉으로는 유능하고 편안한 사람** : 속으로는 내향적, 부적절감, 관계 불편

④ **임상진단** : 반사회적 인격장애, 약물남용, 범죄행위, 우울장애 동반

⑤ **방어기제** : 지나치게 엄격하고 지나치게 지식화 방어 사용

(6) 2-7/7-2

① **주요증상** : 불면증, 식욕부진증, 흉통, 피로감과 같은 모호한 증상 호소

② **정서** : 불안, 긴장, 과민성 등 정서적 불안, 우울감(체중감소, 지연된 사고, 정신성적 운동 지연 등 임상적인 우울증상), 비관적, 부정적

③ **대인관계** : 유순하고 수동-의존적이며 공격적이어야 할 상황에서조차도 공격성을 표현하지 못함

④ **임상진단** : 불안장애, 우울장애, 강박장애

⑤ **방어기제** : 자기처벌적, 완벽주의적

(7) 2-8/8-2

① **주요증상** : 혼란된 사고, 집중력 장애, 기억력 장애 등 지각·인지적 장애 동반

② **정서** : 불안, 초조, 긴장, 신경질적 반응, 친밀한 대인관계 회피, 정서적 거리감 유지
➜ 절망감, 무가치감 증폭

③ **임상진단** : 양극성장애, 우울장애, 정신분열증 정서형 장애
➜ 만성적 정신과 환자들의 경우 자살 사고 동반

④ **방어기제** : 부인, 인지적 해리

(8) 3-4/4-3

① **주요증상** : 만성적이고 강한 분노, 적대적, 공격적인 충동

㉠ 척도3 > 척도4 : 분노를 간접적으로 표현

㉡ 척도3 < 척도4 : 지나친 통제상태에 있다가 갑자기 분노감 폭발

㉢ 가족원에 대한 만성적인 깊은 적개심, 관심/인정을 갈망하면서도 타인에게 냉소적이고 의심하는 경향

② **임상진단** : 인격장애(특히 수동-공격적 인격장애)

(9) 4-6/6-4

① **주요증상** : 억압된 분노와 적대감, 신체적으로는 천식·건초열·고혈압·두통·기절발작, 제멋대로 행동하는 미성숙하고 자기도취적인 방종한 모습

② **정서** : 신경질적 정서불안정이나 우울감

③ **대인관계** : 수동-의존적 성향, 타인의 동기를 의심하며 친밀한 정서적 관계 회피(직장, 결혼생활 문제)

④ **임상진단** : 수동-의존적 성격장애, 망상형 정신분열증

⑤ **방어기제** : 합리화

(10) 4-9/9-4

① **주요증상** : 사회적 규범과 가치관, 제도에 대해 무관심하거나 무시함. 반사회적 행위, 권위자와 문제

② **정서** : 불안정하고 변덕스러움

③ **대인관계** : 외향적이고 말이 많으며 타인에게 처음에는 호감을 주나 자기중심적 성향과 타인에 대한 의심으로 피상적 대인관계를 맺음. 표면적인 자신감과 안정감 밑에는 자신의 불안정감을 부정하고자 하는 미성숙하고 의존적인 특징이 숨겨져 있음

④ **임상진단** : 반사회적 성격장애, 양극성 장애

⑤ **방어기제** : 합리화

(11) 6-8/8-6

① **주요증상** : 사고연상 과정은 자폐적, 산만, 우회적, 단편적이고 사고내용이 기괴함. 집중력과 주의력 장애, 기억력장애, 판단력장애, 피해망상과 과대망상 및 환각, 현실감장애 등이 있고 타인의 눈에도 행동이 기이하게 보임

② **정서** : 정서 둔감화, 심한 열등감과 불안정감

③ **대인관계** : 타인과 정서적으로 관계를 맺지 못하며 타인을 불신하고 깊은 관계 회피

④ **임상진단** : 망상형 정신분열증, 망상형/분열성 성격장애

(12) 6-9/9-6

① **주요증상** : 집중력장애, 사고지연, 반추적, 강박적, 지나치게 사변적인 사고, 망상, 환각, 부적절하거나 앞뒤가 맞지 않는 말, 판단력장애, 현실 검증력 장애, 스트레스에 과잉 반응

② **정서** : 불안, 긴장, 두려움

③ **대인관계** : 의존적이고 애정에 대한 강한 욕구

④ **임상진단** : 망상형 정신분열증, 조증장애

(13) 7-8/8-7

① **주요증상** : 극심한 정서적 혼란, 자신의 심리적 문제 인정, 판단력 손상, 내성적, 반추적, 생각이 많음

② **정서** : 만성적인 불안정감, 부적절감, 열등감, 우유부단

③ **대인관계** : 수동-의존적인 성향

④ **임상진단** : 정신분열증, 우울증, 강박장애, 외상후 스트레스장애, 성격장애

(14) 8-9/9-8

① **주요증상** : 심한 사고장애, 전반적인 정신증적 증상, 사고는 기괴하고 자폐적, 우회적, 비현실적, 과잉활동적

② **정서** : 정서적 불안정, 동요, 흥분, 자기중심적, 유아적인 기대

③ **대인관계** : 타인과의 정서적 관계형성에 대한 두려움 ➜ 친밀한 관계 회피, 위축, 고립

④ **임상진단** : 정신분열증

5 MMPI-A 해석 단계

(1) 의뢰사유, 기초 신상자료의 검토

① 성별, 연령, 직업 등

② 주호소문제

(2) 수검행동 및 수검태도의 검토

① GAAB(General Appearance, Attitude, & Behavior)

② **타당도 척도의 검토** : 타당한 프로파일인가?

③ **타당하지 않다면** : 더 이상의 해석을 하지 말아야 함

④ 이유를 확인한 뒤, 가능하면 재검사 실시

(3) 전반적 적응수준의 검토

① 정서적으로 얼마나 편안한가?(주관적 고통의 기준)

② 갈등/불편함을 느끼는지에 관계없이 일상생활의 책임을 잘 수행하고 있는가?(부적응성의 기준)

③ 임상척도의 전반적인 상승 ➜ 부적응의 지표

④ 8개의 임상척도에서 65T 이상의 척도 수가 많을수록

㉠ RCd 척도 상승 : 전반적인 정서적 불편감

㉡ A척도 상승 : 주관적인 정서적 혼란감

㉢ Es 척도 하강 : 자아강도의 빈약

(4) 개별 임상척도의 검토

① **상승된 척도가 있다면**

㉠ 재구성 임상척도 및 임상소척도 검토

㉡ 척도의 연관성을 고려하여 해석적 가설 점검

㉢ 프로파일의 코드타입 검토 : 형태해석

② 핵심증상

③ 주요 욕구(의존, 성취, 자율성 등)

④ 환경/타인에 대한 지각

⑤ 스트레스에 대한 반응방식(대처전략, 방어기제)

⑥ 자기개념/정서조절/대인관계/심리적 자원

(5) 내용척도, 내용소척도, 보충척도 검토

(6) 결정적 문항의 검토

(7) 통합적 해석

① **인지적 특성** : 자기관, 타인관, 미래관/평가적, 판단적, 피상적

② **정서적 특성** : 정서의 체험 및 표현

③ **행동적 특성** : 부적응적 행동, 과잉발달된 행동, 과소발달된 행동

④ **대인관계적 특성** : 대인관계 장면에서 주로 구사하는 방략

⑤ 생리적/신체적 특성

나만의 정리노트

청소년상담사 2급, 3급 면접
한방에 끝내기

2022년 4월 15일 초판 발행
2022년 4월 5일 초판 인쇄

편저자 박미선 · 임그린 공저
발행인 전 순 석
발행처 미디어정훈
주 소 서울특별시 중구 마른내로 72, 425호
등 록 제2014-000104호
전 화 1644-9822
팩 스 737-4326

ISBN 979-11-6643-065-7